CARORA FRENTZEN
Abyssinia

Buch

Es gibt sie, die hungernden Kinder, Dürrekatastrophen und unvorstellbare Armut. Aber auch die andere Seite Äthiopiens: das aufregende Land voller Überraschungen, beeindruckender Menschen und Geschichten, das die Journalistin Carola Frentzen von der ersten Minute an fasziniert und begeistert, aber auch schockiert und tief bewegt. 2008 zieht sie nach Abessinien, um die Hilfsorganisation, die sie mit ihrem Lebensgefährten gegründet hat, weiter aufzubauen. Immer wieder steht sie zornig und hilflos vor den Abgründen des Landes – und vor ihren eigenen. Archaische Riten und Moderne, Gastfreundschaft und Korruption, der Traum von einer besseren Welt und Gleichgültigkeit: Die Widersprüche liegen eng beieinander und sind für Carola manchmal ebenso schwer zu ertragen wie das Scheitern ihrer Liebe.

Als Carola Frentzen nach einem Jahr schweren Herzens Abschied nimmt, hat sie durch ihre Hilfe zur Selbsthilfe nicht nur das Leben vieler Menschen verändert, sondern auch selbst von Afrika vieles gelernt.

Autorin

Carola Frentzen wurde 1970 in der Nähe von Aachen geboren. Nach ihrem Studium der Romanistik in Bonn zog sie Mitte der 1990er-Jahre nach Rom, wo sie fast vierzehn Jahre lebte und als Korrespondentin für die Deutsche Presse-Agentur (dpa) tätig war. Nach vielen Reisen um die halbe Welt engagiert sie sich seit Ende 2006 in Äthiopien und unterstützt mehrere Hilfsorganisationen. Nach einem Sabbatjahr am Horn von Afrika zog sie zunächst nach Wien und anschließend wieder nach Äthiopien. Derzeit berichtet Carola Frentzen von Addis Abeba aus als Ostafrika-Korrespondentin.

Für Tadela, Abba Abebe, Kaylois und Claudia,
in der Ferne so nah

Allons! whoever you are, come travel with me!
Traveling with me, you find what never tires.

The earth never tires;
The earth is rude, silent, incomprehensible at first –
Nature is rude and incomprehensible at first;
Be not discouraged – keep on – there are divine things, well envelop'd;
I swear to you there are divine things more beautiful than words can tell.

Walt Whitman

Vorwort

Wieso Äthiopien? Viele Leser werden mich das wahrscheinlich fragen. Warum sollte sich jemand ein Jahr Auszeit nehmen und dieses dann ausgerechnet in einem der ärmsten Länder der Welt verbringen statt auf Tahiti, in Namibia oder Alaska? Meine Antwort lautet: Äthiopien fällt auf seine Art durchaus unter die Kategorie Traumziel, ebenso wie die Südsee, die Kalahari-Wüste oder das Nordpolarmeer. Es kommt darauf an, wonach man sucht.

Ich möchte Ihnen eine Geschichte erzählen. Es ist meine Geschichte, und es ist eine Geschichte über Äthiopien, und natürlich erzähle ich sie aus meiner Perspektive, aus meinem ganz persönlichen Blickwinkel. Vielleicht wird unter meinen Lesern jemand sein, der Äthiopien selbst bereist hat, der die Dinge anders sieht und völlig andere Erfahrungen gemacht hat. Wir alle erleben als Reisende unsere ganz eigene Geschichte, wir alle sind eigenständige Individuen mit unseren Sehnsüchten, unseren Träumen, unseren Erlebnissen und Abenteuern. Ich kann Ihnen nur anbieten, mich auf *meiner* Reise zu begleiten. Kommen Sie mit mir nach Äthiopien, lassen Sie sich mit mir auf dieses uralte Land ein, und vergessen Sie für eine Weile alles, was Sie bisher über das Horn von Afrika wussten.

Abyssinia lautet der alte Name für das Kaiserreich. Das Wort kommt wahrscheinlich aus dem Arabischen, andere glauben, der Begriff sei bereits vor fast 3500 Jahren in altägyptischen Inschriften aufgetaucht. Für mich hat Abyssinia, nach allem, was ich erlebt habe, eine zweifache Bedeutung: Es steht für die Größe und Kultur des Landes, vor allem jedoch versteckt sich darin der Ausdruck *abyss* – Abgrund. Und ein solcher tat sich vor mir auf, nur acht Wochen nach meiner Ankunft in Addis Abeba.

Private Krisen, Wut, Verzweiflung, all dies ändert den Blick auf ein Land. Dass ich Äthiopien trotz allem immer noch liebe, ist ein untrügliches Zeichen dafür, dass Orte ein Eigenleben entwickeln, wenn wir dies zulassen.

Es war kein einfacher Weg, der mich nach Afrika geführt hat. Und Äthiopien ist kein einfaches Land. Aber es ist ein aufregendes Land, ein Land voller Überraschungen, beeindruckender Menschen und Geschichten, die mich ein Leben lang begleiten werden. Es ist auch das Land, in dem ich bis an meine Grenzen gehen musste und manchmal über sie hinaus. Ich bin Teil dieses Kontinents geworden, der mir so viele Begebenheiten und Begegnungen, so viel Schönheit und so viel Traurigkeit geschenkt hat. Meine Zeit in Äthiopien hat mir die Augen für vieles geöffnet, das ich vorher nicht sehen konnte.

Was am Ende bleibt, sind Erinnerungen an Tage voller afrikanischer Lebensfreude unter Schirmakazien und violetten Jacaranda-Bäumen und laue Nächte unter dem unendlich weiten afrikanischen Himmel. Erinnerungen an die Begegnung mit den wilden Afar und den diskriminierten Weyto, die herrlichen Nachmittage im schattigen Tukul von Abba Abebe, das Mitleid mit den unter ihrer Last zusammenbrechenden Eseln. Und natürlich dieser Moment, in dem ein kleiner Junge meine Hand ergriff, und mir zu verstehen gab, dass ich wirklich etwas ändern kann – wenn auch nur im Kleinen.

Sind Sie bereit? Dann kommen Sie mit mir. Ich bringe Sie nach Bahir Dar, ans Horn von Afrika, wo Trostlosigkeit und Hoffnung oft so nah beieinanderliegen.

Wirst du uns helfen?

Ich fühle noch seine kühle Hand auf meiner Haut. Ich fühle, wie er meine warme Hand umklammert und zum ersten Mal wieder Hoffnung schöpft. In einem Pulk von Kindern laufe ich über den schmuddeligen Vorplatz, entdecke die halb verfallenen Schulgebäude, von denen der Putz blättert. Der kleine Junge hat ein durchlöchertes orangefarbenes T-Shirt an, seine schwarzen Haare sind voller Staub, und auf dem Rücken trägt er einen kaputten khakigrünen Schulranzen. Mit großen braunen Augen schaut er zu mir hoch.

»Wirst du uns helfen?«, fragt er zaghaft in gebrochenem Englisch.

Ich muss schlucken. Ich merke, wie meine Augen feucht werden. »Ich werde es versuchen«, sage ich leise und lächle ihm aufmunternd zu, während er seine kleinen schmutzverkrusteten Fingernägel noch tiefer in meine Haut bohrt.

»Ich werde es versuchen«, sage ich ein zweites Mal, jetzt eher zu mir selbst.

Habe ich ihn im Stich gelassen? Habe ich sie alle im Stich gelassen? Oder habe ich alles getan, was mir zu dieser Zeit möglich war?

Das Gewissen hat eine starke Stimme, noch viel stärker als die des kleinen Jungen. Aber wie kann man Äthiopien je wieder mit reinem Gewissen verlassen? Hier hat man nie alles getan, so sehr man sich auch bemüht.

Ich bin gekommen, um etwas zu verändern. Mit 2000 Euro aus einer Privatspende in der Tasche stehe ich vor dieser Grundschule, diesem Bild des Jammers, und mir werden die Knie weich. Ich bin froh, dass ich nicht allein bin, dass mich zwei Freunde aus Bahir Dar, einem Städtchen in Nordäthiopien, begleiten. Sie hatten mir von der Situation der Schule erzählt: Über zweitausend Kinder werden hier täglich unterrichtet, rund fünfhundert von ihnen sind Waisen. Sie leben bei »Adoptivfamilien«, und wenn sie nachmittags nach Hause kommen, müssen sie auf den Feldern arbeiten oder Ziegenherden bewachen, um sich ihr abendliches Stück *injera* – das äthiopische Fladenbrot – zu verdienen. Tagsüber haben die Kleinen meist so großen Hunger, dass manche von ihnen in der Klasse in Ohnmacht fallen.

Natürlich kam mir bei diesen Erzählungen erst einmal meine eigene Schulzeit in den Sinn, während der jeden Tag ein dick belegtes Pausenbrot in meinem Tornister auf mich wartete. Wie ungerecht das alles ist! Was haben die zauberhaften Geschöpfe in diesem Land denn getan, um ein solches Schicksal zu verdienen? Und vor allem: Wie schaffen sie es, sich trotz allen Elends ihr Lachen zu bewahren? Ja, sie lachen mich an, drängen sich vor die Linse meiner Digitalkamera, als würden sie hoffen, dadurch irgendwo für immer eine Spur zu hinterlassen.

Sie haben es geschafft. Sie haben für immer eine Spur hinterlassen, nicht nur auf den Fotos, sondern tief in meinem Herzen. Immer wieder schaue ich mir die Bilder an, diese fröhlichen offenen Münder mit ihren Zahnlücken, diese dunklen Augen, die trotz ihres Schicksals so viel Stolz, Selbstbewusstsein und Freude am Leben ausstrahlen.

Ich bin wieder in Europa, und heute fielen dicke Schneeflocken vom Himmel. Ich ließ sie mein Gesicht benetzen und spürte im gleichen Atemzug die äthiopische Hitze auf meinem Kopf. Wie kann das sein? Lebe ich denn wirklich in zwei Welten? Oder habe ich meine Entscheidung schon längst gefällt?

»Woran denkst du, wenn du morgens aufwachst?«, fragte mich gestern ein Freund. Ohne nachzudenken sagte ich: »An Äthiopien.«

Ich denke immer an Äthiopien, ich denke immer an Tadela, Melkamsira, Wubetu und an all die anderen, die meine Zeit dort begleitet haben. Ich komme nicht los, bin gefangen zwischen Vernunft und Gefühl, zwischen der von Familie und Freunden auferlegten Pflicht, für finanzielle Absicherung zu sorgen, und dem Wissen, dass ich zurückmuss, zurück nach Afrika. Werden all diese wunderbaren Menschen, die ich kennenlernen durfte, jemals Schnee auf ihrer Haut spüren? Werden sie jemals das Meer und all die Schönheiten dieser Welt sehen? Werden sie je verstehen, aus welcher Welt ich komme und welch belanglose Probleme mich plagen? Wie könnten sie es verstehen? In einer Welt, in der es so oft um Leben und Tod, um Hunger und Durst, um Malaria und AIDS geht, scheinen meine Sorgen alle so klein. Und vielleicht ist es das, was ich an Äthiopien so liebe: dass das Land nämlich die Dinge in die richtige Perspektive rückt.

Ach, Äthiopien. Geliebtes, infernalisches Äthiopien. Land im Chaos, Land im Aufbruch.

Wahrscheinlich sind es gerade die vielen Widersprüche, die mir in dem Land am Horn von Afrika begegnet sind, die mich so faszinieren. Es ist, als mache man einen Zeitsprung in eine längst vergangene Ära. In eine Zeit voller Schlichtheit und Genügsamkeit, aber auch voller Geheimnisse, die sich einem Menschen aus dem Westen erst ganz langsam offenbaren. Gleichzeitig scheint gerade eine neue Ära anzubrechen, in der schicke italienische Restaurants und Cocktailbars gleich neben traditionellen Gasthäusern ihre Pforten öffnen, Internetcafés aus dem Boden schießen und Beyoncé und die Black Eyed Peas Konzerte geben. Widersprüche.

Äthiopien, das allgemein als die »Wiege der Menschheit« gilt, ist auf dem Weg, sich die unschuldigen Kinderschuhe abzustreifen. Es kann sich nicht mehr den Errungenschaften der Moderne entziehen. Sie brechen in einer Art Zeitraffer über Städte wie Addis Abeba, Bahir Dar und Awassa herein, viel zu schnell und unaufhaltsam. Was sich in Europa und den USA in den vergangenen fünfzig Jahren langsam entwickelt hat, überrollt Teile des alten Abessiniens seit wenigen Jahren wie eine Flutwelle. Auf der Strecke bleiben dabei die Armen, die Kranken, die Landarbeiter – kurz all diejenigen, die die Regierung auf ihrer Rechnung vergessen hat.

Äthiopien lässt mich nicht mehr los, hat mich fest im Griff. Ich spüre eine tiefe Liebe zu diesem Land, und ich weiß, dass ich eines Tages zurückkehren werde. Die Stimme meines Gewissens regt sich und schreit laut und unerbittlich: Du kannst etwas tun! Warum vergeudest du all die kostbare Zeit mit schwermütigen Gedanken? Und wenn ich dann immer noch den Wald vor lauter Bäumen nicht sehe, ruft mir mein Gewissen das staubige kleine Kindergesicht in Erinnerung, das zu mir hochblickt und fragt: »Wirst du uns helfen?«

Der Traum

Vor vielen Jahren hatte ich einen Traum. Es war keine besondere Nacht, es war eine Nacht wie jede andere. Ich kann mich weder an den Monat noch an das Jahr meines Traums erinnern. Aber die Bilder sehe ich noch heute klar vor mir: Ich stehe mit meinem Gepäck in der Hand auf einem weiten Platz. Eine staubige Ebene breitet sich vor mir aus, umgeben von einer sanften hügeligen Landschaft. Auf einer kleinen Anhöhe sind schlichte runde Strohhütten angesiedelt. Sie sind ärmlich, aber auf ihre eigene Art strahlen sie Würde und Kraft aus. Ich weiß in meinem Traum instinktiv, dass ich mich in Afrika befinde – obwohl ich bis dahin noch nie auf den Schwarzen Kontinent gereist war.

Es riecht nach trockener Erde, die heiße Luft umhüllt mich und duftet nach Neubeginn, nach dem Anfang von etwas Großem. Ich fühle mich zwar noch als Fremde, betrachte meine Umgebung aber bereits als jemand, der hier seinen Platz sucht, weil ich weiß, dass ich für lange Zeit bleiben werde. Auch die Farben meines Traums sind afrikanisch, dominiert wird er von Ockertönen und sandigem Hellgelb. Die ganze Ebene ist hell, savannenartig. Das Land ist trocken, vertrocknet, außer knorrigen Büschen und Schirmakazien gibt es so gut wie keine Vegetation. Obwohl Menschen um mich herum sind, vor allem spielende Kinder, werde ich kaum beachtet. Ich fühle mich nicht als weißer Eindringling, als Attraktion. In mir weiß ich: Ich habe hier eine Aufgabe zu erfüllen, ich bin geschickt worden, um sie zu erfüllen. Ich bin angekommen.

Lange hatte ich nicht mehr an diesen Traum gedacht, bis ich vor einigen Jahren erstmals nach Afrika flog. Nach Kenia, um genau zu sein. Kenia war in meiner Jugend das Land meiner Lebensträume gewesen, auf Karen Blixens Spuren wollte ich wandeln und Abenteuer erleben – damals wusste ich noch nichts von dem, was die Kolonisation in Afrika und allen südlichen Erdteilen angerichtet hatte.

Als ich am Ende des Urlaubs mit Joseph – einem einheimischen Reiseführer – die Giriama-Dörfer unweit der Touristenhochburg Malindi besuchte, kam mir mein Traum erstmals wieder in den Sinn. Nur wenige Kilometer vom Indischen Ozean entfernt liegen dort im Landesinneren die Ansiedlungen dieses Volksstamms, ein Bild der Armut, der Trostlosigkeit, der Hoffnungslosigkeit. Kaum eine internationale Hilfsorganisation findet ihren Weg in die Dörfer, geschweige denn Touristen, die meist nicht einmal von der Existenz der Giriama wissen, während sie in den Hotels und Luxusresorts am türkisen Ozean Urlaub machen.

Joseph hatte meinen Freund Alessio und mich eingeladen.

»Ich bitte nur sehr wenige Urlauber, diese Tour mit mir zu machen«, hatte er zwei Tage zuvor beim Abendessen gesagt. »Ihr seid zwei Menschen, denen ich diese Seite Kenias gerne zeigen würde. Was haltet ihr davon, in mein Heimatdorf zu fahren? Wir können meinen Minibus nehmen, dann wären wir in etwa drei Stunden dort.«

Wir nickten, neugierig und nicht wissend, was uns erwarten würde.

Am Morgen des »Ausflugs« erwartete uns Joseph in Malindi. Mit dem Van steuerte er geradewegs auf einen Supermarkt zu.

»So, da gehen wir jetzt rein, und ihr kauft einfach, was ihr für richtig haltet. Reis, Mehl, Salz, Zucker oder auch Stifte und Schuhe«, erklärte er auf seine typische trockene Art. »Gebt nur so viel aus, wie ihr entbehren könnt. Aber da, wo wir jetzt hinfahren, fehlt es wirklich an allem.«

Alessio und ich sahen uns fragend an. Wir folgten Joseph in das Geschäft und orientierten uns bei unseren Einkäufen an seinem Beispiel. Dann begannen wir, das Dach des Kleinbusses zu beladen. Wir hatten etwa 20 Kilo Reis erstanden, zudem andere wichtige Grundnahrungsmittel sowie Schulhefte, Kugelschreiber und einige Paare Flipflops für Kinder.

Wenige Minuten später befanden wir uns auf einer Schotterpiste. Weg vom Touristenluxus, hinein ins echte Kenia, von dem nur so wenige Urlauber etwas wissen.

Etwa eine Stunde dauerte die Fahrt bis zu unserem ersten Stopp. Ein Dorf? Eigentlich nicht. Eher eine Ansammlung von mehreren Strohhütten. Ringsherum das pure Nichts. Keine Straßen, keine Schule, keine Läden, kein Lebenszeichen außer dem vereinzelten Kreischen eines Vogels.

»Wo sind wir hier?«, fragte ich.

»Wir sind im ersten Giriama-Dorf angekommen. Die Giriama sind ein ethnischer Volksstamm, der von Lamu bis zur kenianisch-tansanischen Grenze im Süden etwa 30 Kilometer von der Küste entfernt lebt«, erklärte Joseph.

Schon kamen Kinder auf uns zugelaufen, am Körper trugen sie nichts als zerlöcherte Lumpen. Eltern und andere Familienangehörige, die uns neugierig begutachteten, folgten. Ich hatte in meinem Leben noch nie eine solche Armut gesehen, eine solch trostlose Existenz – und all dies nur eine Autostunde entfernt von den All-inclusive-Hotels rund um Malindi und Diani Beach.

Da standen wir also mitten im Land der Giriama, umringt von Menschen, die viel zu dünn und deren Gesichter von Fliegen übersät waren. Sie berührten mich zaghaft, befühlten meine blonden Haare.

Wann mag hier wohl zuletzt ein Auto vorbeigekommen sein?, fragte ich mich – und bekam die Antwort gleich präsentiert. Ein knochiger Mann mit grauen Haaren kam aus einer der Hütten und hielt einen weißen Sack mit der Aufschrift »UN« in der Hand. Er war leer. Er war alt. Wie mag das sein, wenn man sich nur von der Hoffnung nährt, dass alle paar Monate ein Wagen der Vereinten Nationen mit Hilfsgütern vorbeirauscht – zudem, wenn man nicht weiß, wann und ob er überhaupt kommt?

Ich gab einem der Kinder ein paar Flipflops. Der kleine Junge schaute auf seine Füße mit den leuchtend gelben Plastiksandalen, Tränen liefen ihm über das Gesicht. Er hatte noch nie Schuhe getragen.

Ich lief zum Bus, verkroch mich in die hinterste Ecke und weinte hemmungslos.

Wir wussten damals, dass wir etwas tun müssen. Aber was? Eine Idee musste her, etwas Neues, etwas wirklich Nützliches. Alessio hatte es immer deutlicher gespürt als ich: Als Halb-Äthiopier, der in Italien, der Schweiz und England ausgebildet worden war und als Marketingexperte beruflich erfolgreich gewesen war, fühlte er seit langem eine große Verantwortung gegenüber seinem Land.

Für mich waren es hingegen zunächst mehr das Fernweh und der Wille, in meinem Leben etwas wirklich Sinnvolles zu tun, die mich trieben. Aber da war auch eine immer stärker werdende Liebe zu einem Kontinent, so fremdartig und wild, dass er die Erfüllung aller meiner Sehnsüchte verhieß.

Dennoch schien mein Traum zu diesem Zeitpunkt unerreichbar. Ich war Auslandskorrespondentin der größten deutschen Nachrichtenagentur in Rom. Ein Traumjob. So etwas wirft man nicht einfach weg. Mit Mitte dreißig hatte ich alles erreicht, was ich als Heranwachsende kaum zu hoffen gewagt hatte und was für viele andere Menschen das ganz große Los bedeutet. Ich lebte in einer der schönsten Städte der Welt, fand berufliche Anerkennung, hatte viele Freunde und konnte mir alles kaufen, was mir gefiel, ohne auch nur mit der Wimper zu zucken: Designerkleidung, italienische Schuhe, edle Taschen, teure Handys. Ich aß in den besten Restaurants der Stadt und bereiste die halbe Welt – von den Seychellen bis Australien, von Borneo bis Kuba. Manchmal war ich dreimal im Jahr auf verschiedenen Kontinenten. Ich traf berühmte Menschen und begleitete den Papst in seinem Flugzeug auf Reisen. Ich habe mich selbst jahrelang in den Vordergrund gestellt, und es war richtig so.

Aber dann überfiel mich irgendwann eine totale innere Leere. Was jetzt?, fragte ich mich, und die Frage quälte mich jahrelang. Sollte es immer so weitergehen? Sollte ich für den Rest meines Lebens jeden Tag die zwar interessante, aber doch immer gleiche Arbeit tun? Und was bedeutete mir der Luxus in meinem Leben überhaupt? Ich war doch die, die nie Komfort gebraucht hatte, die während der Studienzeit und auch in den ersten Jahren danach in WGs gehaust und mit leerem Kühlschrank gelebt hatte.

Rom war schon seit Jahren in meinen Gedanken gewesen, eigentlich schon, seit ich ein Kind war und die »Asterix und Obelix«-Hefte verschlungen hatte. So überlegte ich nicht lange, als an meiner Schule ein Italienischkurs angeboten wurde, und bald nach dem Abitur wusste ich, dass ich die Sprache sowie die Literatur und Kultur Italiens studieren wollte. Ich schrieb meine Magisterarbeit in der Stadt am Tiber, verbrachte dort Anfang der Neunzigerjahre aufregende sechs Monate und wusste anschließend: Hier will ich leben – koste es, was es wolle.

Gleichzeitig hoffte ich, auch meinen Berufswunsch »Journalistin« verwirklichen zu können. Doch das brauchte seine Zeit. So schlug ich mich ein paar Jahre mit Übersetzungen sowie als Nachhilfe- und Deutschlehrerin durch. Doch irgendwann war es so weit: Ich hatte viele deutsche Freunde der schreibenden Zunft kennengelernt und bereits bei einigen Zeitungen und beim deutschen Radio als Urlaubsvertretung gearbeitet, als mich eines Tages der Pressesprecher der Deutschen Botschaft anrief. Er ließ verlauten, bei der größten Nachrichtenagentur meiner Heimat werde eine Assistentin gesucht. Sofort rief ich an – und bekam die Stelle. Die Zukunft empfing mich in der warmen römischen Frühlingsluft mit offenen Armen. Ich war glücklich, stolz und voller Tatendrang.

Zwei Jahre später wurden meine geheimsten Hoffnungen erfüllt: Ich stieg zur Korrespondentin auf. »Dich muss bei der Geburt eine Fee geküsst haben«, meinte eine Freundin damals schmunzelnd. »Irgendwie fließt bei dir immer alles perfekt zusammen, du scheinst immer zur richtigen Zeit am richtigen Ort zu sein!«

Ich war noch glücklicher, noch stolzer, voll unstillbarem Tatendrang.

Was dann geschah, ich kann es nicht wirklich erklären. Ich denke, meine innere Wende kam nach dem Tod Johannes Pauls II. im Jahr 2005. Nicht etwa, weil ich katholisch wäre – im Gegenteil, ich bin protestantisch getaufte Rheinländerin. Es war vielmehr die Ruhe nach dem Sturm, die Zeit nach den vielen journalistisch durchgearbeiteten Tagen und Nächten, die etwas in mir bewirkte. Der Tod eines Papstes und die Wahl seines Nachfolgers, das ist – so zynisch es auch klingen mag – das größte Ereignis, über das ein Italien-Korrespondent berichten kann. Es ist die Nachricht, über die jeder Journalist schreiben möchte – nicht einmal die Wahl eines amerikanischen Präsidenten ist damit vergleichbar. Und wenn es dann wirklich passiert, wenn die Todesnachricht als Eilmeldung über alle Fernsehkanäle flimmert, ist man doch irgendwie nie vorbereitet auf das, was dann kommt: wochenlanger Stress, in dem das Essen und Trinken, das Schlafen und sogar manchmal das Denken zu kurz kommen. Erst wenn dann wieder Ruhe einkehrt, zieht der Schreiber Bilanz. Bei mir war dieser Moment wie der Fall in ein tiefes Loch.

»Das wird schon wieder, bald lachst du über all deine Zweifel«, sagten meine Freunde, während wir abends durch die verwinkelten Gassen von Trastevere schlenderten und Schokoladeneis schleckten. Sie konnten es nicht verstehen – wie auch? Ich verstand mich ja selbst kaum noch. Ich wusste nur: In mir regte sich die Löwin, das wilde Tier, das ich jahrelang zum Schlafen verdonnert hatte. Ich sagte ihr, sie solle Ruhe geben, befahl ihr zu schweigen – doch sie wollte nicht hören.

Die Löwin – ist sie nicht die Königin der Savanne, das Symbol Afrikas? Die innere Unruhe in mir, das Gefühl des Getriebenseins, die Rastlosigkeit, die mich im Urlaub in die ganze Welt hinauszog, die ewige Sehnsucht gepaart mit einem tiefen, alles durchdringenden Fernweh, ich hatte dies immer als »die Löwin in mir« bezeichnet. Solange sie ruht, ist alles friedlich. Aber wehe, sie wacht auf. Dann gibt es kein Entkommen, dann muss ich rennen, in dem Tempo, das mir dieses wilde Tier in meiner Seele vorgibt. Ich muss rennen, um mit meinem eigenen Leben Schritt zu halten und um die neuen Ufer zu erreichen, von denen mir die Löwin vorschwärmt.

Und ich wusste instinktiv: Es war Zeit, etwas zurückzugeben für all das Schöne, das mir widerfahren war.

Aber so sehr ich mich in meinen Gedanken verlor und die Möglichkeit zur Veränderung suchte, so wenig fand ich einen Ausweg. Ich fühlte mich festgekettet in Rom, der Ewigen Stadt, die mir so viele Jahre lang so viel gegeben hatte. Mein römischer Traum war ausgeträumt, ich war an seinem Ende angekommen. Ich lebte nicht mehr im Jetzt, sondern immer auf etwas hin, das nie zu kommen schien – oder ich klammerte mich an Vergangenem fest, als das Leben mir noch leicht und sinnvoll erschien. Gleichzeitig lähmte mich eine absolute Trägheit, ich begann, mich selbst für diese innere Stagnation zu hassen. Ich suchte weiterhin die Erfüllung in meiner Arbeit als Journalistin, ohne zu bemerken, dass sie mich nicht retten konnte, weil sie Teil meiner Traurigkeit war.

Wenn sich ein Traum erfüllt, dann muss ein neuer schon bereitstehen – dieses Motto hatte ich mir schon als Jugendliche zu eigen gemacht. Und jetzt? *Ich bin die Heldin der heilenden Vorstellungskraft und die Königin der mörderischen Tatenlosigkeit,* schrieb ich in den dunkelsten Tagen in mein Tagebuch. Die Löwin in mir grollte, aber ihre Prankenhiebe fassten ins Leere. Sie wollte losrennen, neuen Ufern entgegen, aber ich hielt sie an der Leine.

Ich brauchte lange, um zu verstehen, dass unser Weg oft über viele Umwege zu den so lange gesuchten Antworten führt, als stünde schon alles von Anfang an in einem Buch geschrieben. Nur, dass wir den Weg nicht kennen, uns manchmal verlaufen und lange umherirren, bis sich eine helle, savannenartige Ebene vor uns auftut. Schicksal, wenn man so will. Und mein Schicksal hieß: ein Jahr Auszeit, ein Jahr Äthiopien.

Die erste Reise

Vor drei Jahren fuhr ich mit Alessio erstmals nach Äthiopien. Das frühere Abessinien, jenes Land, das die meisten Menschen im Westen vor allem mit Dürren und Hungersnöten in Zusammenhang bringen. Viele haben wohl noch die Bilder vom Live-Aid-Konzert 1985 in London und Philadelphia in Erinnerung. Damals versuchte Bob Geldof, der vor den Fernsehschirmen versammelten Welt die Katastrophe mit der Musik von über sechzig Mega-Pop- und Rockstars vor Augen zu führen und sammelte letztlich 140 Millionen US-Dollar Spendengelder für die sterbenden Menschen am Horn von Afrika. Hungernde Kinder mit großen, hervortretenden Augen und Mütter, die zusammengekauert vor Strohhütten saßen, Männer mit so dürren Beinen, dass sie sich kaum aufrecht halten konnten – dies war damals der Inbegriff Äthiopiens. Und über zwei Jahrzehnte hat sich daran nicht viel geändert.

Als Alessio mir eine Reise ins Land seiner Vorfahren vorschlug, war ich direkt Feuer und Flamme. Äthiopien schien genau der richtige Ort zu sein, um meinen Tatendrang zu neuem Leben zu erwecken. Denn auch ich hatte noch eben diese Bilder vor Augen: trockene Ebenen, ausgedörrte Felder, hungernde oder unterernährte Menschen, die weit unterhalb der Armutsgrenze ihr Dasein fristeten. Hier ist Hilfe nötig, hier kann man mit der richtigen Idee etwas bewirken, sagte ich mir. Der einzige Wermutstropfen war für mich, dass Äthiopien heute, seit Eritrea 1993 seine Unabhängigkeit von dem Nachbarstaat erreichen konnte, ein Land ohne Meereszugang ist – und ich liebe Wasser und Ozeane.

Alessio war zu diesem Zeitpunkt selbst noch nie in Äthiopien gewesen. Jedoch hatten seine Mutter und seine Schwestern ihm ausführlich von der Kultur und den Traditionen des ostafrikanischen Staates erzählt, von der Zeit Kaiser Haile Selassies, vom Prunk und Reichtum vergangener Tage, vom Stolz einer Nation, die als einzige Afrikas nie kolonisiert worden war – hatten sich die Äthiopier doch der Eroberung durch die Italiener unter Benito Mussolini erfolgreich widersetzt.

Von alldem hatte ich vorher keine Ahnung gehabt. Sicher, der Name Haile Selassie sagte mir etwas und auch der Name der Hauptstadt Addis Abeba. Aber irgendwie war und ist Äthiopien in der westlichen Welt kaum ein Thema – wenn nicht gerade wieder eine folgenschwere Dürre über das Land hereinbricht und während der Abendnachrichten hungernde Kinder und sterbende Viehherden über die TV-Schirme flimmern.

Für Alessio war das anders. Er spürte schon lange das innere Bedürfnis, das Heimatland seiner Mutter zu besuchen. »Aber ich möchte erst dorthin fahren, wenn ich eine Idee habe, wie ich dem Land und den Menschen helfen kann«, sagte er mir immer wieder. Durch unsere Erfahrungen in Kenia angespornt, begannen wir, eine solche Idee zu erspinnen. Nahrungshilfe, das hatten schon so viele andere versucht, und es hatte nie dauerhaft eine Veränderung gebracht. Landwirtschaftliche Projekte? Die waren zu sehr vom Wetter abhängig und schieden deshalb auch aus. »Hilfe zur Selbsthilfe« war das einzige Konzept, das uns während unserer wochenlangen Überlegungen sinnvoll erschien. Dies setzte Bildung voraus, die Möglichkeit für Jugendliche aus den ärmsten Familien, etwas zu lernen und sich anschließend selbst etwas aufzubauen im Leben.

Und so begannen wir, eine eigene Hilfsorganisation ins Leben zu rufen, noch bevor wir jemals einen Fuß auf äthiopischen Boden gesetzt hatten.

Unser Konzept war genauso einfach wie genial: Wir beschlossen, Trainingszentren im ganzen Land zu gründen, in denen Jugendliche aus ärmsten Verhältnissen in Unternehmensführung, Computerwissenschaften und Englisch unterrichtet würden. Die einzigen Voraussetzungen: Die Studenten müssten mindestens die zehnte Klasse abgeschlossen haben, zwischen sechzehn und fünfundzwanzig Jahre alt sein und aus Familien mit einem maximalen Monatseinkommen von 500 Birr (etwa 50 US-Dollar) stammen. Nach eineinhalb Jahren Ausbildung sollten sie mit Hilfe von Managementexperten, Mikrofinanzinstitutionen und privaten Investoren damit beginnen, sich eine eigene Firma aufzubauen.

Dies würde weitere Arbeitsplätze schaffen und zudem einen Kreis schließen, der für das Äthiopien des neuen Jahrtausends von enormer Wichtigkeit ist: In Afrika, das wussten wir, stehen Familie und Dorfgemeinschaft im Vordergrund. Unsere Studenten würden sich also – so hofften wir – nicht mit ihrem neuen Wohlstand nach Europa absetzen, sondern ihre Familien und Bekannten unterstützen. »Social Entrepreneurship« heißt dieses Zauberwort – Unternehmensgründungen mit sozialem Hintergrund. Denn die Rettung kann nur durch die neue Generation erfolgen, nur sie kann nachhaltige Veränderung bringen. Gleichzeitig war es uns aber wichtig, mit unserer Organisation auch den Eltern und den Großeltern zu helfen, indem ihre Kinder für sie sorgten und ihnen ein besseres Leben ermöglichen würden.

Ein halbes Jahr lang planten, recherchierten und diskutierten wir. Als unsere Idee konkrete Formen annahm, kontaktierte Alessio erstmals seine langjährigen Geschäftspartner aus der Computer- und Marketingbranche: große Unternehmen mit viel Geld und den nötigen Mitteln, um soziale Projekte zu unterstützen. Und siehe da – einige von ihnen zeigten sich sofort begeistert von unseren Plänen. Zudem rief Alessio spontan bei einem Freund seiner Mutter in Äthiopien an, um bürokratische Fragen abzuklären. Solomon gab bereitwillig Auskunft und war direkt angetan von der Idee. Er hatte lange in den USA gelebt, sprach perfekt Englisch und wollte sich sowieso gerade beruflich verändern. Also sagte der Siebenundfünfzigjährige prompt zu, als Generalmanager für unsere Organisation zu arbeiten.

Mit mehreren Zehntausend Euro Startkapital in der Tasche und fünf Koffern voller Kleider, die unsere Freunde in Italien für Kinder in Äthiopien gesammelt hatten, machten wir uns schließlich auf zum römischen Flughafen. Ziel: Bole Airport, Addis Abeba.

Nach fünfeinhalb Stunden landeten wir in Äthiopien. Lange Zeit war die Maschine der Ethiopian Airlines zuvor über dem Sudan geschwebt. Es war ein grandioser Anblick: Wüste, rote Wüste, überall, bis hin zum Horizont. Ich wurde das Gefühl nicht los, dass Teile dieser gewaltigen Weite wahrscheinlich noch nie von einem Menschen betreten worden waren. Die endlosen Sandebenen des Sudan ließen es mich erstmals wieder spüren: Es gibt noch Orte auf der Welt, die nicht restlos erkundet sind. Immer hatte ich starke Frauen aus der Geschichte bewundert und mir gewünscht, in ihrer Zeit gelebt zu haben – Abenteuererinnen und Pionierinnen wie Elly Beinhorn, Amelia Earhart oder Karen Blixen, die das Unmögliche wagten und es nicht bereut haben. Die Dinge sahen, die noch nie eine Frau aus dem Westen gesehen hatte. Frauen, die bereit gewesen wären, für ihre Passion zu sterben – und es, zumindest im Fall von Amelia Earhart, auch taten.

Meine Zeit und meine Heimat Europa bieten wenig Platz für Abenteuer. Alles ist schon erforscht, wissenschaftlich studiert und festgehalten. Die Frauen haben sich ihre Rechte erkämpft und die Billigfluggesellschaften haben die Erde zu einem stets erreichbaren Ort gemacht, in der Grenzen mühelos überquert werden. Meine Zeit ist eine Zeit der Bequemlichkeit, eine Zeit der Medien, der Computer, der unbegrenzten Möglichkeiten. Aber diese Möglichkeiten erfordern kaum noch Mut, es braucht keine Kühnheit, um sich in der Welt von heute zurechtzufinden.

Ich war noch ganz in diesen Gedanken, als sich plötzlich das Landschaftsbild unter uns schlagartig änderte. Wir waren über die unsichtbare Grenze zwischen dem Sudan und Äthiopien geflogen. Von nun an und für die restliche

Stunde der Reise reihten sich grüne, braune und sandfarbene Felder aneinander, alle rechteckig, alle gleich. Ab und zu wurde diese von Menschen gemachte Eintönigkeit von kleineren Bergen unterbrochen, aber auch die waren kahl, fast ohne Baumbewuchs. Ich gestehe es: Ich war ein wenig enttäuscht. Sollte dies das Land meiner bevorstehenden Abenteuer sein? Ackerland?

Aber dann rief ich mir in Erinnerung, dass Äthiopien in seinem nördlichen Teil ein Hochland ist und es wohl deshalb keinen üppig grünen, tropischen Pflanzenwuchs geben konnte. Und ich sagte mir, dass es ja eigentlich ein Segen war, dass die Äthiopier so viel Landwirtschaft betrieben, denn dann musste es auch mit der Nahrungsversorgung bergauf gehen.

Irgendwann umrundeten wir einen weiteren Berg – den Mount Entoto – und dann lag sie vor uns: die Hauptstadt Addis Abeba, die »neue Blume«, wie Kaiser Menelik II. sie getauft hatte, als er sie Ende des 19. Jahrhunderts am Fuße des 3200 Meter hohen Entoto gründete.

Das Flughafengebäude war viel moderner und größer, als ich es mir vorgestellt hatte. Die Beamten bei der Visa-Ausgabe klebten freundlich ein Stück Papier mit seltsamen Schriftzeichen in meinen Pass und hießen mich mit einem Lächeln in ihrem Land willkommen. Und unsere fünf Koffer tuckerten bereits über das Gepäckband, als wir aus der Passkontrolle in den Terminal kamen. In Rom musste ich immer mindestens eine Dreiviertelstunde auf die italienische Langsamkeit schimpfend ausharren, bis ich endlich mein Gepäck in den Händen hielt – ganz zu schweigen von der Tatsache, dass mehr als einmal mein Koffer in London oder Paris statt in der Ewigen Stadt gelandet war, was lange Prozeduren beim »Lost and Found«-Schalter zur Folge hatte.

So traten wir in die äthiopische Sonne hinaus. Italien hatten wir bei Nieselregen und 12 Grad verlassen, am Horn von Afrika herrscht im November hingegen Trockenzeit. Ich zog mir den Pullover aus und entdeckte einen nett dreinblickenden Äthiopier, der direkt auf uns zusteuerte.

»Alessio? Carola?«, fragte er.

Es war Solomon. Dieser rundliche Mann mit seiner leicht getönten Brille und dem gewinnenden Lächeln war mir auf den ersten Blick sympathisch. Wir begrüßten uns, als würden wir uns schon ewig kennen, plauderten gleich ganz unbefangen miteinander und fuhren in seinem schwarzen Isuzu-Geländewagen schnurstracks ins Getümmel der Drei-Millionen-Metropole.

Zwei Dinge spüren Ankömmlinge, die erstmals nach Äthiopien reisen, sofort: erstens ist die Luft unglaublich weich, was den meisten gleich das Herz für das Land öffnet. Zweitens ist die Luft aber auch unglaublich dünn, was den meisten dann gleich den Atem nimmt. Das spürt man jedoch erst, wenn man eine Treppe hochsteigt oder im Hotelpool schwimmen geht. Addis Abeba liegt auf einer Höhe zwischen 2300 und 2600 Metern – in Skiurlauben in der Schweiz waren die Hänge, über die ich wedelte, meist nicht einmal 1800 Meter hoch. Luftknappheit, Herzrasen und Nasenbluten sind zunächst die Folgen – aber wie ich heute weiß, gewöhnt sich der menschliche Körper (oder zumindest meiner) in der Regel nach etwa drei Wochen an die Höhe.

Auf den ersten Blick wirkt Addis Abeba wie eine typische Großstadt in einem Entwicklungsland: bunt, laut und ziemlich konfus. Es stinkt nach Abgasen, die alte, tattrige Autos und Laster in schwarzen Wolken aus dem Auspuff in die Luft schießen, die Häuser auf den Hauptstraßen wirken monoton, überall liegen Menschen in Lumpen am Wegesrand. Was mir sofort auffiel, waren die geradezu vorzeitlichen Gerüste, von denen die im Bau befindlichen Häuserzeilen umgeben waren. Sie bestehen in ganz Äthiopien aus zusammengenagelten, dünnen Baumstämmen, die hoch in die Luft ragen; und auf denen die Arbeiter ohne Absicherung herumkraxeln, während sie den Zement auftürmen.

Ich sog die Eindrücke in mich auf, konnte mich gar nicht sattsehen an den Farben, an den geschäftig umherlaufenden Menschen in ihren traditionellen weißen Gewändern, an den Herden von Ziegen und Schafen, an den Märkten und Verkaufsbuden. Ich war tatsächlich in Äthiopien! Alessio schien noch aufgeregter als ich, er spähte von rechts nach links durch die Seitenfenster des Autos, stellte Solomon unzählige Fragen und wirkte einfach nur glücklich.

Zwei Wochen reisten wir damals durch verschiedene Regionen und konzentrierten uns dabei vor allem auf das nördliche Hochland: die Simien Mountains, Bahir Dar, Gondar – Orte so magisch, spirituell und historisch, dass sie uns nicht mehr losließen. Uns hatte das Äthiopien-Fieber gepackt. Gleichzeitig begannen wir mit der Gründung unserer ersten Businessschule in Bahir Dar. Wir hatten die aufstrebende Kleinstadt dafür auserkoren, weil uns örtliche Politiker gleich Hilfe und Unterstützung zusagten und wir dort in manchen Ortsteilen eine geradezu bestürzende Armut vorfanden.

»Eigentlich hätten wir als Regionalregierung schon lange auf die gleiche Idee wie ihr kommen müssen«, sagte uns der zuständige Präsident der Region Amhara. »Wir müssen neue Arbeitsplätze schaffen und mittelständische Unternehmen gründen, nur so kann es vorangehen. Ihr tut im Grunde unsere Arbeit – und dafür sind wir sehr dankbar.«

Wir waren froh, und in unserem anfänglichen Übermut dachten wir, dass alles in Äthiopien so reibungslos und ohne große bürokratische Hindernisse vonstattengeht.

Wir sollten uns täuschen.

Aufbruch

Im folgenden Jahr reisten wir drei weitere Male nach Äthiopien. Die Begeisterung für das Land hielt an. In der Zwischenzeit öffneten wir insgesamt drei Schulen, eine in Bahir Dar, eine in Harar im äußersten Osten des Landes und eine für blinde Studenten in Sebeta in der Nähe der Hauptstadt. Ein britischer Sponsor hatte uns darum gebeten, das Experiment zu wagen und eine Businessklasse für Sehbehinderte anzubieten. Blindheit, Glaukome und Katarakte sind in Äthiopien ein Riesenproblem. Oft würde eine einfache Operation genügen, um den Menschen ihr Augenlicht wiederzugeben, aber es mangelt entweder am Geld oder an den medizinischen Geräten. Wir beschlossen, nur solche Jugendliche in unser Trainingszentrum aufzunehmen, die nicht geheilt werden konnten. Vom Sponsorengeld kauften wir unter anderem spezielle Software für Sehbehinderte, mit der sie den Umgang mit Computern erlernen konnten. Und die jungen Leute gingen mit Elan und Ehrgeiz ans Werk, es war wunderbar, ihre Fortschritte zu sehen.

Bei der letzten Reise wurden wir sogar vom äthiopischen Präsidenten Girma Woldegiorgis in seinem Palast empfangen. Solomons Frau Brooke, die aus einer sehr einflussreichen Familie stammt, war es gelungen, das Treffen zu organisieren. Girma, ein stattlicher Mann mit weißem Schnauzer und Lesebrille, hatte bereits von unserer NGO (Non-

Governmental Organization) gehört und begrüßte uns freundlich in seinem mit allerlei Nippes bestückten Arbeitszimmer. Obwohl ich in Rom dank meines Berufes schon so einige Prominente von Armani bis George Clooney getroffen hatte und Pressekonferenzen mit Spitzenpolitikern zu meinem Alltag gehörten, verspürte ich an diesem Tag erstmals wieder eine aufgeregte Vorfreude. Ich wurde nicht enttäuscht. Dem Präsidenten eines mir fremden Landes im ehemaligen Palast von Haile Selassie gegenübersitzen zu können, war eine große Ehre, die ich zu schätzen wusste. Nach einem ausführlichen Gespräch lud uns Girma ein, die ehemaligen Gemächer des Kaisers und das im Keller befindliche, nicht öffentliche Museum zu besuchen.

An diesem Ort war 1974 Geschichte geschrieben worden, als der alte Kaiser von der neuen sozialistischen Militärdiktatur in einem VW Käfer abtransportiert wurde – eine Demütigung für den »Löwen von Juda«. Knapp ein Jahr später starb Haile Selassie unter nie ganz geklärten Umständen. Seine Leiche wurde erst Anfang der Neunzigerjahre gefunden, eingemauert unter der Toilette des neuen Machthabers Mengistu.

Umso überraschter war ich, dass die Gemächer des Kaisers bis heute unverändert geblieben sind. Es schien fast so, als hätte er den Palast erst am Vortag verlassen. Selbst seine ärgsten Feinde müssen am Ende großen Respekt vor ihm gehabt haben, wenn das Andenken an den Kaiser auch nach einem Vierteljahrhundert noch dermaßen authentisch erhalten ist.

Nach all diesen unerwarteten schönen Erlebnissen fassten wir irgendwann konkret den Plan ins Auge, ein Jahr nach

Afrika zu ziehen, um unsere Organisation vor Ort aufbauen und betreuen zu können. Gesagt, getan. Ich nahm all meinen Mut zusammen und rief meinen Chef in Hamburg an. Und siehe da: Er zeigte vollstes Verständnis, fand die ganze Geschichte sehr aufregend und wünschte mir viel Glück für dieses Sabbatjahr.

»Aber Sie versprechen mir, dass Sie in zwölf Monaten wieder da sind – egal, an welchem Ort Sie dann für uns tätig sein werden!«, gab er mir mit auf den Weg – aber daran wollte ich noch gar nicht denken, lagen doch dreihundertfünfundsechzig spannende Tage vor mir.

Sicher war ich mir zu diesem Zeitpunkt nur, dass ich nicht mehr als Korrespondentin nach Rom zurückkehren wollte.

Im Oktober packten wir unsere Sachen zusammen. Da wir in Rom keine günstige Möglichkeit fanden, unsere Möbel unterzustellen, entschieden wir uns für die mühsame Variante, unsere Habseligkeiten in einem Container nach Afrika zu verschiffen. In Italien lief alles reibungslos, sämtliche Gegenstände wurden gut und professionell verpackt und gingen dann auf die lange Reise von Neapel nach Dschibuti. Wie lange die Reise tatsächlich dauern sollte, das konnten wir damals noch nicht wissen. Aber so viel schon mal vorweg: Ein Herbst und ein Winter gingen in Europa dahin, bis wir im März endlich erfuhren, dass der Container beim Zoll in Addis Abeba angekommen war.

Ich nahm Abschied von Rom. Allein, denn allein war ich schließlich auch vierzehn Jahre zuvor in diese Stadt gekommen. Ich ging noch einmal in meinen geliebten Botanischen Garten, stieg die verwunschenen Wege hinauf und blickte ein letztes Mal von oben auf die ganze Herrlichkeit Roms, auf die Kuppeln und die Palazzi, auf das Kolosseum und den Petersdom. Alles war mir so vertraut. Dies alles hatte ich einmal so geliebt. Und jetzt, wo ich es aufgab, kam diese Liebe mit voller Wucht zu mir zurück. Ich setzte mich unter einen Baum und weinte hemmungslos.

Bist du denn verrückt geworden?, schoss es mir durch den Kopf. Dies ist die schönste Stadt der Welt, und du gibst sie einfach auf. Nie wieder wirst du hier leben, nie wieder am Wochenende nach Capri oder Positano fahren, nie wieder das Dolce Vita leben, nie wieder mit deinen Freunden abends beim Vino auf der Piazza sitzen.

Ach du meine Güte. Was tat ich da? War mein Vorhaben vielleicht wirklich zu irrsinnig, wie meine Familie und Freunde mir einzureden versuchten? War diese Sache größer als ich? War ich der Aufgabe gewachsen?

Dann rappelte sich die Löwin in mir auf. Du kannst das! Und in jedem Moment des Zweifels, ruf dir immer die Hoffnungslosigkeit vor Augen, die du hier so oft gespürt hast. Denk an das Gefühl des Fernwehs, das dich zermartert hat. Dann wirst du es schaffen, immer nach vorne und nicht zurückzublicken, sagte sie.

Ich wischte mir die Tränen ab, stand auf und schlenderte zurück in Richtung Ausgang, vorbei an Pinien, Zypressen und Fächerpalmen. Bald würde ich unter Schirmakazien und Jacaranda-Bäumen sitzen und mich vom Duft der afrikanischen Frangipani betören lassen.

Am Tag vor unserem Abflug saßen Alessio und ich in unserer leeren Wohnung, völlig ausgelaugt, aber glücklich.

Am Abend verabschiedeten wir uns von unseren Freunden, es wurde eine lange Nacht in unserer Lieblingskneipe hinter der Piazza Navona. Tränen flossen, gute Wünsche wurden ausgetauscht, dann war auch dieser letzte schwere Schritt getan.

Mit dem Taxi fuhren wir am nächsten Abend aus der Stadt in Richtung Flughafen Fiumicino. Wir hatten einen gesprächigen Fahrer erwischt, einen dieser Italiener, die während der dreißigminütigen Fahrt ihre ganze Lebensgeschichte loswerden wollen. Ich war froh, dass Alessio sich höflich mit ihm unterhielt, während ich auf dem Rücksitz saß und die Straßen und Häuser Roms ein letztes Mal an mir vorbeirauschten. Ich wollte nicht reden, ich wollte Rom auf Wiedersehen sagen, wollte der Stadt zurufen, wie viel sie mir bedeutete und dass es nicht ihre Schuld war, wenn ich sie jetzt verließ. Es war eine schwere, traurige Fahrt aus der Stadt heraus, und es gab Momente, in denen ich wünschte, nie am Flughafen anzukommen. Aber wir kamen an – und bestiegen die Ethiopian-Airlines-Maschine in Richtung unseres neuen Lebens.

Mit den ersten Sonnenstrahlen landeten wir in Addis Abeba. Es scheint unglaublich: Der Flug von Rom dauert wie gesagt gerade einmal fünfeinhalb Stunden – aber dazwischen liegen zwei Welten, wie sie unterschiedlicher nicht sein könnten. Vom neonbeleuchteten nächtlichen Rom mit seinen Kneipen, Pizzerien, dem geschäftigen Treiben auf den Straßen und den historischen Kirchen hin zu einem Ort voller Bettler, barfuß laufender Kinder in Lumpen und fremdartiger Gesänge und Laute aus neumodischen orthodoxen Kirchen und Moscheen. Aber es war ja gerade diese exotische Fremdartigkeit, die mich so magisch anzog. Rom lag hinter mir, ein aufregendes Jahr vor mir. Wir waren angekommen, unsere Abenteuer am Horn von Afrika konnten beginnen.

Nachdem wir uns in einem günstigen Hotel eingemietet hatten, machten wir uns als Erstes auf Häusersuche. Und das ist in Äthiopien leichter als gedacht. Es gibt unzählige leer stehende Bungalows in allen Stadtvierteln, deren Preise so günstig sind, dass man wirklich die Qual der Wahl hat. Wir entschieden uns letztendlich für eine kleine, einstöckige Villa in Ayat, einer neuen, erst im letzten Jahrzehnt entstandenen Wohngegend am südwestlichen Stadtrand der Hauptstadt. Hier könnte man fast glauben, man befinde sich in einer amerikanischen Kleinstadt: Die Häuser mit ihren dunkelroten Ziegeln und den kleinen, nett bepflanzten Vorgärten gleichen sich fast alle aufs Haar, davor parken Landrover, und ein Clubhaus mit zwei Tennisplätzen lädt zum abendlichen Bierchen ein.

Unsere Entscheidung fiel vor allem deshalb auf Ayat, weil das Büro unserer Hilfsorganisation auf der CMC Road nur etwa zehn Autominuten entfernt liegt – und dies im morgendlichen Berufsverkehr eine enorme Zeiteinsparung bedeutet.

Auf einen *zebenjà* – einen Wächter – und auf andere Hausangestellte verzichteten wir. Damit stießen wir auf viel Unverständnis, denn alle halbwegs wohlhabenden Äthiopier haben Angestellte. Für diese gibt es sogar die eigens hinter dem Haus gebauten Servants' Quarters, karge Zimmerchen und winzige Toiletten für die Dienerschaft. Wir mochten weder das Konzept dieser Zweiklassengesellschaft, noch wollten wir ständig unter Beobachtung stehen. Die Hausangestellten leben mit den Familien zusammen, gehen ständig ein und aus, putzen, kochen, erledigen Botengänge und pflegen den Garten. Wir wollten all dies lieber selbst tun und setzten uns gegen den ungläubig staunenden Solomon durch, der standhaft versuchte, uns von den Vorteilen solcher Servants zu überzeugen.

Später begleitete uns Solomon zu mehreren Möbelständen und -läden. Unsere Wahl fiel auf vor Ort hergestellte Bambusmöbel, die nicht nur hübsch anzusehen, sondern auch äußerst erschwinglich waren. Damals dachten wir noch, unser Container würde wenige Wochen später eintreffen. Deshalb beschränkten wir uns auf einen Tisch mit zwei Stühlen, ein kleines Sofa und ein Bett. Unsere vierzehn vollgepackten Koffer und zahlreiche Gemälde aus Sansibar, die wir im Vorjahr bei einem Wochenendtrip auf die Insel gekauft und dann in Äthiopien gelassen hatten, taten ihr Übriges, um das neue Heim halbwegs wohnlich zu machen.

Nach drei Tagen waren wir so weit eingerichtet, dass unser Alltagsleben in Äthiopien endlich starten konnte. Und ich beschloss, es bei Kaldi's zu starten – mit einem köstlichen äthiopischen Cappuccino.

Kaldi's und anderer Kaffee

Stellen Sie sich ein grün-weißes, rundes Logo vor. Zwei kleine Sterne im äußeren Rand und ein weißer Schriftzug. Starbucks werden Sie sagen. Nein, Kaldi's ist die Antwort. Und das kam so.

Vor einigen Jahren wollte eine wohlhabende, weit gereiste Äthiopierin namens Tseday Asrat eine Kaffeehauskette in ihrer Heimat eröffnen. Die Dame dachte dabei sofort an Starbucks und fragte bei dem US-amerikanischen Unternehmen nach, ob dieses eventuell an einer Partnerschaft interessiert sei. Doch Frau Asrat bekam eine Absage – Äthiopien, so dachten sich wohl die Herrschaften aus Seattle, kann unmöglich ein Ort für derart feinen, variationsreichen und obendrein teuren Kaffeegenuss sein.

Sie sollten sich irren.

»Da habe ich eben meine eigene Version von Starbucks eröffnet«, erklärte Tseday Asrat vor einigen Jahren in einem Interview mit der *New York Times*. Vom Erfolg ihrer Idee war sie von Anfang an überzeugt. »Kaffee ist Teil des Lebens eines jeden Äthiopiers. Wir reden bei Kaffee über unser Leben, wir sprechen über unsere Ehen. Wir halten Kaffeezeremonien ab, die ewig lange dauern«, erläuterte sie ihre Idee.

Gesagt, getan. Heute besteht der einzige Unterschied zwischen den beiden Ketten in zwei winzigen Details im jeweiligen Logo: Während Starbucks eine langhaarige Sirene im inneren Kreis des Logos birgt, prangen bei Kaldi's an gleicher Stelle Kaffeebohnen und eine dampfende Tasse. Und statt Starbucks Coffee heißt es in Äthiopien eben Kaldi's Coffee. Ansonsten ist kein offensichtlicher Unterschied zu erkennen. Auch in Addis Abeba, wo die Kette mittlerweile auf knapp ein Dutzend Läden angewachsen ist, stehen Cappuccino, Macchiato, Caramel Macchiato und Espresso auf der Karte, jeweils als *small* oder *tall* zu genießen, daneben Sandwiches, Käse-Croissants und Schokotorten. Die Kellner tragen die gleichen grünen Schürzen, und die Inneneinrichtung ist ebenso gemütlich wie bei Starbucks in München oder Madrid – mit Sofas, Sesseln und Holzmöbeln. Auch der Name ist klug gewählt, spielt er doch auf die Tatsache an, dass Kaffee ja – zumindest der Legende zufolge – ursprünglich aus Äthiopien stammt. Jedoch, das sei am Rande angemerkt, beansprucht auch das Nachbarland Jemen diese Ehre für sich.

Es soll aber tatsächlich einen äthiopischen Ziegenhirten gegeben haben, der vor vielen Jahren bemerkte, dass seine Herde immer dann ganz aufgewühlt und aufgeweckt war, wenn sie seltsame rote Beeren von einem Strauch fraß. Er probierte die kirschartigen Früchte selbst und überwand damit seine Müdigkeit beim nächtlichen Ziegenhüten. Später erzählte er Mönchen aus der Gegend von seiner Entdeckung. Die Geistlichen bereiteten einen Aufguss aus den knallroten Beeren und nutzten diesen fortan, um bei ihren Nachtgebeten wach zu bleiben. Das Ganze trug sich bezeichnenderweise in einer Region mit dem Namen Kaffa zu – im Südwesten Äthiopiens, wo bis heute wilde Kaffeesträucher blühen. Der Hirte hieß Kaldi. Und er war nach äthiopischer Auffassung der Erste, der dank seiner Ziegen die belebende Wirkung des Koffeins in den Bohnen entdeckte.

Kurioserweise gibt Tseday Asrat ganz offen zu, dass sie von dieser Geschichte erstmals bei einem Starbucks-Besuch in den USA Kenntnis erhielt, als sie diese an der Wand des Cafés las. Und da hatte sie den Gedankenblitz, ihre Kette nach dem gewitzten Hirten zu benennen.

Ich hatte das große Glück, ein Kaldi's gleich unter meinem Büro zu haben. Schon morgens strömten köstliche Düfte aus dem Inneren, warme Croissants und frisch aufgebrühte Espressos verbreiteten ein grandioses Aroma bis hinaus auf die Straße. Wie viele schöne Stunden habe ich dort bei einem Cappuccino und köstlichen Mokka-Frappuccinos verbracht, wie viele Bücher habe ich gemütlich zusammengekauert auf den Ohrensesseln verschlungen. Kaldi's ist heute aus Addis Abeba nicht mehr wegzudenken. Es bedeutet für viele Äthiopier ein Stück fremden Luxus in der Heimat und für viele Zugereiste ein Stück Heimat in der Fremde.

Die Kehrseite der Medaille ist: Die meisten Menschen im Land können sich derartige Genüsse nicht leisten. »Das ist mir viel zu teuer, da gehe ich doch lieber in ein traditionelles Café, wo ich meinen Kaffee für den halben Preis bekomme«, sagte mir einmal meine Freundin Hana, die als Buchhalterin einer großen Organisation einen für äthiopische Verhältnisse recht gut bezahlten Job hat. Sie fand die Preise bei Kaldi's, die nur knapp unter europäischem Standard liegen, empörend hoch. Wenn man bedenkt, dass die meisten Äthiopier zwischen 500 und 2000 Birr (zwischen 50 und 200 US-Dollar) im Monat verdienen, dann sind

14 Birr für einen großen Cappuccino tatsächlich starker Tobak.

Nur an wenigen Orten der Welt habe ich bisher eine derartige Diskrepanz zwischen Arm und Reich gesehen. In Äthiopien sind die meisten Menschen entweder extrem reich oder extrem arm, eine echte Mittelklasse existierte bis vor kurzem eigentlich nicht. Denn Leute, die pro Monat 2000 Birr nach Hause bringen, darunter Lehrer und Buchhalter, gehören eigentlich dieser Gesellschaftsschicht an. Nur: Ein Leben, in dem sie sich einige Annehmlichkeiten erlauben könnten, ist damit zumindest in Addis Abeba kaum möglich.

Aber das Land ändert sich. Das wird schon allein dadurch deutlich, dass seit einiger Zeit immer mehr »Toyota Corolla« – die als untrügliches Zeichen für die Zugehörigkeit zur wohlhabenden »Mittelschicht« gelten – die Straßen bevölkern.

Die Äthiopier wissen trotz der vielen Missstände ihr Leben dennoch zu genießen. Und Kaffee oder *bunna,* wie es in der Landessprache Amharisch heißt, gehört unbedingt dazu. Die Einheimischen – ob arm oder reich – veranstalten deshalb regelmäßig zu besonderen Anlässen so genannte Kaffeezeremonien.

Erstmals nahm ich an einer solchen in Bahir Dar teil, der hübschen Kleinstadt am Tanasee. Eine unserer Studentinnen hatte mich in ihre Lehmhütte eingeladen, um mich ihrer Familie vorzustellen. Es war ein großartiges Erlebnis, außergewöhnlich selbst für äthiopische Verhältnisse, denn hier erlebte ich, wie innerhalb von nur einer Stunde frische rote Beeren zu einer heißen, duftenden Koffeinbombe wurden. Als ich ankam, pflückte Melkamsira gerade die kirschartigen Früchte von einem in voller Pracht stehenden Kaffeestrauch.

Melkamsira bedeutet übersetzt »gute Arbeit« – und dem macht sie alle Ehre, war sie doch von Anfang an eine unserer aufgewecktesten Schülerinnen. Sie ist ein hübsches, hochgewachsenes Mädchen von dreiundzwanzig Jahren mit widerspenstigen Locken und großen schwarzen Augen. Ihren Eltern gegenüber ist sie äußerst respektvoll, sie packt zu Hause mit an, wo es eben geht, so wie die meisten jungen Menschen in diesem Land.

Aus dem Inneren der spartanisch eingerichteten, aber sauberen Hütte drang bereits der Duft von Weihrauch, der bei keiner Kaffeezeremonie fehlen darf. Als ich vom gleißenden Sonnenlicht hinein in die Dunkelheit des rechteckigen Lehmhäuschens trat, konnte ich zunächst kaum atmen, so dicht war der Rauch der aromatischen Harze. Ich musste husten, was mir peinlich war, fasste mich aber schnell wieder und blickte mich um. Zwei kleine Sofas mit altmodischem Blümchenmuster standen an den Wänden, davor ein Holztischchen. Auf der rechten Seite prangte ein Doppelbett. Ein rosafarbener Vorhang trennte diesen Wohnbereich von der »Küche«, wo Töpfe und einige Bastkörbe standen. Und in der Ecke zwischen den beiden Sofas hatte der ganze Stolz der Familie seinen Ehrenplatz: ein Fernseher. Wie bei allen Äthiopiern in den ländlichen Gebieten, die sich einen solchen Luxus leisten können, scheint es dabei nur einen Kanal zu geben: Und auf dem schmachtet ein äthiopischer Barde immerzu religiöse Lieder, und zwar in voller Lautstärke. Abends wird das gute Stück übrigens mit einem Deckchen zur Ruhe gebettet, um es vor Staub – oder wovor sonst? – zu schützen.

Während ich mich noch fragte, wo die ganze Familie – Melkamsira, ihre Eltern, zwei Brüder und eine Schwester – nachts Platz zum Schlafen fanden, begrüßte mich die Mutter mit offenen Armen.

»*Tena yistillin*«, guten Tag, sagte sie freundlich und zupfte ihr weißes traditionelles Gewand zurecht.

In kaum einer Sprache sind die Worte für »guten Tag« und »danke« schwieriger auszusprechen als auf Amharisch. Echte Zungenbrecher. Aber in Vorbereitung auf mein Jahr in Äthiopien hatte ich mir die wichtigsten Worte in harter Kleinarbeit bereits eingeprägt und antwortete deshalb mit einem ebenso freundlichen »*tena yistillin*« – worauf die gesamte Familie in Gelächter ausbrach.

Ich weiß nicht, warum, aber die Äthiopier finden es urkomisch, wenn Ausländer versuchen, ihre Sprache zu sprechen. Sie kugeln sich fast vor Lachen und werfen sich gegenseitig verschmitzte Blicke zu. Den Grund habe ich bis heute nicht verstanden, aber irgendwann hatte ich genug und kehrte wieder zu meinem perfekten englischen *Hello* zurück.

Aber ich drifte ab. Zurück zum Kaffee.

Zu einer echten äthiopischen Zeremonie gehört neben Schwaden von Weihrauch auch … Popcorn. Ja, tatsächlich! Und dieses wird jeweils frisch zubereitet und schmeckt, man mag es kaum glauben, herrlich zum Kaffee. Das schwarze Gebräu selbst wird in der so genannten *bunna jebena* hergestellt, dem typisch äthiopischen Kaffeepott. Der ist bauchig, aus Ton, oben offen und an der Seite mit einem dünnen, stielartigen Ausguss versehen.

Wenn die Kaffeebeeren geöffnet werden, kommen zwei Steinfrüchte zum Vorschein, die eigentlichen Bohnen. Die werden nun über offener Glut auf einer Metallplatte geröstet – was ein wunderschönes Aroma verbreitet. Die Hausherrin unterstreicht dies gerne noch dadurch, dass sie mit der dampfenden Platte von Gast zu Gast geht und ihm etwas von dem Rauch ins Gesicht haucht. Ich war hingerissen.

Erst dann begann Melkamsiras Mutter, die Bohnen in einer kleinen Holzschüssel, die als Mörser dient, zu Kaffeepulver zu zermahlen. Zwischenzeitlich hatte sie in der *bunna jebena* Wasser zum Kochen gebracht und füllte nun langsam und bedächtig viele kleine Löffel des frischen Kaffeepulvers hinein. Ich beobachtete sie von meinem Platz auf dem Sofa aus aufmerksam, dachte ich doch damals noch, einem ganz seltenen Ereignis beizuwohnen. Erst später wurde mir klar, dass Kaffeezeremonien in Äthiopien gang und gäbe sind, an Feiertagen, zu besonderen Anlässen und immer wenn Gäste kommen. Mittlerweile habe ich Dutzende Male dieses manchmal mehr als eine Stunde dauernde Ritual erlebt, und es ist immer wieder schön. Jedoch werden die Kaffeebohnen meist auf dem Markt erstanden und liegen schon zur Röstung bereit, wenn die Gäste kommen. Nur ganz selten hat man das Glück, sie frisch vom Strauch gezupft zu bekommen.

Melkamsira setzte sich neben mich. »Wie viel Zucker?«, fragte sie mich in gutem Englisch.

Ich war stolz auf sie. In nur wenigen Monaten hatte sie es in unserer Schule zu beachtlichen Fortschritten in dieser für sie völlig fremden Sprache gebracht.

»Eineinhalb«, antwortete ich.

Das ist für äthiopische Verhältnisse wenig, trinken die Einheimischen doch sowohl Kaffee als auch Tee sehr stark gesüßt. Ihre Mutter ließ den Kaffee ganz langsam in die kleinen Tassen fließen, fast nur tröpfchenweise plätscherte er in das weiße Porzellan. So wird sichergestellt, dass der Kaffeesatz auf dem Boden des *bunna jebena* verbleibt.

Mir wurde ein Tässchen gereicht, und ich begann an dem heißen Gebräu zu nippen. Ach, es schmeckte so gut! Melkamsira bemerkte mein zufriedenes Lächeln und stupste mich freundschaftlich an.

»*Kondscho*?«, gut?, fragte sie.

»*Au, betam kondscho*«, ja, sehr gut, grinste ich zurück. »*Ameseg enaloh*«, danke.

Wieder lachten alle.

Nachdem ich ausgetrunken hatte, reichte ich ihrer Mutter die Tasse zurück. Die war bereits damit beschäftigt, die zweite Ladung aufzubrühen. Bei einer Kaffee-Zeremonie trinken die Gäste insgesamt mindestens drei Tassen, wenn sie bis dahin keinen Herzinfarkt bekommen haben. *Abol, tona* und *baraka* heißen diese rituellen Drillinge.

Es war ein großartiges Erlebnis. Und mir wurde klar, welche Bedeutung Kaffee am Horn von Afrika hat. Nicht umsonst sind die Bohnen das wichtigste Exportgut Äthiopiens, gefolgt von … Khat.

Khat

Nur zwei Wochen nach unserer Ankunft in Addis Abeba bekamen wir zum ersten Mal Besuch – ein Sponsor aus Großbritannien hatte sich angekündigt. Er wollte die Schule, die seine Marketingfirma finanzierte, persönlich besuchen. Stephen kam mit seinem Freund James für zweieinhalb Tage extra aus Europa. Länger könne er sich nicht freinehmen, hatte er betont. Insgeheim erklärten wir ihn zwar für verrückt, eine so lange Reise für so kurze Zeit auf sich zu nehmen, aber wir freuten uns dennoch auf unseren gemeinsamen Trip nach Harar. Dort, im äußersten Osten Äthiopiens, befindet sich das von Stephen unterstützte Trainingszentrum unserer NGO. Für mich war es die erste Reise in diese historische Stadt, und ich freute mich sehr darauf.

Harar … Die Stadt ist anders als alles, was ich bis dahin in Äthiopien kannte. Zunächst einmal ist Harar fast völlig muslimisch geprägt, und nicht christlich-orthodox. Das macht sich nicht nur in der Architektur, den weiß getünchten Häusern und den befestigten Stadttoren bemerkbar, sondern auch in der Lebensweise der Menschen. Die Kleider sind bunter, die Märkte lebhafter.

Verwundert war ich nur über die überall am Straßenrand herumsitzenden Männer, die von morgens bis abends auf seltsamen grünen Blättern herumkauen, während die

Frauen auf Rücken und Kopf Holz, Kuhfladen zum Häuserbauen und andere lebensnotwendige Dinge balancieren. Die Frauen verkaufen die Waren der Familie auf den Märkten, die Frauen sorgen sich um die Kinder und das Kochen, kurzum: Die Frauen in Harar halten das Leben am Laufen.

Die Männer hingegen kauen Khat (»Tschat«). In regelmäßigen Abständen stopfen sie sich die zarten Blättchen in den Mund, wie andere eine Tüte Chips vor dem Fernseher verspeisen. Und damit ist ihr tägliches Betätigungsfeld auch schon erschöpfend beschrieben. Das ist natürlich übertrieben, aber so wirkte es auf mich.

Khat ist eine Droge, die zwar heute wieder überall in Äthiopien erhältlich ist, aber vorwiegend von der muslimischen Bevölkerung konsumiert wird. Die zarten Blättchen der Pflanze sollen eine anregende und euphorische Wirkung haben, ziehen viele Khat-Konsumenten aber in die Apathie. Die Arbeitsmoral sinkt auf den Tiefpunkt, träges Herumsitzen und dümmliches Vor-sich-hin-Starren sind die Folgen.

Aber Khat ist auch eine Rieseneinnahmequelle für das ostafrikanische Land: Nachdem in den Neunzigerjahren die Preise für Kaffee eingebrochen waren, sind viele Bauern im Land auf den Anbau der immergrünen Sträucher umgestiegen. Mit einem Anteil von etwa 15 Prozent ist Khat mittlerweile das zweitwichtigste Exportgut Äthiopiens nach Kaffee, und der Handel ist in der Region – anders als in westlichen Ländern – durchaus legal. Die Pflanzen können bis zu 20 Meter hoch wachsen und gedeihen völlig resistent gegen die wechselnden Wetterbedingungen, wie Unkraut. Hauptinhaltsstoff der Droge ist das so genannte

Cathinon, das als Reinsubstanz eine kreislaufanregende, stimulierende Wirkung hat. Jedoch führt sie bei übermäßigem Gebrauch auch zu Appetitlosigkeit und innerer Unruhe, sowie einer lähmenden Untätigkeit.

Auch James ließ sich prompt vom Khat-Fieber anstecken und steckte sich in Harar zunächst zaghaft, dann immer überzeugter, ein Blättchen nach dem anderen in den Mund. Während ich noch neben ihm saß und mich unterhielt, wurde sein Blick schon trüber. Plötzlich schossen ihm Tränen in die Augen.

»Scheiße, ist das stark«, rief er nur noch, dann verstummte der kugelrunde Engländer und blickte still vor sich hin.

James war im Khat-Rausch. Seinen späteren Angaben zufolge ist Khat ziemlich bitter, was die Tatsache erklärt, dass eingefleischte Konsumenten stets Erdnüsse zur Hand haben, mit denen sie den unangenehmen Geschmack abmildern. Überall in Harar werden deshalb neben Khat-Zweigen auch Nüsse feilgeboten.

Das Missliche an Khat ist, dass die Pflanzen immer ganz frisch nach der Ernte ausgeliefert werden müssen, denn schon nach wenigen Stunden vertrocknen sie – und sind somit wertlos. Folge ist, dass jede Nacht Unmengen von mit Khat beladenen Lastwagen zwischen Harar und Addis Abeba herumrasen. Ohne Rücksicht auf Verluste brettern sie über die von Kamelherden gesäumten Straßen, überholen bei riskanten Manövern andere Verkehrsteilnehmer und überfahren Tiere und notfalls auch Menschen, um rechtzeitig ans Ziel zu gelangen.

In der Region Tigray, im äußersten Norden Äthiopiens, hat die örtliche Regierung die Droge bereits verboten. Auch andere Regionen Äthiopiens dachten schon über ähnliche Maßnahmen nach. Solomon, unser Mann für alles, war ebenfalls dafür.

»Noch zu Zeiten Kaiser Haile Selassies war Khat-Kauen nicht zulässig«, erzählte er mir einmal, als wir an einem Markt in Addis Abeba vorbeikamen. »Allerdings wusste jeder, an welchen Stellen die Droge dennoch verkauft wurde, und vor allem die reichen Familien Addis Abebas konsumierten Khat trotz des Verbots.«

Nun sind die Pflanzen aber heute so billig, dass fast jeder sie sich leisten kann. Ganze 20 bis 30 äthiopische Birr kostet eine große Plastiktüte voll Khat – das reicht aus, um eine Gruppe von fünf bis sechs Leuten den ganzen Tag zu versorgen.

»In Addis Abeba gibt es mittlerweile an jeder Ecke Khat-Läden, die in einem Hinterzimmer für wenig Geld Softdrinks und Tee anbieten. Da hängen Tausende junge Leute jeden Tag herum und tun nichts anderes, als sich den Kopf zuzudröhnen – es ist ein Trauerspiel«, meinte Solomon kopfschüttelnd.

Nur spielen sich die Drogenorgien in der Hauptstadt nicht auf der Straße ab. Wohl deshalb waren sie mir nie aufgefallen.

Am Rande sei noch angemerkt, dass der französische Poet Arthur Rimbaud Ende des 19. Jahrhunderts fast zehn Jahre in Harar gelebt hat. Noch heute steht das prächtige Holzhaus, in dem er residierte – es dient jetzt als Museum. Und

Rimbaud ist ja nun nicht zuletzt wegen seiner Experimentierfreudigkeit mit Drogen zu Berühmtheit gelangt. Ob er neben Absinth jedoch jemals an Khat-Blättchen geknabbert hat, ist – soweit meine Recherchen ergeben haben – nicht überliefert.

Ferenji

Apropos Frankreich: Vor vielen Jahren, so erzählte mir eine Bekannte in Addis Abeba, sind einmal Franzosen durch Äthiopien gekommen (ob wohl Rimbaud unter diesen Reisenden war?). Die Einheimischen fragten, wo sie herkämen. Da sie das englische Wort *French* nicht aussprechen konnten, wurde daraus der Begriff *ferenji* (»Ferendschi«) – und den benutzen Äthiopier noch heute überall im Land für westlich aussehende Menschen.

Was wie eine charmante Geschichte scheint, ist in Wirklichkeit ziemlich nervig. Und somit kommen wir einmal zu den wirklich unangenehmen Seiten des modernen Abessinien.

Wo immer ich in Äthiopien hinging, was auch immer ich tat, überall schallte mir von zweijährigen Kindern bis hin zu achtzigjährigen Omas der Ruf *ferenji* nach. Wer darauf nicht reagiert, wird mit einem lauten *You! You!* nochmals aufgefordert anzuhalten. *Ferenji* ist in Äthiopien ein Synonym für Reichtum oder zumindest für Wohlstand. Während der jahrelangen Unterdrückung durch die Kommunisten sind die Äthiopier dazu erzogen worden, immer dann sofort die Hand aufzuhalten, wenn sie einen Weißen sehen. Es ist egal, ob man Stöckelschuhe trägt oder barfuß läuft, ob man eine schicke Hose oder eine zerlöcherte Jeans anhat – das Einzige, was zählt, ist die Hautfarbe. Sie allein ist ausschlaggebend für das manchmal sehr insistente Betteln.

Ich weiß, was ich hier schreibe, klingt widersprüchlich. Aber versuchen Sie einfach, sich in meine Situation zu versetzen. Wir waren mit der Idee nach Äthiopien gekommen, dass »Hilfe zur Selbsthilfe« die einzige dauerhafte Möglichkeit ist, eine Änderung herbeizuführen. Entrepreneurship, die Gründung von neuen Unternehmen und somit die Schaffung von Arbeitsplätzen waren unser Ziel. Zudem verdienten wir selbst in dieser Zeit kein Geld, alle Spendengelder gingen zu 100 Prozent an unsere Organisation. Da war es schockierend zu sehen, dass viele der Menschen, die wir täglich trafen, scheinbar gar keine Lust hatten, etwas zu ändern. Warum sollen wir arbeiten, wenn wir Weiße um Geld bitten können?, schienen sie zu denken.

Gleichzeitig ist natürlich klar, dass die Lage auf dem äthiopischen Arbeitsmarkt – gelinde ausgedrückt – katastrophal ist. In manchen, und besonders den vom Tourismus geprägten, Teilen Afrikas verdienen Kinder wahrscheinlich tatsächlich mehr durch Betteln als ihre Väter durch harte Arbeit.

Ähnliches erlebten wir auch mit unseren Studenten. Einige entpuppten sich als wahre Genies, lernten schnell und entwickelten Träume und Unternehmensgeist. Andere wollten auch nach achtzehn Monaten Training nicht einsehen, dass man arbeiten muss, um Geld zu verdienen. Sie schienen das Gefühl zu haben, sie hätten im Lotto gewonnen, als unsere Organisation sie für eine unserer Schulen auswählte. Erst durch beharrliche Einzelgespräche und Erklärungen gelang es uns schließlich, sie aus ihrer Lethargie zu locken.

In Äthiopien muss man lernen, zwischen scheinbar ausweglosen Situationen und solchen, die Änderung ermöglichen, zu unterscheiden. Das ist manchmal nicht leicht, und am Anfang verteilte ich häufig Geld, Stifte oder Bonbons, nur um mir selbst das Gefühl zu geben, einem Menschen ein ganz kleines bisschen geholfen zu haben. Das kann aber auf Dauer keine Lösung sein. Das Land braucht nachhaltige Projekte, die Mut machen und eine Änderung »von innen« bewirken. Oft diskutierte ich mit Alessio darüber, wie wir uns richtig verhalten sollten. Wir waren doch nur Fremde in diesem Land. Wie weit darf, wie weit soll man eingreifen?

Es ist ja auch wunderschön, dass es noch so alte Kulturen gibt und eine so völlig andere Lebensweise. Das muss erhalten werden. In ein Land zu kommen, den Finger zu heben und wie ein Lehrer aus dem Schlaraffenland die einzig korrekte Lebensform zu predigen ist sicher der falsche Weg. Ganz im Gegenteil.

Wer sich auf Afrika einlässt, wird merken, dass sich die Menschen auf dem Kontinent oftmals ein viel glücklicheres Dasein geschaffen haben als wir. Im Westen haben wir alles und sind dennoch häufig nicht glücklich. Also streben wir nach mehr. Und das einzige Mehr, das wir uns vorstellen können, ist materieller Art. Also muss ein größeres Auto her, eine neue Uhr, ein luxuriöseres Haus. Wenn dann die Anfangsfreude verblasst, bleibt wieder nichts. Also kaufen wir noch mehr. Erfüllung bringt das meist nicht.

Der Großteil der Afrikaner ist anders. Sie nehmen das Leben viel gelassener, geduldiger, und sie lieben ihr Land bedingungslos. Sie identifizieren sich mit ihrer Heimat, ihrem Volksstamm, ihrer Familie. Oberflächliche materielle Dinge haben in einer solchen Welt keinen Wert, westliche Statussymbole und Luxusgüter haben keinen Nutzen. Die

Tiere und das Land sind das Kapital. Und das Streben nach Glück basiert nicht auf der finanziellen Situation, sondern auf der Gemeinschaft, aus der die Menschen hier ihre Kraft schöpfen. Daher rührt wohl auch die große Gastfreundschaft: Alles wird geteilt, und zwar mit Freude. Oft habe ich Kinder beim Spielen beobachtet, nie stritten sie um einen Ball oder eine Puppe, sondern sie teilten, freundschaftlich und gerecht. Vielleicht ist dies die größte Lehre, die man daraus zieht, wenn man sich arrangieren muss und das Leben kein Zuckerschlecken ist. Wenn ich all dies in einem Bild beschreiben müsste, so würden die Europäer darauf allein und gestresst eine endlose Straße entlang einem Ziel entgegenrennen, das nie kommt. Die Afrikaner hingegen würden über die gleiche Straße schlendern und kein konkretes Ziel verfolgen, sondern gemeinsam den Moment leben. Der geteilte Augenblick ist das Ziel.

Ist es nun richtig, dem Betteln der Kinder nachzugeben? Ich weiß es nicht. Aber ich glaube, dass es der falsche Weg ist, immer neue Generationen in der Meinung zu unterstützen, dass sie durch einfaches Handaufhalten ihren Lebensunterhalt bestreiten können. Natürlich gibt es auch Ausnahmen von einer solch moralischen Regel. Es gibt Armut, die so ausweglos ist, dass eine kleine Spende in Form von Geld oder Lebensmitteln durchaus angebracht ist.

Dann sind da noch die so genannten *ferenji*-Preise. Wenn ich an Straßenständen, an denen es keine Preisschilder gab, etwas kaufen wollte, wurden mir stets horrende Summen genannt. Und die Händler waren nicht bereit, auch nur einen Birr Preiserlass zu gewähren. Schickte ich hingegen

Solomon oder andere äthiopische Freunde los, um mir etwas zu besorgen, bekamen sie stets den *habesha*-Preis, den Preis für Einheimische, der manchmal 100 Prozent geringer ausfiel. Es hat mich überhaupt überrascht, wie wenig geschäftstüchtig die Äthiopier sind. Das Feilschen, das etwa in Asien an der Tagesordnung ist und auch ziemlichen Spaß machen kann, ist ihnen völlig fremd. Äthiopier nennen Weißen einen Preis und damit basta. Sie sind sehr stolz, und oftmals zu stolz, um zu verhandeln.

Einmal war ich mit Iyasu, einem befreundeten katholischen Priester, in Bahir Dar in einem Bekleidungsgeschäft. Ich wollte einem unserer Studenten zu seiner Unternehmensgründung ein neues Hemd kaufen. Der Ladenbesitzer nannte einen völlig übertriebenen Preis für ein Polyesterhemd und erklärte, er werde nicht weiter darüber verhandeln – worauf Abba Iyasu völlig ausrastete.

»Das kann doch wohl nicht wahr sein!«, schrie er und wirkte dabei ganz und gar nicht wie ein gleichmütiger Geistlicher. »Das ist unverschämt! Ihr solltet euch alle schämen, Weiße so zu behandeln.« Damit drehte er sich auf dem Absatz herum und zog mich aus dem Geschäft.

Als ich am Sonntag darauf eine Messe von ihm besuchte, musste ich an diese Szene denken und schmunzeln. Abba stand so still und beherrscht wie immer am Altar und predigte vor seinen Schäfchen.

Natürlich gibt es jeden Tag Dutzende von Situationen, in denen man alles geben würde, um helfen zu können. Ich habe selbst auf den Straßen von Addis Abeba so furchtbare Dinge gesehen, dass sie nur schwer aus dem Kopf zu bekommen sind. Leprakranke Frauen ohne Finger, entstellte

Menschen, Sterbenskranke am Wegesrand, um die sich niemand zu scheren scheint. Mehrmals musste ich feststellen, dass die Worte »nur noch die Kleider am Leibe« zu haben für Äthiopien nicht zutreffen. Hier geht die Armut manchmal so weit, dass Menschen völlig nackt herumlaufen. Oder durch die Armut verrückt geworden sind und deshalb wie Adam und Eva durch die Gegend irren. Aber ich war und bin der Auffassung, dass es Aufgabe der äthiopischen Regierung ist, Direkthilfe zu ermöglichen, wo sie nötig ist. Nur ganz selten sieht man einen Krankenwagen durch Addis Abeba fahren, solch ein Service ist rar und kostspielig. Viele sterben einfach, weil niemand weiß, wen man rufen soll.

Wohin gehen all die Spendengelder?, fragt man sich. Äthiopien ist eins der am stärksten von der internationalen Gemeinschaft unterstützten Länder und erhält alljährlich Hilfen in Höhe von zwei Milliarden Euro. Wohin diese enorme Summe von Geld aber letztlich fließt, habe ich noch nicht herausgefunden.

Was ich jedoch weiß, ist, dass die Regierung vieles unternimmt, um die Arbeit der Hilfsorganisationen zu behindern. Erst im Januar 2009 gelang Meles Zenawi samt seiner Regierungspartei der jüngste Streich: Er boxte ein neues Gesetz durch, die so genannte Charities and Societies Proclamation. Diplomaten, Geberinstitutionen und Mitarbeiter nichtstaatlicher Organisationen waren monatelang dagegen Sturm gelaufen. Demnach müssen nun mindestens 90 Prozent der Spendengelder für die Organisationen aus Äthiopien selbst kommen. Ein schier unmögliches Unterfangen in einem so armen Land. Mit dem Gesetz soll vor allem verhindert werden, dass Hilfsorganisationen, die sich mit Themen wie Menschenrechte und Frauenfragen befassen, weiter im Land aktiv sind – denn sie könnten Meles und seiner Politik gefährlich werden. Da unsere Organisation sich mit Bildung beschäftigt, drohte uns zunächst keine Gefahr. Doch was, so fragte ich mich, wenn irgendwann einige unserer Studenten Firmen gründen, die mit diesem Gesetz in Konflikt kommen könnten? Ich musste an Yirgalem denken, einen unserer besten Studenten, der eine Zeitschrift gründen wollte. Ich legte ihm dringend ans Herz, sich bei der Berichterstattung auf Lifestyle-Themen, Sport und Tourismus zu beschränken und nicht über Politik oder andere Themen zu schreiben, die der Regierung unbequem werden könnten.

Erschreckenderweise muss Zenawi dennoch nicht fürchten, dass ihm aus Protest die Hilfsgelder anderer Nationen gestrichen werden. Denn Geld für Äthiopien zu geben ist für viele Länder eine Prestigefrage. Und auf dem Papier ist das Land auch auf dem richtigen Weg und entwickelt sich prächtig. Kein Wunder: Etwaige Oppositionelle werden rechtzeitig vor jeder Wahl eingeschüchtert oder sogar unter zum Teil haarsträubenden Vorwürfen ins Gefängnis gesteckt, Dürren und Hungertote werden einfach totgeschwiegen. Wenn Journalisten den Mut haben, doch die Wahrheit über die politischen Lager oder die dramatische Lebensmittel- und Wasserknappheit in einigen Landesteilen zu schreiben, werden sie meist festgenommen oder sofort des Landes verwiesen. Menschrechte und Pressefreiheit sind Fremdworte. Auch Statistiken über Malaria und andere Krankheiten sind – so wurde mir glaubhaft von Menschen versichert, die es wissen müssen – fast durchweg gefälscht. Die Zahlen müssen gut aussehen, damit das Geld weiter fließt.

Verblüfft und schockiert war ich, als ich zum ersten Mal in einem Supermarkt einen großen gelben Kanister mit Speiseöl entdeckte, der die Aufschrift WORLD FOOD PROGRAMME trug. Das Öl, das von der UNO für notleidende Menschen gespendet worden war, wurde in Addis Abeba teuer verkauft. Ich sah später noch häufig Lebensmittel der Vereinten Nationen in Geschäften. Ein anderes Mal faltete ich in Bahir Dar das Moskitonetz unseres Hotels auseinander, als mir ein kleines Schild mit dem Schriftzug UNICEF in die Augen fiel. Wie um alles in der Welt war es hierhingelangt? Warum werden Hilfsgüter an Äthiopien im öffentlichen Handel verkauft, statt dorthin geliefert zu werden, wo sie gebraucht werden?

»Das ist ganz einfach«, erklärte mir später ein Freund, der bei den Vereinten Nationen arbeitet. »Die äthiopische Regierung besteht darauf, die Spenden der UNO selbst zu verteilen, uns ist das nicht erlaubt. Tja, und wo die Sachen dann hingehen, das hast du ja gesehen …«

Hinzu kommt, dass viele westliche Staaten Äthiopien als Bollwerk gegen Extremisten aus Somalia und Eritrea sehen. Dem noch immer christlich geprägten Land, der »demokratischen Republik Äthiopien«, entzieht man keine Spenden, egal was die Regierung dort macht.

Gleichzeitig hat sich aber auch viel verändert. Überall in Addis Abeba wird gebaut, und wie an so vielen anderen Orten Afrikas haben die Chinesen dabei das Zepter übernommen. Und die legen eine so effektive Arbeitsmoral an den Tag, dass die Äthiopier kaum mithalten können. Eine

Tante Alessios erzählte uns einmal, dass die Herren aus dem Land der aufgehenden Sonne entsetzt festgestellt hätten, dass sich die einheimischen Straßenarbeiter gerne mit Händen und Kinn auf ihre Schaufeln stützten und einen Schwatz abhielten, statt im Dauerakkord die Erde auszuheben. Kurz entschlossen sägten sie die Hälfte der hölzernen Stiele ab und ließen die verdutzten Äthiopier weiterackern.

Seit einiger Zeit schießen auch immer mehr internationale Restaurants, Diskotheken und Kinos aus dem Boden, und überhaupt ist die Lebensqualität in den Städten wesentlich besser als noch zur Zeit der Militärdiktatur, des kommunistischen Derg-Regimes. Ein krasser Gegensatz zu den bettelarmen ländlichen Gegenden, in denen die Zeit vor zweitausend Jahren stehen geblieben zu sein scheint.

In den westlichen Medien wird hartnäckig das Klischee verbreitet, ganz Äthiopien sieche in grenzenlosem Elend und Trostlosigkeit dahin. Das ist falsch.

Ein Freund, der für die deutsche »Gesellschaft für Technische Zusammenarbeit« in Addis Abeba arbeitet, wollte vor einiger Zeit für ein Magazin seines Heimatlandes Ungarn einen Artikel schreiben. Eigentlich hatte er sich vorgenommen, Äthiopien einmal so darzustellen, wie es sich heute für jemanden, der im Land lebt, präsentiert: Über ein durchaus lebenswertes Land wollte er berichten, über Fortschritte, technische Errungenschaften und Hoffnung. Aber erst als er den Artikel drei Mal umgeschrieben hatte, entsprach er schließlich dem, was die Chefredakteure im Blatt haben wollten.

»Am Ende stimmte einfach nichts mehr. Ich war total wütend. Das war dann wieder das übliche Geschwätz über das ach so arme Äthiopien, über AIDS und Malaria und Kinder mit aufgeblähten Bäuchen«, ärgerte sich mein Freund. »Ich habe nie wieder etwas für das Magazin geschrieben.«

Ich halte solche Artikel für gefährlich. Denn sie zielen auf das immer gleiche Bild ab und verzerren die Wahrheit, ganz so, als würde sich in Afrika nie etwas verändern. Die westlichen Regierungen brauchen diese Klischees aber, um ihre hohen Spenden an die afrikanischen Regierungen zu rechtfertigen. Als Gegenleistung können sie dann – wie erst kürzlich in Äthiopien geschehen – von Ölbohrrechten und anderen wirtschaftlichen Leckereien profitieren.

Gleichzeitig können diese klischeebehafteten Berichte bei den Zeitungslesern eine Anti-Afrika-Haltung erzeugen, nach dem Motto: Die sind ja sowieso alle korrupt, von mir sehen die da unten kein Geld mehr. Damit gehen aber wiederum wichtige Spendengelder an private Organisationen verloren, die nur durch finanzielle Unterstützung von Firmen und Einzelpersonen überleben können. Gerade diese Organisationen sind es aber, die wirklich Hilfe leisten, und zwar dort, wo sie dringend gebraucht wird. Es ist ein Teufelskreis. Alles, selbst das Informationswesen, scheint heute von wirtschaftlichen Interessen bestimmt, und nicht von Mitgefühl und Nächstenliebe.

»Die und Wir« heißt es. Als wäre die Welt in zwei Hälften geteilt. Die, das sind die Schwarzen, die Armen, die viel zu viele Kinder zeugen und faul auf der afrikanischen Erde sitzend auf Hilfe warten. Wir, das sind die Weißen, die Reichen, von deren Gutmütigkeit und Großzügigkeit die Entwicklungsländer abhängen. Ist es nicht vielmehr so, dass wir ein kaum fassbares und unerklärliches Glück hatten, in Europa geboren zu sein? Wer sind wir denn, dass wir anderen Menschen vorschreiben wollen, wie viele Kinder sie haben dürfen? Wenn wir den Mut hätten, einmal über den Tellerrand unseres gutbürgerlichen Lebens hinauszuschauen und ferne Länder und Kulturen zu besuchen, dann dürften wir auch mitreden. Aber die schlimmste Kritik und die größten Vorurteile kommen, wie mir scheint, von denen, die die größte Angst haben, eine Reise nach Afrika, Lateinamerika oder Asien anzutreten.

Wovor haben sie denn Angst? Davor, dass sie das Elend in weiten Teilen der Welt nicht ertragen könnten? Dass sie keine Rechtfertigung für die Ungerechtigkeit mehr finden? Oder davor, dass ihre diskriminierenden Äußerungen am Stammtisch keine reale Basis haben? Es ist nicht leicht, die Augen zu öffnen, denn der Schmerz, der sie erwartet, blendet. Aber ist er nicht weitaus besser zu ertragen als die Vorstellung, ein ganzes Leben lang blind umherzuirren und in alle Richtungen um sich zu treten?

Luxus im Elend

Die Klassifizierung von Reich und Arm gibt es natürlich nicht nur zwischen Erster und Dritter Welt, sondern auch innerhalb Äthiopiens.

Als ich zum ersten Mal nach Addis Abeba kam und Alessio mir erklärte, wir hätten am nächsten Tag ein wichtiges Treffen im Hilton Hotel, schaute ich ihn ärgerlich an.

»Wir sind doch hier, um den armen Menschen zu helfen, da können wir uns doch nicht selbst in Luxushotels herumtreiben!«, rief ich empört.

»Aber da treffen sich alle, vertrau mir, es ist echt schön dort!«, entgegnete er.

Am Ende ließ ich mich widerwillig überzeugen, obwohl ich ein Meeting in einem traditionellen Kaffeehaus vorgezogen hätte. Aber sobald ich durch die Sicherheitskontrolle ins Foyer trat, konnte ich nicht umhin, mich zu begeistern.

Das Hilton ist zwar ein alter, Ende der Sechzigerjahre erbauter Kasten, aber es versprüht einen seltsamen Charme. Das Open-Air-Restaurant und der wie ein Thermalbad beheizte Swimmingpool sind einfach himmlisch. Man scheint in eine andere Welt zu treten, in der alles duftet und freundlich ist. Überall stehen Blumen und Jacaranda-Bäume, die Speisekarte bietet alles von Italienisch bis Mexikanisch, und die Atmosphäre ist weltoffen und international. In dem zwölf Stockwerke hohen Hotel treffen sich Mitarbeiter der Vereinten Nationen ebenso wie Europäer, Afrikaner aus den verschiedensten Ländern und Familien mit Kleinkindern.

Besonders liebe ich die gemütliche Bar mit der langen Theke, an der Projekte besprochen, Pläne geschmiedet und Freundschaften geschlossen werden. Sie sollte später, als alles um mich herum zusammenzubrechen drohte, zu einem Rettungsanker werden. Hier traf ich mich mit Kaylois jedes Mal, wenn der Liebeskummer mich übermannte. Die gebürtige Jamaikanerin mit den widerspenstigen Dreadlocks wurde zu meiner engsten Vertrauten und vermochte es mit ihrer Stärke und schier unendlichen Geduld, mich bei einem guten Glas südafrikanischen Weißweins immer wieder aufzubauen. In der Hilton-Bar fühlte ich mich heimisch, sie gab mir Sicherheit in all den Wochen und Monaten, in denen der Boden unter mir wegbrach wie erosionsgeschwächte afrikanische Erde.

Noch krasser ist der Unterschied zwischen dem Alltagsleben der äthiopischen Hauptstadt und der Welt des Sheraton. Ja, das Sheraton Addis Abeba ist eine Welt für sich. Und ich kann Ihnen sagen: Wer sich lange in einem Entwicklungsland aufhält, braucht ab und zu diesen Luxus, um nicht durchzudrehen. Man fährt die kurvenreiche Straße hinunter, sieht Armut rechts und links, wird von uniformierten Männern durch die Schranken zum weitläufigen Parkplatz gelotst – und scheint sich plötzlich auf einem anderen Planeten zu befinden, als wäre man in einer Rakete mit Lichtgeschwindigkeit in ein anderes Sonnensystem vorgedrungen.

Selbst die Umkleidekabinen am riesigen Swimmingpool sind schöner und komfortabler als die Häuser der meisten Äthiopier. In der Weihnachtszeit glitzert und funkelt es an den Außenwänden ebenso wie im Foyer. Rentierschlitten und Engel geleiten die Besucher durch den prächtigen Eingangsbereich, und am Pool singt Bing Crosby *White Christmas* – bei rund 25 Grad Außentemperatur. Eine Art internationaler Luxus umhüllt die Gäste, die hier für einige Stunden oder Tage jegliches Orts- und Zeitgefühl verlieren können. Dieses Sheraton könnte sich ebenso gut in Paris oder New York befinden.

Das Hotel wurde 1998 für über 400 Millionen US-Dollar von dem äthiopisch-saudi-arabischen Milliardär Sheikh Mohammed al-Amoudi errichtet, dem in Äthiopien alles gehört, was mit Reichtum verbunden ist, darunter Banken, Tankstellen, Bauunternehmen und die Produktionsstätten von Softdrinks wie Pepsi und Mirinda. Zudem organisiert er große Sportevents. Und wenn sich alljährlich die afrikanischen Staats- und Regierungschefs zum Treffen der Vereinigung Afrikanischer Staaten einfinden, dann wohnen die meisten von ihnen selbstverständlich im strengstens abgeriegelten Sheraton. Libyens Staatschef Muammar al-Gaddafi, der ja bekanntlich nicht gern in Hotelzimmern schläft, hat sogar stets ein riesiges Beduinenzelt auf dem Areal des Hotels zu seiner Verfügung.

Al-Amoudi ist so etwas wie der Silvio Berlusconi Äthiopiens – nur dass er, anders als der mehrmalige italienische Ministerpräsident, noch nicht in die Politik gegangen ist. Jedoch habe ich einmal in einem Café in Gondar ein Porträt von ihm gesehen, das ordentlich eingereiht zwischen Bildern von König Menelik, Kaiser Haile Selassie und Regierungschef Meles Zenawi hing. Die Menschen in Äthiopien verehren al-Amoudi wie einen König. Er hat nicht nur ungekannten Luxus in die Hauptstadt gebracht, sondern auch mehr als fünfzehntausend Arbeitsplätze geschaffen. Und was der Mann anpackt, das gelingt und funktioniert. Nirgendwo sonst sind die Angestellten dermaßen gut ausgebildet und freundlich wie im Luxustempel des Scheichs. Nebenbei sei erwähnt, dass es sich auch um das teuerste Hotel Afrikas handelt.

Manchmal hatte ich während meines Jahres in Äthiopien wirklich ein schlechtes Gewissen, wenn ich sonntags die stolze Summe von 185 Birr (etwa 18,50 Dollar) für einen Tag am Pool hinblätterte – in manchen Landesteilen entspricht dies einem Monatslohn. Aber die herrliche, parkähnliche Umgebung und der gute Service ließen alle Bedenken rasch schwinden. Ich konnte für eine Weile in eine andere Welt eintauchen und vergessen, was vor den Mauern liegt – ein Armenviertel nämlich, in dem die Menschen oft an der Grenze des Existenzminimums leben.

Erst wenn ich am späten Nachmittag wieder in Richtung Innenstadt fuhr, holte mich die Realität ein. Es ist kaum zu glauben, welch verschiedenartige Universen sich auf wenigen hundert Quadratmetern befinden können. Und in diesen Momenten konnte ich die Äthiopier gut verstehen, die mich mit großen Augen ansahen, während ich aus dem Parkplatzareal manövriert wurde. Hier wurde mir deutlicher als je zuvor klar: Es ist ein so großes Privileg, in Europa geboren zu sein, ein Privileg, dessen ich mir zwar immer bewusst war, das mir aber in Äthiopien ganz besonders eindringlich vor Augen geführt wurde. Aber ich bin und bleibe der Auffassung, dass wir Armut nicht notgedrungen dadurch bekämpfen, dass wir selbst in einer Lehmhütte leben. Sicher, sich bewusst für ein Leben in Armut zu entscheiden verdient Bewunderung und nicht Kritik. Ob der heilige

Franz von Assisi, Mutter Teresa oder viele Europäer, die ich in Äthiopien getroffen habe und die alles hinter sich gelassen haben, um die Welt zu einem besseren Ort zu machen – ich bewundere solch mutige Menschen zutiefst. Jeder muss jedoch für sich selbst entscheiden, wie er leben und helfen möchte. Ich brauche – zumindest bis heute – das Gefühl, dass ich das Elend auch mal ein paar Stunden hinter mir lassen kann. Und dass ich das kann, erfüllt mich mit Dankbarkeit.

Hier noch eine kleine Anekdote zum Abschluss dieses Luxusexkurses: Relativ zu Anfang unseres Aufenthaltes fuhren wir einmal die Ring Road, die ringförmige Stadtautobahn von Addis Abeba, entlang, als ich plötzlich ein Hotel mit der Aufschrift Mariot entdeckte. Ich wollte schon erstaunt ausrufen, ich habe ja gar nicht gewusst, dass die amerikanische Kette ebenfalls in Äthiopien vertreten sei, als mir die andere Schreibweise auffiel. Auch schien mir der Bau auf den zweiten Blick etwas heruntergekommen. Ich musste schmunzeln. Es war schließlich nicht das erste Mal, dass ich in Äthiopien eine solche »Fälschung« entdeckte. Neben Kaldi's gibt es auch ein äthiopisches Pizza Hut und stark an McDonald's angelehnte Fast-Food-Läden. Aber niemand schert sich darum, denn dies ist Afrika. Und wer sollte schon etwas dagegen haben, dass sich äthiopische Absteigen oder Hamburger-Buden bei den Amerikanern ein paar coole Namen und Ideen abschauen, um Gäste anzulocken?

Die Entdeckung der Armut

Ich dachte, ich hätte schon einiges gesehen. Bis zu diesem Tag. Dem ersten Besuch bei den Weyto.

Bekannte in Bahir Dar hatten uns von dem Volksstamm erzählt, der ganz in der Nähe des Stadtzentrums in einem eigenen Dorf lebt. Nun, eigentlich gibt es zwei Dörfer, eins mit etwa zweitausendfünfhundert und eins mit dreihundert Bewohnern, und dann noch eine andere Gruppe rund um den Shamo- und den Abayasee im Süden des Landes.

»Sie sind vor vielen Jahren durch den Sudan nach Äthiopien gekommen, denn sie hofften, hier Wasser zu finden, da sie ja Fischer sind«, erzählte mir unser Freund Mebratu, der schon seit Jahren versuchte, den Weyto zu helfen. Diese Menschen werden fast völlig ignoriert, leben wie in einer eigenen Welt, abgetrennt und verlassen. »Die Weyto werden diskriminiert, weil sie weder christlich noch muslimisch, noch jüdisch sind«, erläuterte Mebratu.

Zudem gehören Nilpferde zu ihrem Speiseplan, die in Äthiopien als eine Art Schweine angesehen werden, und die essen die Gläubigen nun partout nicht. Hinzu kommt die Armut, die bei den Weyto noch größer ist als bei der ohnehin schon im Elend versinkenden Bevölkerung. Sie sind schmutzig, haben keinen Wasserzugang, sie riechen streng und tragen überwiegend Lumpen. Viele Versuche, Weyto-Kinder in öffentliche Schulen zu integrieren sind fehlgeschlagen. Die anderen Schüler wollten nicht neben ihnen sitzen, sie wurden ausgegrenzt und zogen es schließlich vor, auf Schulbildung zu verzichten, statt ständig herablassend behandelt zu werden.

Wir besuchten das kleinere der beiden Dörfer, gemeinsam mit unserem Freund.

Schon nach wenigen Metern schlug mir ein beißender Geruch entgegen. Es ist der Geruch der Armut. Es stank nach Abfällen, Urin und Kot. Gleich stürzten Horden von Kindern auf uns zu, sie lachten freudig und griffen nach unseren Händen. Mit dreien von ihnen zu meiner Rechten und zweien zu meiner Linken ging ich über die staubigen Wege auf die Hütten zu. Die Dorfältesten schauten grimmig, nur die Jüngeren nickten uns freundlich zu. Eine bildhübsche junge Frau kam uns entgegen, die halb fertige Körbe und Teller aus Papyrus in den Händen hielt. Ich erfuhr, dass dies die Haupteinnahmequelle des Dorfes ist.

Die Weyto bauen auch Boote aus Papyrus. Seit Ewigkeiten werden diese filigranen Gebilde auf dem Tanasee von Fischern genutzt, außerdem als Transportmittel, mit denen die Bewohner der im See verstreuten Inseln unter anderem Holz zum Festland bringen. Einmal wurde ich Zeuge, wie Hunderte dieser Boote gleichzeitig und in absoluter Stille über das Wasser glitten. Ich war auf einem der Motorboote für Touristen unterwegs zum Kloster Ura Kidane Mehret auf der Zege-Halbinsel. Es war ein Freitag. Am Samstag ist in Bahir Dar Markttag. Die Fahrt mit einem der schon recht langsamen Motorboote dauert rund eine Stunde.

»Wie lange brauchen die Leute mit den Papyrusbooten bis zum Festland?«, fragte ich den Kapitän.

»Etwa neun Stunden«, sagte er.

Neun Stunden.

Die Boote waren bis zum Bersten mit Holz beladen, ich konnte kaum fassen, dass sie unter dem Gewicht nicht sanken. Die meisten von ihnen wurden von einem einzigen Äthiopier über den See gerudert, vereinzelt entdeckte ich auch Paare. In einer fast übermenschlichen Kraftanstrengung tauchten sie immer wieder in gleichmäßigem Rhythmus ihre selbstgebauten Holzpaddel ins Wasser. Und langsam, ganz langsam, bewegten sie sich Meter um Meter vorwärts, wie eine stille Armee, deren gleichmäßige Ruderbewegungen in Zeitlupe kreisförmige Muster auf die Wasseroberfläche zeichnen. Es war ein Anblick wie aus einer anderen Zeit. Wieder einmal.

Die Papyrus-Gräser, die im Altertum als Rohstoff für die Herstellung von Papier verwendet wurden, wuchern überall rund um den Lake Tana. Die Pflanze wird vielseitig genutzt, unter anderem werden ihre Triebe traditionell bei Kaffeezeremonien auf dem Boden verteilt. Für die Weyto ist Papyrus hingegen überlebenswichtig.

Ich erreichte die erste Hütte und grüßte die davor sitzende alte Frau mit einem tiefen Kopfnicken. »*Tena yistillin*«, sagte ich leise. Sie nickte zurück und bedeutete mir dann mit einer Handbewegung, dass ich in ihre Hütte eintreten solle.

Es war eine dieser Äthiopierinnen, deren Gesicht eine ganze Lebensgeschichte erzählt, die Geschichte von ertragenem Leid, von Entbehrungen und harter Arbeit. Es war tief zerfurcht, aber stolz. Ihr weißes Haar war kurz geschoren, sie hatte es mit einem blauen Tuch bedeckt. Am Leib trug sie nichts als schmutzige braune Lumpen, die in der

Taille von einem ehemals farbigen Stoffrest zusammengehalten wurden.

Ich trat ein.

Die Weyto sind so arm, dass sie nicht einmal in Lehmhütten leben. Ihre Behausungen sind aus Stroh – und winzig. In der Regenzeit bieten sie keinerlei Schutz vor den Wassermassen, die unaufhaltsam vom Himmel prasseln. Manche Hütten sind Rundbauten aus Bambus, die von einem Spitzdach aus Stroh bedeckt sind, die meisten gleichen jedoch in ihrer Form einem Gugelhupf und sind komplett aus Stroh gebaut. In eine solche Behausung trat ich nun ein. Sie war so klein, dass ich kaum aufrecht stehen konnte. In einer Ecke lag eine völlig verdreckte Matratze mit etwas darauf, das einmal einem Betttuch geglichen haben musste. Auf dem Boden entdeckte ich einen uralten schmiedeeisernen Topf, rings umher verstreut lagen mehrere Plastikkanister auf dem Lehmboden und Kleider – oder das, was davon übrig war. Es fiel mir schwer, und es fällt mir noch heute schwer zu begreifen, dass es Menschen gibt, die unter solch menschenunwürdigen Bedingungen leben müssen.

Als ich wieder herauskam, sagte die alte Frau etwas auf Amharisch. Es klang eindringlich, geradezu flehend. Ich sah mich um und suchte nach Alessio und Mebratu. Sie standen einige Meter entfernt und waren von den Dorfältesten umringt. Ich winkte sie zu mir.

»Die alte Dame versucht mir etwas zu sagen. Kannst du es mir übersetzen?«, fragte ich Mebratu.

Er sprach kurz mit ihr. »Sie fragt, ob du dir ihren Fuß ansehen kannst. Sie sagt, sie hat solche Schmerzen, dass sie kaum laufen kann.«

Ich ging in die Hocke, und als ich den Fuß betrachtete, musste ich mich fast übergeben. Er war dick angeschwollen, rund um die teils blutigen Nägel völlig verkrustet, das Gewebe war zu großen Teilen von Nekrose befallen, also regelrecht abgestorben. Was war das? Lepra? Ich bin kein Arzt. Was sollte ich tun?

Kurze Zeit später kamen immer mehr Weyto und versammelten sich um uns. Mütter brachten ihre Babys, deren Fußsohlen ebenfalls von schwarzen Flecken übersät waren, junge Frauen zeigten uns ihre von Wundbrand gezeichneten Gliedmaßen.

Ich war völlig überfordert und schaute Alessio hilfesuchend an. Aber der stand ebenfalls unter Schock. Seinem Gesichtsausdruck war zu entnehmen, dass er nicht wusste, wie er sich verhalten sollte.

»Diese Leute müssen ins Krankenhaus. Sie müssen behandelt werden«, sagte er schließlich.

Mebratu nickte. »Ich weiß. Aber das kostet. Hier wird niemand umsonst behandelt. Sie können sich einen Arztbesuch einfach nicht leisten.«

»Wir werden euch helfen«, sagten Alessio und ich spontan – und hatten keine Ahnung, wie.

Ich denke, unser Menschsein, unsere innerste Essenz an Menschlichkeit, verlangt in manchen Situationen, nicht lange zu zögern und anderen in solch ausweglosen Lagen beizustehen. Egal wie. Es gibt immer einen Weg.

Wir gingen weiter. Vorbei an noch mehr Strohhütten, über Wege, die zu beiden Seiten von Müll übersät waren während einige Hühner aufgeregt vor uns davonflatterten. Auf einmal entdeckte ich vor dem Eingang einer Hütte einen großen Teller aus Papyrus. Darauf war das angeordnet, was Tage zuvor wohl einem äthiopischen Mahl geglichen haben musste. Reste von *injera,* irgendwelche roten Klumpen aus eingetrockneter Sauce, ein paar Chili-Schoten. Es sah aus, als hätte man bereits verschimmelte Lebensmittel durch den Fleischwolf gedreht und dann zum Trocknen in die Sonne gelegt. Darüber kreisten Dutzende von Fliegen. Ich hielt mir die Hand vor den Mund, mir war übel.

Alessio machte Fotos, hielt alles fest. Pietätlosigkeit? Das finde ich nicht. Es ist wichtig, auch bestürzende Dinge zu fotografieren und festzuhalten. Nur so konnten wir mögliche Sponsoren davon überzeugen, Geld für die Weyto zu spenden. Die Menschen im Westen brauchen das. Was sie nicht mit eigenen Augen gesehen haben – und sei es auch nur auf einem Computerbildschirm –, glauben sie nicht, oder sie können es sich zumindest nicht vorstellen. Egal wie viel man erzählt, egal wie wortgewaltig man eine Situation darzustellen versucht.

Diese Erfahrung habe ich übrigens oft gemacht. Ich saß mit Freunden in Europa zusammen, die mich mit Fragen löcherten, und ich erzählte von den Dingen, die ich gesehen und erfahren hatte. Sie hörten aufmerksam zu, ich sah, wie sie versuchten, sich die Schilderungen bildlich auszumalen. Aber es wollte ihnen nicht recht gelingen.

»Hast du Fotos?«, lautete stets die Frage, die sich nach kurzer Zeit aufdrängte.

Vielleicht haben wir im Digitalzeitalter die Fähigkeit verloren, »Gedankenreisende« zu sein und uns Orte, Gesichter, Situationen ohne ein pixel-scharfes Foto vor unser inneres Auge zu führen. Alessio und ich brachten uns deshalb in einem autodidaktischen Crash-Kurs auch das

Zusammenschneiden von Videomaterial bei und filmten, so viel wir konnten. Es half, etliche mögliche Geldgeber schauten sich das Filmmaterial interessiert an und sagten Unterstützung zu.

Ein kleiner Junge kam mir entgegen. Gerade einmal zwei Jahre alt mag er gewesen sein. Er schaute zu mir hoch, und ich sah hinunter auf seinen kahlen, verkrusteten Schädel, nur oberhalb der Stirn wuchs ein kleines Büschel Haare. Die typische Frisur der Weyto-Jungen. Seine Genitalien hingen aus der völlig durchlöcherten Hose, der Oberkörper war nackt. Wie alle Weyto hatte er keine Schuhe. Er streckte mir die Hand entgegen, und ich nahm sie. Wie hätte ich die freundliche Geste ablehnen können? Gleichzeitig kamen mir wieder die Bilder der kranken Füße in den Sinn. Es gibt viele Situationen in Äthiopien, in denen man hin- und hergerissen ist zwischen der Vernunft, die von möglichen gesundheitlichen Folgen spricht, und dem Herzen, das danach schreit, die Menschen zu berühren und zu umarmen.

Ich fand irgendwann einen Mittelweg, schaltete die Vernunft für eine Weile aus – um dann doch wieder der Logik zu lauschen und mir im Auto mit viel Desinfektionsmittel die Hände zu reinigen. Es hat funktioniert. Ich bin in Äthiopien nie krank gewesen.

Als wir mit Mebratus Jeep davonfuhren und Dutzende Kinder winkend und hoffnungsvoll hinter dem Auto herliefen, begann ich hemmungslos zu weinen. Ich konnte nichts dagegen tun. Ich winkte und weinte. Aber ich wusste bereits, ich würde zurückkommen.

Übrigens ist fast jeder, den wir später ins Weyto Village mitnahmen, irgendwann in Tränen ausgebrochen. Selbst gestandene Männer. Bilder von Armut auf den Fernsehschirmen zu sehen ist eine Sache. Der Realität von Angesicht zu Angesicht ins Auge zu blicken ist eine ganz andere.

Noch am selben Nachmittag begannen wir, mit Mebratu Lösungsansätze zu diskutieren. Die Frage, die sich aufdrängte, war: Wie kann es sein, dass weder große Hilfsorganisation noch die Vereinten Nationen samt UNICEF je ihren Weg zu den Weyto gefunden haben? Sicher, es gibt viel entsetzliche Armut in ganz vielen Landesteilen. Aber das hier übertraf doch in seiner Komplexität viele andere Situationen. Wir hatten es mit einem Teufelskreis zu tun, der aus der Diskriminierung heraus geboren wurde. Weil die Weyto vom Rest der Bevölkerung nicht anerkannt werden, finden sie keine Arbeit. Weil die Kinder schmutzig und nur mit Lumpen bekleidet sind, können sie nicht in Schulen integriert werden. Aber ohne Ausbildung und Arbeit kann sich wiederum nichts ändern.

Wir haben vieles versucht und einiges erreicht. Wir haben Kleider und Schuhe an die Kinder verteilt und zwanzig von ihnen in einer Privatschule untergebracht. Wir haben die Kranken zu Ärzten gebracht, und ihre Situation hat sich deutlich verbessert.

Aber ich muss leider gestehen, dass wir an den Weyto letztlich gescheitert sind. Bis heute ist es nicht gelungen, dauerhafte Erfolge zu erzielen und nachhaltige Verbesserungen herbeizuführen.

Mehr Erfolg hatten wir mit Wubetu. Mir war der hübsche Neunzehnjährige gleich aufgefallen, denn er ist ausnehmend klug. Wubetu war Student in unserem Trainingszentrum in Bahir Dar. Schon nach wenigen Monaten sprach er so gut Englisch, dass er für seine Klassenkameraden übersetzen konnte, wenn wir die Schule besuchten. Er war stets nett und sauber gekleidet, und sein Lächeln ist so gewinnend, dass er eigentlich im Fernsehen Werbung für Zahnpasta machen könnte.

Über Wubetus Familienleben wussten wir nicht viel. Lediglich, dass seine Mutter gestorben war und er noch ein paar Geschwister hatte. Wir dachten allerdings, er würde – wie fast alle anderen Studenten – mit seiner Familie zusammenleben.

Irgendwann nahm mich eine unserer Lehrerinnen beiseite. »Ich möchte mit dir über Wubetu sprechen«, sagte sie.

»Gibt es Probleme?«

»Ja, ihr müsst ihm helfen.«

Ich blickte Yetnayet fragend an.

»Wir haben herausgefunden, dass er kein Zuhause hat.«

»Was? Wo lebt er denn?«

»Auf dem örtlichen Friedhof.«

Pause. Stille.

»Auf dem Friedhof?« Ich war geschockt.

»Sein Vater ist irgendwo an die sudanesische Grenze gezogen und arbeitet auf dem Land. Wubetus Geschwister leben bei ihm. Und er war plötzlich ganz allein. Orthodoxe Priester haben sich seiner angenommen und ihn in einem Zimmerchen gleich neben dem Friedhof untergebracht. Aber das ist kein Zustand für ihn, es fehlt an allem. Außerdem liegt der Friedhof ja weit draußen, außerhalb der Stadt.

Der Junge ist so intelligent, ein so guter Schüler, und wir haben Angst, dass dieses Leben ihn kaputtmacht und seine Leistungen nachlassen.«

»Danke, dass du mir das gesagt hast.«

Ich erzählte Alessio, was ich gehört hatte, und besprach mit ihm, was zu tun war. Dann gingen wir gemeinsam zu Wubetu. Mit möglichst großem Einfühlungsvermögen erklärten wir ihm, dass wir von seinen Lebensumständen gehört hatten. Er schaute uns verschämt an.

»Was soll ich denn tun? Ich möchte weiter eure Schule besuchen und nicht zu meinem Vater ziehen. Aber ich habe kein Geld, um mir ein Zimmer im Zentrum zu mieten.«

Wir lächelten ihn aufmunternd an.

»Du bist einer unserer besten Schüler, und wir sind sehr stolz auf dich. Wir wollen dich nicht verlieren. Deshalb müssen wir einen Weg finden, dir zu helfen«, erklärte Alessio.

Glücklicherweise hatte ich noch etwa 2000 Birr aus einer Privatspende übrig, die ich für solche Notfälle vorsorglich zur Seite gelegt hatte. Das reichte, um ihm für die nächsten sechs Monate eine kleine Hütte zu finanzieren. Mitarbeiter in Bahir Dar fanden schließlich etwas Passendes. Sie schlugen vor, dass Wubetu mit einem anderen jungen Mann im gleichen Alter, der ebenfalls eine Unterkunft suchte, zusammenziehen könnte. Das senkte die Kosten, außerdem hatte Wubetu auf diese Weise Gesellschaft und war nicht mehr so allein auf der Welt.

Als er von der Idee erfuhr, strahlte er über das ganze Gesicht. Wie schön sein Lächeln ist! Wie gut es tat, ihn so glücklich zu sehen!

Was ist schön?

Wer in Deutschland, Frankreich oder den USA geboren wurde, hat eine ganz bestimmte Vorstellung von Schönheit. Die kann zwar variieren, weist aber generell Gemeinsamkeiten auf. Schön ist eine Blumenwiese, schön ist die Pariser Oper, schön ist der Petersdom in Rom, schön sind die gläsernen Wolkenkratzer in New York, der Hafen von Sydney oder die Rocky Mountains. Von klein auf wachsen wir in einer bestimmten ästhetischen Vorstellungswelt auf, die wir hegen und pflegen und bei ausgedehnten Reisen durch das christliche Abendland und die schöne neue Welt Realität werden lassen.

Aber kann es nicht sein, dass Schönheit ein viel breiter gestreutes Konzept beinhaltet als jenes, welches uns anerzogen wurde? Dass sie sehr viel objektiverer Sichtweisen bedarf, als unserer eigenen Subjektivität lieb ist?

Ich habe lange, sehr lange gebraucht, um Schönheit zu sehen, die anders als unser Idealbild ist. Schönheit, die viele geradezu hässlich finden.

Sicher, ich fand Rom schön, von Anfang an. Aber ich habe auch Leute getroffen, die beim Anblick des halb verfallenen Forum Romanum und der uralten Palazzi knurrend meinten: »Eigentlich müsste man die ganze Stadt einmal abreißen und dann von Grund auf neu bauen.« Solche Aussagen lassen mich immer sprachlos zurück.

Bei meinen ersten Reisen in ferne Fleckchen Erde, beispielsweise nach Kuba oder Südostasien, kämpfte jedoch auch ich mit meinen eigenen Vorurteilen. Ich kämpfte mit meiner Ablehnung gegen den Schmutz, gegen stinkende Müllcontainer, gegen auf Stelzen gebaute Holzhäuser, gegen die Abfälle am Straßenrand und die Wellblechhütten der Slums.

Aber dann, irgendwann, begann ich, die Orte, die ich bereiste, zu *fühlen*. Ich fing an, meine Sinne zu öffnen, für Gerüche, Düfte, Farben, Pflanzen, ein Lächeln in der Menge oder bildhübsche Kinder, die vor einer solchen Wellblechhütte mit einem zerbeulten Fußball spielten. Orte haben ein Karma. Anders kann ich es nicht ausdrücken. Und ich bin bestimmt keine Esoterikerin.

Es gibt von Armut gebeutelte, triste Gegenden auf der Welt, die trotzdem schön sind. Weil sie sich gut anfühlen. Und es gibt herrliche Länder, die mich fast schwermütig gemacht haben. Weil etwas *Schweres* über ihnen hängt und weil ihnen dadurch die Leichtigkeit, die die Schönheit normalerweise ausstrahlt, abhandengekommen ist. Sansibar ist für mich so ein Ort.

Die Insel ist traumhaft schön. Wilde Natur, Kolobus-Affen, der türkisfarbene Indische Ozean, Korallen und Clownfische. Und dennoch, ich fühlte dort stets eine Last auf mir, die ich nicht verstehen konnte. Erst als ich mich eingehender mit der Geschichte Sansibars befasste und die Höhlen besuchte, in denen in früheren Zeiten Tausende Sklaven vor ihrem Weitertransport gefangen gehalten wurden – angekettet unter unmenschlichen Bedingungen – begann ich, meine Inselmelancholie zu begreifen. Es ist fast so, als schwebten die hart geprüften Seelen dieser schwarzafrikanischen Leibeigenen, die hier zusammen mit Elfenbein und Gewürzen wie gefühllose Gegenstände gehandelt wurden, noch über dem Eiland.

Hätte ich mit zwanzig das Gleiche gefühlt? Oder hätte ich mich in die seichten Fluten gestürzt und die Exotik des Ortes freudig leicht genießen können? Ich weiß es nicht. Aber ich glaube, häufiges Reisen in verschiedene Länder und zu unterschiedlichen Kulturen hilft uns zu lernen, mit offenen Augen und offenem Herzen scheinbar unsichtbare und unfühlbare Dinge zu entdecken.

Richtig bewusst wurde mir das erstmals auf Borneo. Ich will hier nicht lange abschweifen. Nur so viel: Nach einer langen Reise erreichten wir Kumai, ein kleines Örtchen in Kalimantan, von dem aus Alessio und ich eine Bootstour in den Dschungel starten wollten. Der Anlegesteg befand sich hinter dem Haus des Kochs, der uns bei der Tour bewirten wollte. Das Haus war typisch indonesisch, sehr einfach und auf der Rückseite auf Stelzen gebaut. Innen diente es als Restaurant, jeder Plastikstuhl hatte eine andere Farbe, die Holztische waren alt und wacklig, der Boden simpler Zement. Das Wasser im Hafenbecken von Kumai, von dem aus es später in den dichten Urwald rund um den Sekonyer River gehen sollte, war alles andere als einladend. Abfälle schwammen darin, und es stank, denn wie an so vielen Orten dienen hier kleine Holzverschläge über den Stelzen, die einzig und allein ein offenes, rundes Loch im Boden haben, als Toilette.

Trotzdem fand ich diesen Ort, dieses Haus, dieses Wasser *schön*. Wunderschön. Alles strahlte Würde aus und duftete nach Abenteuer, nach fremder Exotik, nach Wildheit und einer überaus interessanten Kultur. Und ich habe selten ein Essen mehr genossen als den scharfen Schmaus, den uns der nette Indonesier mit seiner Familie an jenem Tag auftischte.

So ist das auch in Addis Abeba. Addis ist nicht schön. Objektiv gesehen. Wenn ich über die Hauptstadt spreche und sage: »Da müsst ihr unbedingt mal hinfahren«, dann weiß ich schon – noch bevor ich den Satz ausgesprochen habe –, dass die Menschen wahrscheinlich enttäuscht sein würden. Addis ist eine graue Stadt voller mir unverständlicher, kommunistisch anmutender Architektur. Addis ist eine schmutzige Stadt, die in Abfällen versinkt, in der das stechend scharfe Odeur von Ziegen- und Pferdekot allseits präsent ist. Addis ist eine Stadt voller unverständlicher Gegensätze, in der schlimmste Armut und dekadentester Reichtum in einem Drahtseilakt koexistieren. Addis erstickt im chaotischen Verkehr mit seinen überall präsenten blauweißen Toyota-Minibussen und steinalten Lastern, die schwarze Abgaswolken in die Luft pusten. Dazu gesellen sich Tierherden, Esel und viele Schottersträßchen, in denen der Verkehr vor allem in der Regenzeit fast völlig zum Erliegen kommt.

Und doch: Addis ist schön. Addis fühlt sich *gut* an. Wer sich öffnet und die landläufige Auffassung von Schönheit hinter sich lässt, wird hier glücklich werden.

Das Geheimnis ist vielleicht die Fähigkeit, in der Andersartigkeit eine neue Heimat zu erahnen. Sich den Ort, statt ihn voreilig zu verurteilen, zu eigen zu machen. Ihn zu studieren, zu erleben, in all seinen Facetten.

Das kann man sich selbst antrainieren, aber man kann es anderen kaum beibringen. Die Selbstverständlichkeit, mit der Alessio und ich in der Ferne ein Zuhause gefunden hatten, erfüllte mich mit Glück. Wir brauchten oftmals keine Worte. Wir brauchten uns gegenseitig nichts zu erklären, denn wir *wussten,* warum wir in Addis waren und die Stadt so liebten, ohne sie uns immer wieder gegenseitig schmackhaft machen zu müssen.

Wenn wir von einer Reise in den Norden oder in den Süden zurückkamen und mit dem Geländewagen über die Ring Road Richtung Ayat fuhren, kam uns Addis Abeba jedes Mal vor wie New York City. Wie ein Schlaraffenland. Auch das macht die äthiopische Hauptstadt aus: Sie ist der einzige Ort im Land, an dem man jederzeit fast alles haben kann, an dem man als Europäer auf nichts verzichten muss. Außer auf Strom und Wasser an Tagen, wenn alles knapp wird und man wieder einmal spürt, dass Addis letztlich doch in einem Entwicklungsland liegt.

Aber das macht nichts. Ganz im Gegenteil, es hat uns nur bereichert.

Bei den wilden Afar

Anfang Dezember kamen Freunde aus Italien zu Besuch. Wir wollten Paolo und Francesca während ihres zweiwöchigen Aufenthalts so viel wie möglich von Äthiopien zeigen. Wir besuchten Bahir Dar und Gondar und beschlossen dann, zum Awash-Nationalpark, 200 Kilometer östlich von Addis Abeba, zu fahren. Wir waren selbst noch nie da gewesen, hatten aber gehört, dass eine Tour sich lohnen würde. Zwar gibt es nicht mehr viele Tiere im Park, immerhin jedoch Oryx, Dik Diks, Gazellen und Paviane, sowie vereinzelt Leoparden, Geparde und Löwen. Es sind aber leider nur noch so wenige Raubkatzen in der über 750 Quadratkilometer großen Awash-Savanne unterwegs, dass man schon großes Glück haben muss, um eine von ihnen im hohen Gras zu entdecken.

Hauptattraktion des Nationalparks sind zweifellos die Awash-Falls, deren Wassermassen sich majestätisch und donnernd in die 150 Meter tiefe Schlucht stürzen. Nach viel Kultur hatten wir alle richtig Lust auf Natur, auf das »echte« Afrika, auf endlose Ebenen, Grasland und wilde Tiere.

Bereits etwa 80 Kilometer vor dem Eingang des Parks änderte sich etwas im Landschaftsbild: Statt Eseln zogen Kamelherden am Straßenrand entlang, auch die Hütten sahen anders aus – ganz zu schweigen von den Menschen.

Plötzlich hatten die Männer »Mikrofon«-Frisuren im Afro-Look und Maschinengewehre auf der Schulter, die Frauen trugen bunte Gewänder und aufwendig geflochtene Haare.

»Was sind das für Leute?«, fragte Francesca aufgeregt, während sie mit der Nase an der Scheibe klebte und die bedrohlichen AK47 fixierte.

»Afar«, sagte Alessio nüchtern und mit jener Einsilbigkeit, die mit gewisser Arroganz auf weitere Fragen abzielt.

»Afar?« Francesca ging sofort neugierig auf Alessios Strategie ein, sich als echter Afrika-Experte zu beweisen.

»Ja, das ist einer der größten Volksstämme in Äthiopien und wahrscheinlich der wildeste. Es ist noch heute üblich, dass die Männer ihrer zukünftigen Frau den in Butter eingelegten Penis eines Feindes präsentieren.«

Schweigen.

»Sag das noch mal«, meldete sich Paolo zu Wort, der sichtlich bleicher geworden war. »Die schneiden Männern hier den Penis ab?«

»Ja, und auch die Hoden. Das gehört seit Jahrhunderten zur Tradition der Afar.«

»Und das sagst du mir erst jetzt? Na, vielen Dank!«

Francesca und ich brachen in lautes Gekicher aus und malten unseren männlichen Begleitern in farbenfrohen Bildern die ihnen bevorstehende, schmerzvolle Prozedur aus.

Alessio hatte bereits im Nordosten Äthiopiens Afar getroffen, als er einmal bei einer Motorradtour zur Grenze von Dschibuti gefahren war. Diese hatten ihm – dank eines äthiopischen Begleiters, der die Leute dort gut kannte – ausführlich von ihren Traditionen, Gebräuchen und Praktiken erzählt. Alessio wusste also, wovon er sprach.

Die Afar leben in einem riesigen, fast wie ein Kuchenstück geformten Gebiet, das von der Grenze zu Eritrea im Norden über Dschibuti und die Danakil-Wüste bis hin nach Awash reicht. Die Afar selbst bezeichnen sich als älteste ethnische Gruppe des Landes, bewohnen sie doch das ungastliche Gebiet östlich des äthiopischen Hochlandes bereits seit zweitausend Jahren. Traditionell leben sie als nomadische oder heutzutage seminomadische Viehhirten. Ihre Hütten sind so gebaut, dass sie problemlos auf Kamelrücken zum nächsten Ort transportiert werden können.

Auffällig ist – neben den kugeligen Afro-Frisuren der Männer – vor allem die Größe der Afar sowie ihre dunkle Hautfarbe, die sich deutlich von der eher milchkaffeebraunen Tönung vieler Äthiopier unterscheidet. Die Afar gelten als ungezähmt und fremdenfeindlich, und ihre Kampfeslust ist nicht zu übersehen: Die meisten Afar tragen bis zu 40 Zentimeter lange, wie Säbel geformte Messer am Gürtel, die meisten zusätzlich ein Gewehr oder Maschinengewehr auf den Schultern, über dem sie lässig ihre Hände baumeln lassen. Der Anblick erinnerte mich ein wenig an James Dean in *Giganten*, Sie wissen schon, jenes berühmte Foto, auf dem er das Gewehr auf den Schulterblättern trägt und auf die kniende Elizabeth Taylor herabblickt.

Früher, vor der Zeit der Schusswaffen, trugen die Afar-Männer übrigens Speere – ich bin nicht sicher, was mir lieber ist.

»Wo haben die denn die Gewehre her?«, fragte Francesca nun mit wachsendem Interesse.

»Von den Derg, in indirektem Sinne«, erklärte Alessio und erzählte dann die ganze Geschichte, während wir uns der Einfahrt zum Awash-Park näherten.

Die Derg, ein »provisorischer militärischer Verwaltungsrat«, hatten 1974 die Macht im Land übernommen und – wie bereits erwähnt – Kaiser Haile Selassie gestürzt. Drei Jahre später putschte sich Oberst Mengistu Haile Mariam an die Spitze der Derg. Er wurde Staatschef und führte vierzehn Jahre lang ein kommunistisches Schreckensregime, das Äthiopien an den Rand des Ruins trieb. Erst kurz nach dem Fall der Berliner Mauer stürzten verschiedene Rebellengruppen unter Führung der EPRDF (Volksdemokratische Revolutionsfront) das Mengistu-Regime, und 1991 kam Meles Zenawi an die Macht, der bis heute Regierungschef des Landes ist.

Nebenbei bemerkt: Oberst Mengistu, der unzählige Menschenleben auf dem Gewissen und grenzenloses Elend verbreitet hat, lebt bis heute als persönlicher Gast unter dem Schutz des Despoten Robert Mugabe in Simbabwe.

Aber nun zurück zu den Maschinengewehren der Afar: Der Stamm hatte die EPRDF bei ihrem Kampf gegen die Derg rege unterstützt und jeden Kommunisten, der ihm in die Finger kam, im Awash-Fluss ertränkt. Als Trophäe nahmen sie neben Penis und Hoden auch die Waffen der Derg mit nach Hause – so jedenfalls haben es die Afar Alessio erzählt.

Wir bezahlten das Eintrittsgeld für den Park und bekamen einen Ranger zugewiesen, der sich mit einem im Vergleich zu den Afar eher mickrigen Gewehr zu uns ins Auto gesellte. Es ist in allen Nationalparks Äthiopiens Pflicht, einen bewaffneten Guard bei sich zu haben. Was mir bis dahin eher als überflüssige Arbeitsbeschaffungsmaßnahme erschienen war, sollte sich an diesem Tag als durchaus nützlich erweisen.

Los ging es also durch leuchtend hellgelbe Savanne zu den Wasserfällen und einem Aussichtspunkt, an dem sich mitten im Rift Valley die drei äthiopischen Provinzen Shoa, Arsi und Harerghe treffen. Es war hinreißend! Wir sahen Kudus und Oryx, Wildschweine und Affen – und vergaßen in unserer Begeisterung gänzlich, dass wir uns auf Afar-Territorium befanden.

Nachdem wir den südlichen Teil des Nationalparks besucht hatten, fuhren wir Richtung Norden. Und dann geschah es.

Nur einige Meter von uns entfernt stand ein stattliches Kamel in der Wildnis, gleich neben einem mächtigen Baum. Ein schönes Bild, muss sich Alessio wohl gedacht haben, als er den Wagen anhielt und zu fotografieren begann. Aber schon nach wenigen Sekunden stürmte ein mürrisch dreinblickender Afar hinter dem Baum hervor, den wir vorher nicht gesehen hatten. Im Laufschritt hielt er auf uns zu und ließ dabei geschickt das Maschinengewehr von der Schulter gleiten. Panisch griff der Ranger auf dem Rücksitz nach seinem Gewehr. Dann schien die Zeit stillzustehen. Der Afar zielte auf unser Auto, der Ranger durch das offene Rückfenster auf den Afar. Wir naiven Europäer saßen wie angewurzelt auf unseren Sitzen und wagten nicht, uns zu bewegen. Dann entbrannte ein hitziges Gespräch zwischen dem Ranger und dem Mann in der hellen Baumwolltoga.

Nach einer schier endlos scheinenden Minute forderte der Ranger Alessio in aufgeregtem Ton und brüchigem Englisch auf: »Los, 10 Birr, gib!«

Alessio gehorchte stumm, kramte in seinem Portemonnaie und reichte dem Afar mit zittriger Hand einen zerknitterten braunen Geldschein. Der nahm wortlos das Geld, drehte sich um und verschwand so schnell, wie er gekommen war.

Ratlos starrten wir uns an, dann riefen Paolo, Francesca und ich im Chor: »Fahr! Gib Gas!«

Mit quietschenden Reifen machten wir uns davon. Dann mussten wir uns vom Ranger eine gesalzene Predigt anhören, der sichtlich erleichtert auf der Rückbank neben Francesca kauerte.

Ins Deutsche übersetzt sagte er so viel wie: »Macht das nie wieder! Die Afar wollen Geld für Fotos – und sie werden sehr böse, wenn sie fotografiert werden, ohne Birr dafür zu bekommen. Ab sofort fragt ihr mich immer, bevor ihr ein Bild machen wollt.«

Wir nickten kleinlaut, dankten ihm herzlich für seine Hilfe und fühlten uns furchtbar dumm. Anschließend erzählte der Ranger uns, dass die Verhandlung mit dem Afar sehr schwierig gewesen sei, da dieser kaum Amharisch, sondern fast nur in seiner eigenen Sprache gesprochen habe.

Wir konnten es kaum fassen, dass wir letztlich für 10 Birr – knapp ein Dollar – fast unser Leben gelassen hätten.

Eine Stunde später parkten wir auf einer staubigen Ebene. Von dort wollten wir zu Fuß zu den Filwoha Hot Springs laufen, heißen Quellen, die – so hatten äthiopische Freunde uns versichert – zu einem gemütlichen Thermalbad in herrlicher Umgebung einlüden.

Aber schon als wir aus dem Auto stiegen, bekamen wir es erneut mit den Afar zu tun. Fünf Männer steuerten sofort auf uns zu. Sie starrten uns an, vor allem mich, als einzige Blonde in der Gruppe. Sie fassten mich an und redeten lautstark, wobei ich immer wieder auf Englisch sagte, dass ich kein Wort verstünde und dass sie mich loslassen sollten – zwecklos natürlich. Hilfesuchend schaute ich Alessio an. Aber der schien die Szene lustig zu finden und grinste blöde, was mich nur noch wütender machte.

»Können wir jetzt losgehen?«, fuhr ich ihn barsch an.

Ich nahm seine Hand, und wir stiefelten los. Die Afar kamen mit. Sie hatten eine furchtbar überhebliche Art an sich, die mir ungemein missfiel. Aber dann sagte ich mir, dass es ja schließlich ihr Land war, auf dem ich mich gerade befand – und ziemlich offensichtlich waren sie nicht begeistert über Besucher. Tatsächlich versuchten sie, Alessio mit Händen und Füßen zu überreden, mich für einige Kamele zu verkaufen. Ja, wo waren wir denn? Auf einem altertümlichen Sklavenmarkt?

»Wenn du jetzt was Dummes antwortest, bring ich dich um«, fauchte ich Alessio an.

Er lachte laut auf: »Wieso? Zehn Kamele hätte ich schon gern …«

Dann drückte er meine Hand und meinte, ich solle mir keine Sorgen machen, wir würden das alles heil überstehen.

Nach einer halben Stunde Fußmarsch über immer matschigere Wege kamen wir schließlich zu den heißen Quellen. Sie waren wirklich hübsch, glitzerten türkisblau in der Sonne und wären auch einladend gewesen, hätten es sich nicht schon etliche nackte Afar in ihnen bequem gemacht, die sich mit Kernseife ihre exotische Haarpracht wuschen und eine Schicht dreckigen Schaums auf der Oberfläche zurückließen.

Wir blieben nur wenige Minuten dort, machten kehrt und eilten zurück zum Auto. Meine neuen Trekkingschuhe waren über und über mit Schlamm bespritzt, und ich hatte endgültig genug für den Tag. Auch Paolo und Francesca atmeten auf, als wir wieder auf der Hauptstraße waren und unser Nachtquartier ansteuerten – das nette Hotel Buffet d'Aouache, geleitet von der steinalten, ungemein sympathischen Griechin Madame Kiki.

Bei viel Wein und griechischen Köstlichkeiten erzählten wir noch bis spät in die Nacht von unserem abenteuerlichen Tag bei den wilden Afar. Jetzt, in der Sicherheit von Madames Lokal, und während draußen die Zikaden zirpten, musste ich über das Erlebte lachen. Madame, die in ein langes buntes Gewand gehüllt war und mit ihren über achtzig Jahren noch unglaublich rege erzählen konnte, lachte auch und wies ihre Angestellten immer wieder an, unsere Gläser zu füllen.

Später erfuhren wir von einer Britin, die seit vielen Jahren mit den Afar lebt, dass die Stämme von einer verheerenden Dürre bedroht sind. Seit Jahren ist der Regen ausgeblieben. Mehrere humanitäre Organisationen versuchen, das Schlimmste zu verhindern – aber sie werden dabei von der Regierung mehr behindert als unterstützt. Als die Britin es sich erlaubte, für die BBC einen Bericht über die Situation der Afar zu übersetzen, wäre sie fast deportiert worden. Das Motto in Äthiopien heißt eben: Allen geht es gut – dank eurer Spenden. Es tut jedes Mal weh, am klotzigen Palast des Ministerpräsidenten vorbeizufahren und zu wissen, wohin die Gelder wirklich fließen.

Am Rande sei angemerkt, dass sich Meles Zenawi so gut wie nie in der Öffentlichkeit blicken lässt. Zu groß ist die Angst vor dem eigenen Volk. Er wird schon wissen, warum.

Lucy in the Sky with Diamonds

Auch Lucy war eine Afar. *Australopithecus afarensis* ist ihr eigentlicher Name. Und sie streifte vor langer langer Zeit durch Äthiopien, über drei Millionen Jahre ist das jetzt her.

Ich habe bereits erwähnt, dass Äthiopien auch die Wiege der Menschheit genannt wird. Denn Forscher haben hier, in einem glühend heißen Landstrich, im so genannten Afar-Dreieck, die ersten Hominiden entdeckt.

Man schrieb das Jahr 1974, als Donald Johanson mit seinem Team die Knochenfragmente eines weiblichen Individuums fand. Später stellte sich heraus, dass dies ein wahrhaft sensationeller Fund war, denn es wurden immerhin rund 40 Prozent des Skeletts gefunden, darunter auch Teile des Beckens und der Wirbelsäule. Bald war klar: Die kleine Primatin war etwa fünfundzwanzig Jahre alt, als sie starb, sie war etwa einen Meter groß – und sie konnte aufrecht gehen.

In jener Nacht, als Johanson auf die Knochen stieß, hörten die Forscher wiederholt den Beatles-Song *Lucy in the Sky with Diamonds* – und so war der Name für die Afar-Frau geboren. Das ist der Stoff, aus dem die schönsten Geschichten geboren werden. Ich sehe die Archäologen förmlich vor mir, wie sie da so mitten im Nirgendwo graben und aus einem alten Kassettenrekorder der fetzige Song ertönt. Und wie sie sich dann sprachlos ansehen, als das Skelett zum Vorschein kommt, und beschließen, das seltsame Wesen »Lucy« zu nennen.

In Äthiopien heißt sie übrigens Dinknesh (die Schöne, die Wundersame), und jeder kennt sie. Ob die Kreatur mit dem wulstigen, affenähnlichen Kopf tatsächlich schön war, ist nach heutigen Maßstäben nicht wirklich nachvollziehbar. Aber in grauer Vorzeit, als noch andere Schönheitsideale galten, hat sie bestimmt viele Verehrer gehabt. So ist das mit der Schönheit, sie hat keine Allgemeingültigkeit, die Zeiten und Grenzen überwindet.

Auf jeden Fall haben sich in Äthiopien viele Reiseagenturen, Geschäfte und Restaurants nach Dinknesh benannt. Ihr Original-Skelett befindet sich heute in den USA. Im wirklich sehr hübschen äthiopischen Nationalmuseum in Addis Abeba ist eine originalgetreue Kopie zu sehen.

Ich will mich nicht lange in archäologischen oder allzu wissenschaftlichen Ausführungen verlieren. Aber ein Buch über Äthiopien scheint mir ohne eine Erwähnung Lucys unvollständig. Zwar wurden in Äthiopien mittlerweile viel ältere Skelette entdeckt, aber Lucy war es, die uns erstmals Gewissheit über den Ursprung menschlichen Lebens gab.

Und da komme ich noch einmal auf unsere westlichen Vorurteile zurück. Wie viele der Menschen, die abfällig über Afrika sprechen, wissen überhaupt, dass sie da im Grunde über ihre eigenen Vorfahren herziehen? Wie viele wissen, dass wir alle irgendwann einmal aus Afrika gekommen sind?

Wer noch nie in Afrika war, kann nicht begreifen, von welchen Gefühlen man auf dem schwarzen Kontinent überwältigt wird. Die Italiener haben sogar einen eigenen Ausdruck dafür. *Mal d'Africa* nennen sie die Sehnsucht, die die meisten Menschen nach ihrem ersten Besuch ergreift. Es ist die unerklärliche, unaussprechliche Sehnsucht nach … ja, nach Afrika. Als Ganzes. Und erklären kann ich mir diese Sehnsucht nur dadurch, dass wir in Afrika spüren, zu unseren Ursprüngen, zum Ursprung des Lebens, zu unseren Wurzeln und uns selbst zurückgekehrt zu sein. Das Houston Museum of Natural History lud denn auch auf seiner Webseite Interessenten mit folgenden Worten zu einer Lucy-Ausstellung ein: *HOW DO YOU RELATE? – HER STORY IS YOUR STORY*.

So fremd der schwarze Kontinent für uns auch sein mag, wir alle können dort ein Stück von uns selbst finden, ein Stück, das wir nicht kannten und nach dem wir auch nie aktiv gesucht hatten. Es ist einfach da und vervollständigt uns. Vergleichbar ist das vielleicht mit dem Gefühl, einen Seelenverwandten zu treffen, sich mit Haut und Haar in einen Menschen zu verlieben und es kaum auszuhalten, von ihm getrennt zu sein. Oder mit dem Gefühl von Heimat – ach, dieses herrliche deutsche Wort, für das es in anderen Sprachen kaum eine brauchbare Übersetzung gibt. Heimat ist mehr als ein Zuhause, es ist mehr als ein Haus, es ist ein inneres Verlangen nach Farben und Gerüchen, nach Landschaften und unserer angeborenen Kultur, das uns ein Leben lang begleitet, uns Sicherheit und eine Identität gibt.

Mit Afrika ist das meiner Meinung nach genauso. Nur dass wir dort eine Heimat finden, die wir zuvor nicht kannten. Wenn wir dann fern von diesem geheimnisvollen Kontinent sind, scheint unser neues Stück Identität wieder verloren, denn seine Wurzeln liegen unter afrikanischer Erde und können nicht herausgerissen werden. Wir können sie nicht mitnehmen, wir können nur zu ihnen zurückkehren.

Lalibela

Wir saßen im Flieger nach Lalibela. Endlich! Wie lange hatte ich mich darauf gefreut! Und jetzt, Ende Dezember, war es endlich so weit. Als wir über den Weiten des Hochlandes zum Landeanflug ansetzten, sagte meine innere Stimme: Ja, jetzt bin ich bereit. Denn für manche Orte muss man bereit sein. Wenn man sie zu früh besucht, zu einem Zeitpunkt, in dem das Herz für andere Dinge schlägt, haben sie nicht die gleiche Wirkung auf uns, die sie später – im richtigen Moment – ausüben.

Nehmen wir das Beispiel Indien. Wie mich dieses Land reizt! Ich weiß seit Jahren, dass ich irgendwann nach Neu Delhi, Mumbai und Kalkutta fahren muss. Aber bisher war ich noch nicht bereit für Indien. Irgendwie ist ja unser ganzes Leben eine Reise. Wer dann noch, so wie ich, ständig von einem unersättlichen Fernweh geplagt wird, erlebt sozusagen eine stufenweise »Reise beim Reisen«.

Als ich zwanzig Jahre alt war, wollte ich unbedingt in die USA, ich wollte den Grand Canyon und Los Angeles sehen, ich wollte den American Dream hautnah erleben. Afrika, Asien oder Australien interessierten mich überhaupt nicht, mit einer geradezu engstirnigen Konsequenz verfolgte ich ausschließlich das Ziel Amerika. Als ich einundzwanzig war, flog ich dann mit meinem damaligen Freund tatsächlich nach Kalifornien, und wir reisten einen Monat kreuz und quer durch den Westen. Als ich beim Morgengrauen eines heißen Julitages am Grand Canyon stand, dachte ich, nichts würde mich je wieder so begeistern. In meiner Naivität war ich wirklich überzeugt, dass die Welt nicht mehr bieten könne als dieses – zweifellos – grandiose Naturschauspiel.

Noch einige Jahre lang träumte ich weiter von Amerika, suchte zeitweise sogar nach Möglichkeiten, mir die begehrte Green Card zu beschaffen und auszuwandern. Dann, einige Jahre später, flog ich mit meiner besten Freundin nach Australien. Sie hatte mich zu dieser Reise animiert, mir immer wieder vorgeschwärmt, wie toll es in Down Under sei. Aber ich war noch nicht bereit für Australien, ich konnte die Schönheit, Wildheit und Weite nicht greifen, ich kannte weder die Geschichte der Aborigines, noch wusste ich viel von Captain James Cook oder der Botany Bay. Australien gefiel mir, ja, aber es weckte nicht die gleichen Emotionen wie Amerika. Prompt verkrachte ich mich fürchterlich mit meiner Freundin – worauf wir fast acht Jahre lang nicht mehr miteinander sprachen, aber heute sind wir wieder ein Herz und eine Seele –, denn sie konnte nicht begreifen, warum ich nicht die gleiche Freude empfand wie sie. Sie war bereit für Oz, ich war es nicht, so einfach war das. Aber wir waren zu jung, um das zu begreifen.

Auf dem Rückflug machten wir einen viertägigen Stopover in Los Angeles. Darauf hatte ich mich gefreut! Dorthin wollte ich! Aber die Staaten hatten ihren Reiz für mich verloren. Ich konnte nichts mehr an dem Hollywood-Glamour und Promischnickschnack finden, der mir sechs Jahre zuvor noch so imponiert hatte.

Dann lernte ich einen Mann kennen, der eine Galerie mit Aborigine-Kunst in Rom führte – und verfiel den Bildern der australischen Ureinwohner mit Haut und Haar. Ich las jedes Buch zum Thema, lernte alles über diese Kunstrichtung – und nun hatte Australien plötzlich einen ganz bestimmten Reiz für mich. Als ich Jahre später nach Sydney zurückkehrte, war ich bereit für das Land. Jetzt konnte ich ihm mein Herz öffnen, weil es plötzlich eine Bedeutung für mich hatte, weil ich etwas mit ihm verband, das mich berührte. John Steinbeck hat es einmal so formuliert: »Jede Reise ist wie ein eigenständiges Wesen; keine gleicht der anderen.«

Reisen sind wirklich jedes Mal anders und neu, und doch folgen sie – ebenso wie die Gefühle, die uns dabei bewegen – im Grunde einem immer gleichen Schema. Wenn wir bereit sind, wird der Ort sich tief in unsere Seele graben, wenn nicht, dann wird es ein netter Urlaub.

Indien möchte ich nicht als Urlauberin, als Touristin besuchen. Indien möchte ich bereisen. Ich möchte mich öffnen, das Land zulassen, ihm erlauben, mich zu ergreifen. Aber dafür müsste ich erst einmal etwas zur Ruhe kommen. Ich müsste mich mit Yoga befassen und mit Meditation, mit dem Einklang von Körper und Geist, mit all den Dingen, nach denen ich im Grunde suche. Aber ich bin noch zu aufgewühlt, zu rastlos. Wann immer ich versucht habe zu meditieren, bin ich gescheitert. Ich kann mich keine fünf Minuten auf etwas konzentrieren, ohne dass meine Gedanken auf Wanderschaft gehen. Da ist es dann schon wieder vorbei mit der inneren Kontemplation. Aber ich möchte es gerne lernen. Und ich möchte Zeit haben, es zu lernen. So wie Elizabeth Gilbert, die in ihrem Buch *Eat, Pray, Love* ihren Aufenthalt in einem indischen Ashram beschreibt.

Auch Lalibela ist so ein Ort, für den man bereit sein muss. Es ist ein Ort, der so magisch, so spirituell ist, dass er den ganzen Körper ergreift, mit Haut und Haaren. *La-li-be-la.* Das klingt wie ein Lied, wie eine Ode, eine Hymne. Ich brauche nur den Namen auszusprechen, und schon bekomme ich Gänsehaut.

Der portugiesische Entdecker Francisco Alvarez fragte sich im 16. Jahrhundert ernsthaft, ob man ihn für einen Schwindler halten würde, wenn er versuchte, den heiligsten Ort des äthiopischen Christentums zu beschreiben: *Es ist mir genug, weiter über diese Denkmäler zu schreiben, denn wahrscheinlich wird mir niemand glauben, wenn ich noch weiterschreibe, und weil man mich schon wegen dessen, was ich bereits geschrieben habe, für einen Lügner halten wird. Deshalb schwöre ich bei Gott, in dessen Gewalt ich bin, dass alles, was ich geschrieben habe, die Wahrheit ist und dass ich sogar einiges ausgelassen habe, aus Furcht, man würde mich der Fälschung verdächtigen – so groß ist mein Bedürfnis, dieses Wunder der Welt bekannt zu machen …*

Ich kann Alvarez' inneren Zwiespalt nachvollziehen, denn auch ich treffe immer wieder auf ungläubiges Stirnrunzeln, wenn ich von den kulturellen Herrlichkeiten und wildromantischen Landschaften Äthiopiens erzähle.

Aber die Felsenkirchen, die in Lalibela in den Basaltstein gemeißelt wurden, sind tatsächlich so unwirklich, so überirdisch schön, dass sich bis heute die Legende hält, Engel seien an ihrem Bau beteiligt gewesen. Als achtes Weltwunder werden sie bezeichnet, und doch ist Lalibela selbst bei passionierten Fernreisenden weitgehend unbekannt.

Im Hochland von Äthiopiens Norden gelegen, ruhen seit fast achthundert Jahren elf Gotteshäuser tief unter der Erde, darunter mit Bet Medhane Alem die größte monolithische Kirche der Erde. Legenden kündeten schon früh von diesem sagenhaften christlichen Reich am Horn von Afrika: Ein zweites Jerusalem verberge sich hinter den Bergen Äthiopiens, munkelte man bis nach Europa, wo sich zu dieser Zeit romanische und gotische Kirchen gen Himmel reckten.

Den Auftrag für den Bau gab im 12. Jahrhundert König Lalibela, der Negusa Nagast (König der Könige) der Zagwe-Dynastie. Nach ihm ist der Ort, der vorher Roha hieß, seither benannt. Zehntausende Menschen sollen über hundert Jahre an dem Werk gearbeitet haben. Sie meißelten von oben nach unten nicht nur die teilweise reich verzierten Innenräume aus der Basaltlava, sondern auch die Fassaden und Mauern samt Friesen, Simsen und Arkaden. Die Kirchen liegen inmitten der roten Felsen und sind gleichzeitig völlig von ihnen getrennt.

Warum der Kaiser die jeweils rund 800 Quadratmeter großen Gebäude in die Erde hauen ließ, statt sie überirdisch zu errichten, ist bis heute nicht ganz klar. Wahrscheinlich wollte Lalibela die Kirchen so vor feindlichen Angriffen der umliegenden islamischen Welt schützen, da sie tatsächlich erst sichtbar werden, wenn man direkt vor ihnen steht. Aus der Entfernung erkennt man nur Felsen und Berge, die majestätischen Gotteshäuser ruhen sicher eingebettet tief unter der grandiosen Landschaft.

Ich kannte all die Geschichten, hatte viel gelesen, aber nichts hatte mich auf die magische Anziehungskraft vorbereitet, die Lalibela schon bei meinem ersten Besuch auf mich ausübte.

Wir waren mit einer Gruppe von Sponsoren aus Europa und Amerika im Land unterwegs. Zusammen mit unserem erfahrenen Tourguide Girma, der Touristen seit Jahren durch Lalibela führt, stiegen wir zur ersten Kirche hinab. Es war ein heißer Tag, die Sonne knallte vom dunkelblauen Himmel, aber im Schatten der ersten Felsenkirche änderte sich die Temperatur schlagartig. Es war plötzlich kühl und feucht, und es roch nach Stein und Erde. Der Geruch war vertraut, er hatte etwas von den alten Gemäuern in Rom, vor allem von der Kirche San Clemente, in der man drei Stockwerke tief in die Antike hinabsteigt. Gleichzeitig war der Geruch ungewohnt und neu. Afrika hat andere Steine, Afrika hat andere Kirchen, und der Duft der Geschichte kann nie völlig identisch sein.

Da stand ich vor diesem immensen Gebäude, sah an seiner rosaroten Außenmauer mit den zierlichen Fenstern hinauf und war plötzlich in einer anderen Welt. Girma ging mit den anderen voran und erzählte, aber ich hörte ihn nicht mehr. Ich blieb zurück, fast unfähig, mich noch zu bewegen. Nie zuvor hatte ich eine solche Spiritualität gespürt, sie lag in der Luft, strömte aus jeder Pore des Gesteins auf mich ein. Mich ergriff das Bedürfnis, den Stein zu berühren, die Kirche zu ertasten, meine Hand auf ihre kühle Mauer zu legen. Mein Körper kribbelte, und in meinem Kopf breitete sich ein wohliges Gefühl aus, das Gefühl, ganz da zu sein, ganz mit diesem Ort zu verschmelzen, bereit für ihn zu sein.

Ich erlebte einen Zeitsprung in die Tage von König Lalibela, konnte mir vor meinem inneren Auge genau ausmalen, wie er mit seinen Soldaten und Dienern auf Pferden in sein persönliches Jerusalem geritten kam. Es gibt Dinge in diesem Universum, die wir nicht erklären können, die über uns herfallen, die uns vereinnahmen und uns ein großartiges Gefühl des Verschmelzens und des Verstehens schenken.

Durch enge Tunnel, über Treppen, Höfe und schmale Wege, zu deren Seiten sich die Felswände hochtürmen, spazierten wir von Kirche zu Kirche. Immer wieder entdeckte ich Priester im weißen Gewand, die beteten oder einfach auf einer der zahlreichen Treppen verweilten. Wie ich sie bewunderte! Sie wirkten so friedlich, so absolut mit sich selbst im Einklang, als hätten sie den Himmel auf Erden bereits gefunden und müssten nicht mehr suchen. Die Geistlichen in Lalibela scheinen die Touristen dabei mit eben jenem Gleichmut zu dulden, den sie sich durch ihren festen Glauben zu eigen gemacht haben. Sie möchten nicht gestört werden, aber solange man das respektiert, beklagen sie sich nicht.

Lalibela ist ein stiller Ort, niemand plappert laut oder lacht. Wie auch? Bei all dem Staunen scheint den meisten Besuchern der Mund versiegelt.

Wir wanderten zwei Tage lang durch dieses UNESCO-Weltkulturerbe, ließen uns von orthodoxen Priestern in prächtigen Gewändern uralte Kreuze und Wand- und Deckengemälde zeigen, einige von uns ließen sich segnen. Alessio bat einen Geistlichen, ihm *Holy Water* – heiliges Wasser – in eine Flasche zu füllen. Seine Schwester, die in der Schweiz lebt, hatte ihn darum gebeten.

Heiliges Wasser wird in Äthiopien verehrt wie Wundermedizin. Nicht nur die arme Bevölkerung, die sich keine Medikamente leisten kann, sondern auch gut situierte Leute glauben an seine magische Wirkung. In den meisten Kirchen wird das Wasser von einem Priester geweiht und gilt fortan als heilig, an anderen Orten sprudelt es bereits in seiner ganzen Heiligkeit aus einer Quelle, der wundersame Heilkräfte zugesagt werden. Ich vermute, dass diese traditionelle Medizin tatsächlich oftmals in irgendeiner Form Wirkung zeigt, sonst würden nicht so viele Menschen daran festhalten – und sei es auch nur in Form eines Placeboeffekts. In anderen Fällen hat *Holy Water* aber auch Gegenteiliges bewirkt, wie ich aus der traurigen Erzählung unseres Studenten Yirgalem weiß. Seine Mutter war einige Monate zuvor an Malaria erkrankt und hatte sich Heilung durch heiliges Wasser erhofft. Einen Arztbesuch konnte sie sich nicht leisten. Sie starb. Nicht an Malaria, sondern an verseuchtem Wasser.

Zurück nach Lalibela, wo wir uns alle schnell einig waren, dass die Kirchen dort der Felsenstadt Petra in Jordanien oder den ägyptischen Pyramiden in nichts nachstehen. Zuletzt erreichten wir schließlich das wohl größte Meisterwerk des »neuen Jerusalem«: Bet Giorgis, die Georgskirche, die dem gleichnamigen Schutzpatron Äthiopiens gewidmet ist. Sie liegt etwas abseits, was ihren überwältigenden Charakter noch verstärkt.

Als wir uns dem berühmten Gotteshaus näherten, entdeckte ich einen alten Orthodoxen unter einem Olivenbaum. Der weißhaarige, fast zahnlose Mann trug einen hellen Turban und einen vergilbten Umhang. Er stützte sich auf einen Stock, einen so genannten *dulla,* und sang wie in Meditation versunken ein Gebet. Ich blieb ehrfürchtig stehen, schöner konnte mich Bet Giorgis nicht empfangen als mit dem monotonen, rauchigen Sprechgesang dieses Geistlichen.

Langsam ging ich auf den Abgrund zu, unter dem die

kreuzförmige Kirche seit Jahrhunderten ruht. Lange hatte ich auf diesen Moment gewartet. Am Horizont glitzerten die dramatischen Hänge und Plateaus der Berge von Lasta in der Sonne, vor mir entfaltete sich das mehrere Etagen tiefe Bet Giorgis mit seinen Fenstern wie aus Tausendundeiner Nacht. Ich war wirklich bereit. Dies war der richtige Zeitpunkt für Lalibela.

Als ich den Ort später mit einer Freundin ein zweites Mal besuchte, hatte er erstaunlicherweise nichts von seiner Faszination eingebüßt. Ich spürte das gleiche Kribbeln, fühlte wieder die ganze mystische Macht, die Lalibela ausstrahlt. Irgendwann möchte ich das äthiopische Weihnachtsfest hier verbringen. Jedes Jahr am 6. Januar drängen sich Tausende Gläubige aus allen Landesteilen in die dunklen Kirchen, Messen werden zelebriert, das Halleluja angestimmt. Weihnachten am 6. Januar? Ja, Äthiopien ist eben anders. Auch was die Zeitrechnung betrifft.

Dreizehn Monate Sonnenschein und andere Kuriositäten

Thirteen months of sunshine wirbt die äthiopische Fluggesellschaft Ethiopian Airlines für ihr Heimatland. Überall prangen Poster mit dem Werbeslogan, der westliche Besucher zunächst einmal verblüfft. Wie bitte? Dreizehn Monate?

Für Europäer ist das alte Abessinien ein kompliziertes Land. Es hat eine ganz eigene Zeitrechnung, die weder dem gregorianischen noch dem julianischen noch dem koptischen Kalender folgt. Am ehesten ist sie jedoch mit Letzterem vergleichbar, allerdings ist Äthiopien dem koptischen Kalender um zweihundertsechsundsiebzig Jahre voraus.

Das neue Millennium, also das Jahr 2000, feierte Äthiopien in der Nacht vom 11. auf den 12. September 2007. Leider war ich nicht dabei, als Tausende auf dem bombastischen Meskel Square im Zentrum von Addis Abeba einem Bob Marley Tribute beiwohnten und die Black Eyed Peas in der neuen Millennium Hall das Jahrtausend begrüßten. Überhaupt kamen Medienberichten zufolge nur rund fünfundzwanzigtausend Touristen – viel weniger, als Regierung und Organisatoren sich gewünscht hatten. Aber die Äthiopier ließen sich das Feiern dennoch nicht nehmen.

Tatsächlich hat der äthiopische Kalender dreizehn Monate, wie die staatliche Fluglinie so gerne betont. Der letzte

Monat hat dabei nur fünf beziehungsweise in den alle vier Jahre berechneten Schaltjahren sechs Tage. Dass aber die ganze Zeit die Sonne scheinen würde, das ist gelogen. Es gibt zwei Regenzeiten pro Jahr – wenn es gut für die Bevölkerung läuft. Die erste findet zwischen Mitte Februar und April statt und macht sich meist nur durch kurze Schauer bemerkbar. Die zweite setzt im Juni ein und dauert generell bis September. Und da tun sich manchmal Wolkenbrüche auf, die selbst die Hauptstadt in ein Meer aus Schlamm und Schlick verwandeln.

In dieser Zeit kramte ich meine ältesten Kleider und Schuhe aus dem Schrank, am liebsten möchte man sich mehrmals am Tag umziehen, weil Hosensaum und Schuhwerk dauernd mit lehmiger Erde überzogen sind. Aber ich beklagte mich nicht. Immerhin hatte ich Schuhe. Und meist ein Auto zur Verfügung. Wie viele Menschen gingen barfuß oder schlitterten mit alten Flipflops durch den braunen Matsch. In der Regenzeit sieht alles so trist aus. Es scheint, als würde der lehmige Brei alles wie ein dreckiger Mantel überziehen. Selbst die farbigen traditionellen Gewänder sehen fahl aus.

Auch wird es in diesen Monaten empfindlich kalt, dann spürt man erst, dass man auf über 2000 Metern Höhe lebt. Besonders abends war ich froh, dicke Jacken und warme Stiefel im Kleiderschrank zu haben. Aber so viele frieren, so viele schlafen im Freien oder in einfachen Metall- oder Holzverschlägen. Diese Behausungen sieht man übrigens vielerorts – sie sehen aus wie Särge und sind auch nicht viel größer. Aber sie haben eine Art Eingangstür und bieten ihren Besitzern ein wenig Schutz vor Regen, vor Kälte, vor Krankheit. Als ich eine solche rechteckige Kiste zum ersten Mal sah, war ich wie so oft sprachlos. Mir fehlten die Worte, um meinem Gehirn zu signalisieren, dass hier wirklich ein Mensch lebte. Später wurde dies zu einem fast alltäglichen Anblick, und oft grüßte ich freundlich einen Alten, wenn er morgens aus seinem winzigen Verschlag kletterte.

Die Ethiopian Airlines hat trotzdem nicht ganz unrecht, denn auch in der Regenzeit kommt oft die Sonne durch die dunkle Wolkenschicht und verschönt die nasse Landschaft für kurze Zeit mit grandiosen Lichtspielen. Im Norden, etwa in Bahir Dar, kann man sogar fast die Uhr nach dem Regen stellen. Meist sind die Tage freundlich, erst am späten Nachmittag fallen dicke Tropfen vom Himmel.

Tja, man kann zwar mancherorts die Uhr nach dem Regen stellen – aber auf welche Zeit? Auf die äthiopische oder auf die Zeit, nach der der Rest der Welt lebt?

Der Tag beginnt am Horn von Afrika um sechs Uhr morgens. Dies ist die Stunde eins. Somit hinken die Äthiopier unseren Uhren sechs Stunden hinterher. Zwölf Uhr mittags ist sechs Uhr in Äthiopien. Wie oft ist es zu lustigen Verwechslungen bei Terminabsprachen gekommen! Das hört sich etwa so an:

»Treffen wir uns morgen um zwei Uhr?«

»*Habesha-* oder *ferenji-*Zeit?

»*Ferenji-*Zeit.«

»Also treffen wir uns um acht Uhr *habesha-*Zeit.«

»Ja, nach dem Mittagessen.«

»Ok, dann bis morgen, acht Uhr!«

»Äh, ja, bis morgen, wir sehen uns um zwei.«

Oft langte es mit den Treffen dann doch nicht hin, aber

ich muss sagen, dass die Äthiopier die beiden Zeitrechnungen wesentlich besser im Kopf haben als wir Europäer.

Und der Regen, er hat ja auch seine Vorteile. Plötzlich tosen die Wasserfälle des Blauen Nils wieder mit frischer Kraft, Massen von durch die ständige Erosion beigebraun gefärbten Wassers ergießen sich ins Tal. Es ist ein herrliches Schauspiel. Und wenn im Oktober der Frühling kommt, blüht und gedeiht es an allen Ecken. Nie ist Äthiopien so schön wie nach der Regenzeit. Auch die Landbevölkerung ist guter Laune, denn sie hat endlich wieder genügend Wasser zum Leben und um die Felder zu bewirtschaften. Auch die Hauptstadt profitiert, denn zumindest für einige Monate haben die Reservoirs genügend Vorräte, so dass nicht dauernd die Wasserleitungen zu den Häusern gekappt werden.

Dies gilt zumindest, wenn es eine gute Regenzeit war. In schlechten Jahren – und die vergangenen Jahre waren sehr trocken – zieht das Ende der nassen Periode eine Welle der Verzweiflung nach sich. Dann sieht man Ochsen und Kälber am Wegesrand verenden, und die Stimmung ist getrübt.

Ich habe den Regen in Äthiopien wirklich zu schätzen gelernt. Ich habe ihn nicht immer geliebt, aber ich habe seine Notwendigkeit erstmals in ihrem ganzen Ausmaß verstanden.

Wenn es wieder warm wird und die Sonne mit ihrer ganzen Kraft zurückkehrt, kommen die Fliegen. Und die Mücken. Und die Bienen. Und die Pferdeschwänze. Die Äthiopier machen sich seit langer Zeit die Haare der Huftiere zunutze, wenn es darum geht, Insekten zu vertreiben. Das Pferdehaar wird an einer Seite fest zusammengebunden und wie ein flauschiger Fächer verwendet, den die geplagten Menschen als natürliches Insektenabwehrmittel einsetzen. Auch ich habe damit positive Erfahrungen gemacht, wenn mehrere Dutzend Bienen über meinem süßen Tee kreisten.

Ich habe schon lange keine besondere Angst mehr vor Insekten, aber in Äthiopien habe ich die Bienen zu fürchten gelernt – mehr noch als die Mücken, die in weiten Landesteilen Malaria verbreiten. Nebenbei bemerkt: Addis Abeba ist glücklicherweise malariafrei, da die für die Übertragung der Krankheit zuständigen Moskitos in über 2000 Metern nicht überleben können. Bei allen anderen Reisen verließ ich mich auf meinen ungetrübten Optimismus. Ich konnte ja nicht ständig Malaria-Medikamente einnehmen, also versuchte ich so gut es ging mit Insektenspray und Moskitonetzen einer Ansteckung vorzubeugen. Dennoch war ich in Bahir Dar oft von Mückenstichen übersät. Aber ich habe mir einfach eingeredet, dass ich nicht krank werden würde. Und es hat gewirkt.

Die Bienen hingegen bereiteten mir mehr Sorgen. In Addis sieht man sie nur selten, im Norden und im Süden Äthiopiens gibt es ganze Schwärme. Ernsthafte Sorgen machte ich mir aber erst, nachdem mir zwei schreckliche Geschichten zugetragen wurden. Eine betraf eine Studentin in unserer Blindenschule. Meistens erblinden die Menschen in Afrika an Linsentrübungen, Hornhautvernarbungen, erhöhtem Augendruck oder entzündlichen Liderkrankungen. Ein Mädchen allerdings erzählte mir, dass sie mit sechzehn Jahren von einem Bienenschwarm angegriffen worden war, der ihr direkt ins Gesicht flog. Sie wurde so oft gestochen, dass sie ihr Augenlicht verlor. Immerhin kam sie mit dem Leben davon. In Gondar hörte ich bei einem Besuch der Ruinen des Queen Mentewab Castle von einem Wächter, der dort von einem aggressiven Schwarm zu Tode gestochen wurde. Vielleicht hatte er auch eine Allergie und starb in Folge eines Schocks – aber ich griff seither lieber auf das Wedeln mit Pferdeschwänzen zurück.

Hier kommen noch einige Kuriositäten, die mir in Äthiopien begegnet sind.

Zum Beispiel die Art, wie die Menschen Zuneigung ausdrücken. In Europa nehmen wir Freunde allenfalls bei der Begrüßung in den Arm. In Äthiopien halten sich Freunde an der Hand. Männer mit Männern und Frauen mit Frauen, und ab und zu auch Männer mit Frauen.

Gute Freunde, die sich mögen, laufen stundenlang Hand in Hand durch die Gegend. Melkamsira und auch andere unserer Studenten taten dies ebenfalls oft – untereinander und auch mit mir. Ich fand es immer großartig, wenn ich so mit ihnen spazieren ging und von den Menschen ungläubig angestarrt wurde. Es gab mir ein Dazugehörigkeitsgefühl, das Gefühl eine von ihnen zu sein. Einmal bin ich mit Melkamsira zu den Blue Nile Falls gewandert, und auf dem gesamten rund fünfundvierzigminütigen Rückweg ließ sie meine Hand nicht los. Es bedurfte gar nicht vieler Worte, dies war eine so innige, herzliche Geste, dass ich mich ihr noch näher fühlte als ohnehin schon.

Aber das gleichgeschlechtliche Händchenhalten kann auch zu recht witzigen Missverständnissen führen, vor allem außerhalb Äthiopiens. Eine kanadische Freundin, die mit einem Äthiopier verheiratet ist, erzählte mir einmal folgende Geschichte: Als ihr Mann gerade in Ottawa angekommen war, traf er sich dort mit einem Freund aus der Heimat, der schon länger in Amerika lebte. Von der Wiedersehensfreude ganz ergriffen, nahm er seinen Landsmann spontan und freudestrahlend bei der Hand. Dieser aber löste sich sofort aus dem Griff und sagte ärgerlich:

»Was machst du denn da? Wir sind doch hier nicht in Äthiopien!«

Der Neuankömmling war völlig verwundert und fragte: »Magst du mich denn nicht mehr?«

»Doch, natürlich. Aber in Kanada denken die Leute, wir wären schwul, wenn wir Hand in Hand gehen.«

Händchenhalten als Zeichen für Homosexualität? Das war so absurd für den Äthiopier, dass er die Welt nicht mehr verstand.

Auch im alten Abessinien küsst man sich übrigens zur Begrüßung auf die Wange. Aber nicht zweimal, sondern mindestens dreimal. Und manchmal viermal, fünfmal, sechsmal, siebenmal. Es hängt ganz davon ab, wie eng das Verhältnis der betreffenden Personen ist. Melkamsiras Mutter etwa, die überglücklich war, dass ihre älteste Tochter unsere Schule besuchte, startete immer eine wahre Kussattacke, wenn ich bei der Familie zu Besuch war. Ich nahm es gerne hin, wusste jedoch nie, wann ich mich aus der Umarmung lösen sollte.

Dann ist da die Sache mit den Geschäften. Da fällt es mir bis heute schwer, die Logik, die ja ganz offenbar dahinterstehen muss, zu begreifen.

In Europa verteilen sich verschiedene Dienstanbieter über eine ganze Stadt. Will heißen: Wenn ich einen Friseursalon oder einen Laden für Badezimmerzubehör oder ein Elektrogeschäft aufmachen will, dann suche ich mir einen Standort, wo es möglichst wenig Konkurrenz gibt. Oder?

In Addis Abeba hingegen ist dies genau umgekehrt. Allein in der Straße, in der unser Büro liegt, gibt es innerhalb von 500 Metern vier Supermärkte. In anderen Stadtteilen hingegen muss man weit fahren, um seine Einkäufe zu tätigen.

Als ich einmal nach einem Badezimmerspiegel suchte, steuerte Solomon zielstrebig eine einzige Straße im Zentrum an. Hier lagen mindestens ein Dutzend Läden direkt nebeneinander, die alle genau gleich aussahen und Toiletten, Waschbecken und sonstige Badutensilien feilboten. Das Gleiche gilt für Computerzubehör, Metzgereien oder Bürobedarf. Die Hauptstadtbewohner wissen genau, in welchem Stadtteil es was zu kaufen gibt. Wenn sie nicht fündig werden, gibt es allerdings kaum noch eine Alternative. Das ist einerseits praktisch, denn um einen bestimmten Schraubenzieher oder eine neue Klobrille zu kaufen, braucht man nicht kreuz und quer durch das Großstadtgetümmel zu irren, aber ob es dem Geschäft der Ladenbesitzer zuträglich ist, ist eine andere Frage. So viel Wettbewerb auf so kleinem Raum kann eigentlich kaum Gewinn bringen.

Und noch etwas Gewöhnungsbedürftiges. Sagen wir einmal, Sie sind in Addis auf der Suche nach einem bestimmten Nagelstudio oder Fitnesscenter oder nach einer speziellen Bäckerei. Da stellt sich schon das nächste Problem: Es gibt so gut wie keine Straßennamen. Das Nagelstudio liegt dann etwa »hinter der Kirche Medhane Alem, schräg gegenüber der Tankstelle, rechts neben dem und dem Laden, du weißt schon, wo es die schönen Seidenschals gibt«. Auf einem großen Werbeplakat für das Restaurant Zebra Grill las ich einmal folgende Wegbeschreibung: »Next to Millennium Building and opposite Dembel Shopping Centre in Bedesta Building 9th Floor.« Und die deutsche Bäckerei, die vor wenigen Jahren von einem mutigen Ehepaar aus Bayern eröffnet wurde – und zu meiner Freude herrliches deutsches Graubrot und Berliner im Angebot hatte – befindet sich »in der Nähe des Hilton auf der anderen Seite des Intercontinental Hotels«, wie Solomon es formulierte.

Nur die ganz großen Straßen in Addis haben Namen, so die Bole Road oder die Ethio-China-Road. In Ayat, dem Stadtteil, in dem wir wohnten, sind die einzelnen Bezirke und Straßen immerhin durchnummeriert. Ähnlich wie in Amerika findet man sich gut zurecht und kann Taxifahrern genaue Anweisungen geben. Man fährt etwa in die »Zone 2, Road 4« oder in die »Zone 8, Road 14«.

Einen Stadtplan zu erstellen ist trotzdem fast unmöglich – die GTZ (Deutsche Gesellschaft für Technische Zusammenarbeit) hat es immerhin kürzlich einmal versucht. Das Werk orientiert sich hauptsächlich an bekannten Sehenswürdigkeiten oder anderen Orientierungshilfen wie großen Hotels, Ministerien oder Denkmälern. Seit er auf den Markt gekommen ist, wird der Plan gehandelt wie pures Gold. Er ist ständig ausverkauft und kann gar nicht so schnell nachgedruckt werden, wie die Nachfrage es verlangen würde.

Da stellt sich natürlich die Frage: Wie läuft das denn mit der Post? Die kurze Antwort lautet: Es gibt keine Briefträger in Äthiopien. Diese Berufssparte ist den Menschen völlig fremd. Post wird ausschließlich in den so genannten P. O. Boxes ausgegeben, in Postfächern, zu denen man meist einmal pro Woche fährt, um Briefe und Päckchen abzuholen. Kein Haus hat einen Postkasten oder einen Schlitz in der Tür. Wie gut, dass es E-Mails gibt. Das erleichtert auch in Äthiopien das Leben ungemein.

Dann ist da noch die Sache mit dem Laufen. Wenn man nach einer durchtanzten Nacht gegen drei oder vier Uhr morgens nach Hause fährt, kommt man nicht umhin, zahlreiche Männer und Frauen im Sportoutfit zu bemerken, die die Straßen auf und ab rennen. Zu dieser Zeit haben sie die Stadt fast für sich allein und können die asphaltierten Straßen im Zentrum als Übungsplatz nutzen. Übung wofür, fragen Sie? Für den Marathon. All diese jungen Läufer streben Haile Gebreselassie nach, dem vielfachen Weltrekordhalter, dem Helden Äthiopiens, der verehrt wird wie ein König. Der Mann hat es geschafft. Aufgewachsen ist er in Asela in der Gegend von Arsi, 175 Kilometer südöstlich von Addis. Jeden Tag lief er zehn Kilometer zur nächstgelegenen Schule und dann wieder zehn Kilometer zurück. Das Schicksal vieler Kinder in Äthiopien. Aber für Gebreselassie wurde es zum Glücksfall. Heute ist er nicht nur mehrfacher Olympiasieger und Weltmeister in verschiedenen Langstreckendisziplinen, sondern auch ein erfolgreicher Geschäftsmann. Wer auf über 2000 Metern Höhe trainiert, der hat seinen Konkurrenten eben etwas voraus. Deshalb sind die Äthiopier auch so hervorragende Läufer. Deshalb, und auch weil sie mit unglaublicher Disziplin mitten in der Nacht durch die Hauptstadt sprinten.

Auch Diebstahl ist am Horn von Afrika an der Tagesordnung, wie überall auf der Welt – und ganz besonders in armen Ländern. Einer Bekannten hatten Langfinger einmal in einer Nacht- und Nebelaktion das gesamte Armaturenbrett ihres Wagens samt Lenkrad gestohlen. Meiner kanadischen Freundin Davetta fehlten eines Abends beide Seitenspiegel. Beide wussten genau, was zu tun war: Sie schickten einen äthiopischen Bekannten zum *mercato*, dem größten Markt in Ostafrika, der nordwestlich von Addis' Stadtzentrum liegt. Hier gibt es von Antiquitäten, exotischen Gewürzen und Kamelen bis hin zu Kalaschnikows alles zu kaufen. Unter anderem wird auch jede Menge Autozubehör feilgeboten, das per Auftragsarbeit geklaut und dann zu den Verkaufsständen transportiert wird.

»Die Händler wissen, dass die rechtmäßigen Besitzer – meist Ausländer – früher oder später auftauchen, um ihre Spiegel oder Lenkräder wiederzubekommen«, erzählte mir Davetta.

Auch ihr Bekannter wurde fündig und berichtete ihr, dass der Verkäufer für die Seitenspiegel 2500 Birr verlangte. Eine horrende Summe! Außerdem hatte der Händler gefordert, die *ferenji*, der die Spiegel gehörten, persönlich zu treffen, um mit ihr zu verhandeln.

Die patente Davetta wurde fuchsteufelswild und erzählte dem Mann, der ihr den schmucken alten BMW vermietet hatte, von dem Vorfall. Der lachte nur und erklärte, er werde irgendwo anders die benötigten Ersatzteile besorgen. Das erwies sich zwar als schwierig, aber er schaffte es schließlich.

»*This is how the system works*«, klärte mich Kaylois auf, die zu diesem Zeitpunkt schon seit über einem Jahr in

Äthiopien lebte. »Jeder weiß das hier. Wenn dir irgendwas gestohlen wird, kannst du es am nächsten Tag auf dem *mercato* zurückkaufen.«

Wie die Äthiopier es schafften, in dem Gewirr aus Ständen und Geschäften, freilaufenden Tieren und Marktschreiern selbst kleinstes Zubehör wiederzufinden, ist mir bis heute schleierhaft. Afrikanische Mundpropaganda, nehme ich an. Die Polizei unternimmt gegen die kriminelle Geschäftspraxis – Sie werden es erraten haben – natürlich nichts. Falls Ihnen also in Äthiopien einmal etwas gestohlen wird oder falls Sie akut eine AK47 benötigen, wissen Sie jetzt, wo Sie hingehen müssen.

Und jetzt noch eine äthiopische Insiderinfo, die die Körperpflege betrifft. Zahnbürsten sind ein Luxusgut, das sich nur betuchte Äthiopier leisten können. Vielerorts verkaufen findige Händler mit Bauchläden noch urzeitliches Gerät: dünne Ästchen des Weyra-Baumes, die beim Kauen zerfasert werden und so das Gebiss reinigen. Da hat sich in den letzten fünftausend Jahren nicht viel verändert. Archäologische Funde in altägyptischen Gräbern belegen, dass sich die Menschen schon 3000 v. Chr. auf die gleiche Weise die Zähne putzten.

Zum Abschluss dieses Kuriositätenkabinetts nun noch zu etwas ganz anderem.

Zwei unserer Studentinnen wollten eine kleine Schmuckfirma aufbauen – Ketten, Armbänder, Ringe und Anhänger planten sie, selbst zu entwerfen. Eine Mischung aus Tradition und Moderne sollten die Einzelstücke sein, mit denen sie auch den westlichen Markt zu erobern hofften. Der erste Schritt hierzu war eine eingehende Recherche, denn natürlich mussten zunächst einmal die Kosten eines solchen Unterfangens geprüft werden. Was also kostet Silber in Äthiopien?

Wir begleiteten die beiden zu einem Schmuckhändler in Bahir Dar, von dem wir nähere Auskünfte zu bekommen meinten. Der Mann arbeitete in einem kleinen Holzverschlag hinter seinem Haus. Wir begrüßten ihn kurz und schauten ihm dann eine Weile bei seiner Arbeit zu.

»Ist das *argento*?«, fragte Alessio schließlich.

»Ja, ja«, erwiderte der Grauhaarige. »Natürlich, das ist *argento*.«

Im gleichen Moment griff er in eine kleine Schatulle, und mehrere große Münzen kamen zum Vorschein. Wir schauten uns die Taler aus der Nähe an.

»M. Theresia« stand neben dem Abbild der europäischen Adligen und auf der Rückseite die Jahreszahl 1780. Mit der dümmlichen Ungläubigkeit derer, die meinen, einer münztechnischen Sensation auf der Spur zu sein, tauschten Alessio und ich vielsagende Blicke aus. Aber wir hatten noch nicht recht verstanden, was die Silbertaler mit der Schmuckverarbeitung zu tun haben sollten. Hierzu muss allerdings angemerkt werden, dass *argento* im Amharischen sowohl »Silber« als auch »Geld« bedeuten kann.

»Ich schmelze das *argento* ein und fertige dann Ketten und Armbänder daraus«, sagte der Schmuckhändler.

Wie bitte?

»Warum kaufen Sie denn nicht Rohsilber für Ihre Arbeit, statt diese alten Münzen zu benutzen?«, wollte Alessio wissen.

»Aber das ist doch *argento*«, entgegnete der Alte.

Langsam kamen wir dem Wortspiel auf die Schliche. Der Mann wusste überhaupt nicht, was wir anderes meinen könnten als eben Geld oder Münzen, wenn wir von *argento* sprachen. Das Schmelzen von Maria-Theresia-Talern scheint – zumindest auf dem Land – der einzige in Äthiopien bekannte Weg, um Silberschmuck zu fertigen.

Am Nachmittag setzten wir uns gleich in ein Internetcafé und stellten Nachforschungen an.

»Stell dir vor, die Münzen wären tatsächlich über zweihundert Jahre alt! Die müssen ja ein Vermögen wert sein!«, freute sich Alessio schon, und wir malten uns aus, wie man die Taler bei Ebay für ein hübsches Sümmchen unters Volk bringen könnte.

Aber das Internet, unser netter Freund und Helfer, brachte kurz darauf die Ernüchterung. Mit den Maria-Theresia-Talern verhält es sich nämlich so:

Die ersten Geldstücke mit dem Bildnis der Erzherzogin von Österreich und Königin von Ungarn und Böhmen wurden schon 1741 hergestellt. Nach dem Tod Maria Theresias wurde die Münze dann mit gleichbleibender Jahreszahl 1780 bis heute (!) nachgeprägt. *Der Maria-Theresia-Taler 1780 ist wahrscheinlich die berühmteste und bekannteste Münze der Welt*, machte eine Webseite unsere aufkeimende Hoffnung so schnell wieder zunichte, wie sie gekommen war. Über 300 Millionen Stück wurden angeblich fabriziert, so viele, wie von keiner anderen Münze der Welt.

Als internationales Handelszahlungsmittel bahnte sie sich dann ihren Weg von Nordafrika in den Sudan, nach Äthiopien, Somalia und Kenia bis hin nach Tansania. Für den Umlauf in Afrika wurde sie noch lange nach der Außerkurssetzung in Österreich weitergeprägt – in Äthiopien war der Taler sogar bis 1945 anerkannt.

Wir waren nach diesen Erkenntnissen zwar etwas enttäuscht, was unseren geplanten finanziellen Coup anbelangte, hatten aber immerhin etwas Neues gelernt: So manches traditionelle abessinische Geschmeide stammte ursprünglich aus Österreich!

Achtung, *kitfo*

Das – europäische – Neujahr verbrachten wir mit einigen freiwilligen Helfern, die uns über unsere Internetseite kontaktiert hatten. Es waren allesamt Kanadier, die in Japan für eine gemeinnützige Organisation tätig waren. Sie hatten angeboten, unseren Studenten nach dem Unterricht in Privatstunden Nachhilfe in Englisch zu geben und so die sprachlichen Fortschritte schneller voranzutreiben. Uns gefiel die Idee, und die Reisekosten wurden von der japanischen Organisation übernommen. Die fünf jungen Männer und Frauen zwischen zwanzig und fünfundzwanzig Jahren hatten zudem beschlossen, die harte Tour zu fahren: Bewusst verzichteten sie auf ein Hotel, lieber wollten sie in den Hütten bei unseren Studenten schlafen. Drei von unseren Trainees zeigten besondere Gastfreundschaft – sie erklärten sich gleich einverstanden, womit für uns kaum Kosten anfielen.

Vor der Weiterreise der Kanadier saßen wir also am 31. Dezember in Addis im Serenade, einem der schönsten und besten Restaurants, geleitet von einem passionierten Koch mit jemenitischen Wurzeln, der herrliche Gerichte aus dem Nahen Osten zaubert. Es war ein lustiger Abend, wir plauderten und tranken französischen Rotwein. Auch Solomon hatte sich zu uns gesellt. Nur Alessio schien schlecht aufgelegt zu sein. Er war stiller als sonst, aber ich dachte mir nichts dabei. Jeder hat mal einen schlechten Tag.

Nach dem Dinner wollten wir in den Harlem Jazz Club gehen, ein Lokal, in dem fast jeden Abend Livebands von Reggae bis Rock auftreten und das wir sehr mochten. Aber schon als wir auf die Straße traten, war uns schlagartig klar, dass es düster aussah. Im wahrsten Sinne des Wortes. Der Strom war ausgefallen. Wieder einmal.

Während meiner gesamten Zeit in Addis Abeba wurde die Elektrizität pünktlich alle zwei Tage für mindestens zwölf Stunden gekappt, manchmal sogar länger. Die Regenzeit war schlecht gewesen, und die Wasserkraftwerke liefen auf Sparflamme. Zudem verkauft die Regierung den Strom ans Ausland, um die Kassen zu füllen.

Oft kam der Strom erst um Mitternacht zurück. Das war kein Problem, wenn wir uns in Restaurants und großen Nachtclubs aufhielten, denn die meisten von ihnen hatten einen Generator, ebenso wie unser Büro. Wenn wir aber zu Hause saßen, war es manchmal schon bedrückend. Wir konnten nicht kochen, nicht fernsehen, nicht lesen, und die Lebensmittel im Kühlschrank vergammelten innerhalb kürzester Zeit. Wir saßen bei Kerzenschein zusammen, spielten Karten, erzählten. Es hat mich mehr als einmal mit Wut erfüllt, wenn ich abends Brot mit Marmelade essen musste, statt Pasta kochen zu können, und anschließend um neun Uhr schlafen ging, obwohl ich überhaupt nicht müde war.

In den Jahren zuvor war das nie vorgekommen, wie mir Solomon glaubhaft versicherte. Tja, da hatte ich wirklich Pech gehabt. Mich überraschte immer wieder die Gelassenheit, mit der die Äthiopier diese Einschränkungen hinnahmen.

»Was willst du tun? Dich aufregen? So ist das halt, wir können nichts tun«, versuchte Solomons Frau Brooke – die eine gute Freundin geworden war – mich mehr als einmal zu beruhigen, wenn ich maulend bei ihr zum Tee saß.

Nicht umsonst lautet ein afrikanisches Sprichwort: *Das Gras wächst nicht schneller, wenn man daran zieht.* In manche Dinge muss man sich fügen, man muss sie akzeptieren, wenn man sie nicht ändern kann.

Normalerweise fiel der Strom zeitversetzt in verschiedenen Stadtteilen aus. Nicht jedoch an diesem Silvesterabend. Über der ganzen Stadt lag die nächtliche Dunkelheit wie eine Glocke, wie wir erstaunt bei unserer Fahrt zum Harlem Jazz Club feststellten. Die Schwärze wurde nur durch das Funkeln von Abermillionen Sternen und kleinen, züngelnden Flammen am Straßenrand unterbrochen, auf denen Frauen Maiskolben rösteten. Wir hatten trotzdem noch Hoffnung. Das Lokal würde ja wohl einen Generator haben?

Um Viertel vor zwölf parkten wir vor dem Eingang. Der Club war mit Fackeln und Kerzen erleuchtet, aber es war kaum jemand da. Wir gingen trotzdem hinein und stellten uns an eine im Außenbereich eigens aufgebaute Theke.

»Habt ihr Sekt? Oder Wein?«, fragte Alessio.

»Nein. Sorry.«

Wieso sollten sie auch, dachte ich, es war ja nicht *ihr* Silvesterfest. Ich war trotzdem enttäuscht.

»Es tut uns leid, aber wir haben nur Bier. Und das ist nicht kalt, es ist ja kein Strom da«, meinte der Kellner und versuchte, aufmunternd zu grinsen.

Und so stand unser Grüppchen um Mitternacht im Innenhof zwischen Korbmöbeln und großen weißen Kissen und prostete sich mit Bier zu.

»*Melkam Addis Amet*!« Auf ein glückliches neues Jahr.

Alessios Kuss war flüchtig. Wir umarmten uns kurz und bedachten dann die anderen mit unseren guten Wünschen. Das neue Jahr begann seltsam. Nicht gut. Ich hätte die dunklen Vorzeichen erkennen müssen, sie waren ein deutlicher Wink mit dem Zaunpfahl, aber ich schwamm in meinem See aus Glückseligkeit und sah sie nicht.

Zwei Tage später flogen die Kanadier nach Harar.

Drei Tage später bekam ich einen Anruf von Solomon. »Helen ist krank«, sagte er.

Helen war die Älteste der Gruppe, und sie hatte Abenteuerlust in sich, das spürte man.

»O nein! Was hat sie denn?«

»*Kitfo*. Sie hat *kitfo* gegessen.«

Damit hatte er alles gesagt.

»Konntest du sie nicht davon abhalten?«

»Was sollte ich tun? Sie wollte es unbedingt probieren.«

Kitfo ist eines der äthiopischen Nationalgerichte. Im Grunde handelt es sich dabei um nichts anderes als rohes oder manchmal halb gekochtes Gehacktes. So wie wir Mett auf Brötchen essen, essen die Äthiopier *kitfo* mit *injera*. Ich erinnerte mich daran, wie eine meiner deutschen Freundinnen einmal in Köln rohes Hackfleisch gegessen hatte und anschließend eine Woche mit Durchfall im Bett lag. Es wollte mir nicht ganz einleuchten, dass jemand ausgerechnet in Afrika ein Gericht probieren wollte, von dem man sogar in Europa krank werden kann. Ich habe Gästen immer davon abgeraten, zumal mir Brooke einmal erzählte, dass sie auch häufig mit den unangenehmen Nachwirkungen der Speise zu kämpfen hat. Wenn selbst äthiopische Mägen nicht hartgesotten genug für *kitfo* sind, wie sollte dann ein zarter kanadischer Magen eine solche Bakterienbombe verkraften? Montezuma lebt überall, auch in Äthiopien.

»Wo ist sie?«, wollte ich wissen.

»Ich habe sie in einem Hotel untergebracht. Aber es gibt in Harar heute weder Strom noch Wasser. Glaub mir, es ist eine sehr unangenehme Situation für sie. Sie hat schlimme Magenkrämpfe und schwitzt sehr, und alle paar Minuten muss sie auf die Toilette.«

Ach du liebe Zeit. Ich wollte es mir lieber gar nicht vorstellen. *Kitfo* habe ich selbst nur ein einziges Mal probiert, und da war mein Körper schon abgehärtet, was äthiopische Gerichte betraf. Zudem aß ich das Fleisch samt scharfem Gewürzpulver im Haus von Brooke und Solomon, und die beiden kauften immer alles frisch und bei guten Händlern. Das war zwar keine Garantie, aber irgendwann siegte auch bei mir die Neugier. Fazit: lecker. Es hat mir geschmeckt. Aber ich muss es nicht ein zweites Mal wagen. Es gibt so viele Köstlichkeiten in der äthiopischen Küche, dass dies nicht nötig war.

Andere Dinge sind mir hingegen regelrecht zuwider. Wie etwa die gehäuteten Rinderhälften, die bei Feiern wohlhabender Äthiopier serviert werden. Ob bei Geburtstagen, Hochzeiten oder Taufen – nie fehlt der frisch geschlachtete Ochse, der mit Haken neben dem Buffet aufgehängt wird und dessen Fleisch mit einem scharfen Messer vom Körper geschnitten und roh gegessen wird. Solomon liebte das blutige Fleisch, er aß es mit Hingabe und großer Gaumenfreude. Ich hingegen verspürte vor allem Ekel, besonders wenn ich beobachtete, wie sich an heißen Tagen Hunderte Fliegen auf den toten Tierkörper setzten, die selbst dann hartnäckig ihre Position hielten, wenn der Gastgeber das Messer ansetzte.

Ich liebe Tiere. Eigentlich müsste ich Vegetarierin sein. Und ich habe es auch mehrmals probiert, aber irgendwann sagte mir mein Körper immer, dass er nach Fleisch oder Fisch verlangte – und ich gab dem inneren Befehl nach. Nur nach dem Jahr in Äthiopien habe ich es mehrere Monate geschafft, keine Tiere mehr zu essen. Ich hatte zu viel gesehen, und ich konnte die Todesangst in den Blicken der Ziegen und Rinder nicht vergessen.

Vor Feiertagen war es immer besonders schlimm. Allerorts trieben die Menschen ihre kleinen Herden zusammen und brachten sie zum Markt. Jeder Äthiopier, der etwas auf sich hält, kauft anlässlich kirchlicher Feste wie Weihnachten oder Timkat, das ist das Fest der Taufe Jesu im Jordan und der Epiphanie, je nach finanziellen Mitteln ein Rind, eine Ziege oder ein Huhn. Schon frühmorgens sah ich die Tiere, wenn ich von unserem Haus in Ayat zum Büro fuhr. Dicht gedrängt standen die Ziegen in kleinen Gruppen im Kreis, schmiegten sich aneinander, als wollten sie einander Mut machen, und hielten die Köpfe gesenkt, als wollten sie sagen: Nimm eine andere, nicht mich! Sie wussten, was sie erwartete, ich konnte es in ihren Augen lesen. Was mich entsetzte, war die Art, mit der die Menschen hier mit den Tieren umgingen.

Wenn ein Kunde sich für eine Ziege entschieden hatte, wurden die Vorderbeine gepackt. Dann schleifte der Händler das sich wehrende Tier, das nur noch mühsam auf den Hinterbeinen balancierte, über den Asphalt. Oft habe ich den Blick abgewandt, weil ich es einfach nicht mit ansehen konnte.

Es fällt mir schwer zu begreifen, dass die Afrikaner nicht mehr Mitleid mit den Tieren verspüren oder ihnen zumindest ein wenig Respekt entgegenbringen, wo sie ihnen doch ausgerechnet bei religiösen Zeremonien als Festschmaus dienen. Stattdessen scheinen Ziegen und Hühner nicht mehr als Objekte zu sein, die schon zu Lebzeiten wie totes, gefühlloses Fleisch behandelt werden. Händler wie Kunden lachen, als freuten sie sich am Leid der völlig verängstigten Tiere. Und auch die Esel und Maultiere, die meist viel zu schwere Lasten schleppen, werden völlig überfordert. Mehr als einmal habe ich die Tiere mit den lieben Augen unter Wasserkanistern und kiloweise Brennholz zusammenbrechen sehen. Sie konnten sich einfach nicht mehr auf den Beinen halten, zu schwer war die Last, die sie auf dem Rücken trugen.

Andererseits: Wer bin ich denn, dass ich über die Äthiopier urteilen darf? Dies ist Afrika, die Menschen leiden Hunger, sie denken an ihr eigenes Überleben, da scheint es konsequent, die Tiere – die eine Nahrungsquelle und ein nützliches Transportgut darstellen – zu beherrschen.

Und noch etwas kam mir schamhaft in den Sinn: Meine Denkweise war verlogen. Die Tiere, die wir in Europa verspeisen, leiden ja genauso. Sie haben die gleiche Todesangst, wenn sie ins Schlachthaus gebracht werden. Nur müssen wir es nicht mit ansehen. Wir kaufen die Steaks und Filets fein abgepackt und in handlichen Portionen im Supermarkt oder beim Metzger – ohne uns je zu fragen, wie das Tier gestorben ist. Da war das, was ich in Äthiopien sah, schon ehrlicher. Es konfrontierte mich mit der Realität, ganz direkt. Das Ergebnis war, dass es mir von Tag zu Tag schwerer fiel, Fleisch zu essen. Aber immerhin hat das Leid der

Tiere hier einen Sinn, auch wenn es mir schwerfiel, ihn zu akzeptieren.

In Europa veranstalten wir hingegen sinnlose Experimente, die Tierschützer in aller Welt auf die Barrikaden bringen. Ich will hier gar nicht über Tierversuche wettern, zu medizinischen Zwecken haben viele von ihnen sicher großen Nutzen. Aber just während ich dieses Kapitel schreibe, stoße ich in der Presse auf zwei Geschichten, die ich – gelinde gesagt – abartig finde.

Erst kürzlich verschütteten Wissenschaftler in Österreich neunundzwanzig lebendige Schweine im Schnee und beobachteten sie beim langsamen Ersticken und Erfrieren. Ziel des Versuchs: Die Forscher erhofften sich Informationen über die Umstände des Todes durch Lawinen. Die Tiere waren zwar betäubt, aber das macht die Sache für mich nicht besser. Zehn Schweine überlebten den Test nicht, die übrigen dürfen heute auf einem Bauernhof ihren Lebensabend verbringen. Ein kleines Dankeschön für ihre großartigen Verdienste um die Wissenschaft?

Wütend macht mich dieses Experiment vor allem deshalb, weil die meisten Lawinenopfer – unvernünftige Skifahrer und Tourengänger – die Schneemassen selbst ausgelöst haben oder trotz Warnungen auf nicht markierten Pisten unterwegs waren. Bei meiner Arbeit als Journalistin habe ich oft genug über solche Unglücksfälle berichtet.

Nur wenige Tage später sprengten Forscher in Großbritannien achtzehn lebende Schweine in die Luft, um damit den Effekt von Terrorattacken auf Menschen zu untersuchen. Sie ließen die Tiere ausbluten, um zu sehen, wie lange sie am Leben blieben. Alle Schweine starben. Sind die

Tiere schuld an unserer kranken Welt? Nein. Warum lassen wir sie dann dafür bezahlen?

Zurück nach Äthiopien, das mir angesichts dieser Experimente geradezu menschlich im Umgang mit Tieren erscheint. Geschlachtet werden die Ziegen im Haus des Käufers, nicht auf der Straße. Allerdings habe ich in Bahir Dar einmal die Schlachtung eines Rindes gesehen. Ich spazierte durch die Stadt, als plötzlich mehrere Männer auf dem Gehsteig das gewaltige Tier packten und zu Boden zogen. Den Rest möchte ich Ihnen ersparen. Nur so viel: Den Tieren wird mit einem scharfen Messer die Kehle durchgeschnitten, damit sie ausbluten. Das Blut wird meist in einer großen Schüssel aufgefangen, das Fell wird verkauft und zur Herstellung etwa von Hockern und allerlei Behältern verwendet.

Es ist ein langsamer Tod, und mehr als einmal habe ich aus den Nachbarhäusern die verzweifelten Todesschreie eines sterbenden Tieres gehört. Wie Kinder hörten sie sich an, schreiende, schluchzende Kinder – bis nur noch ein Wimmern zu hören war, und dann Stille.

Alessio nahm die grausigen Szenen, die wir oft sahen, gelassener hin als ich. Oder vielleicht auch nicht. Während ich den Blick abwandte, schaute er geradewegs zu. Es war sein Land, in ihm floss äthiopisches Blut. Er war selbst viele Jahre lang Vegetarier gewesen und empfand die Ungerechtigkeit gegenüber Tieren mindestens so stark wie ich. Vielleicht war dies seine Art, mit der äthiopischen Andersartigkeit umzugehen.

Wenn die Tiere einmal tot sind, zaubern viele äthiopische Köchinnen allerdings köstliche Gerichte daraus. Nie darf dabei *injera* fehlen. *Injera* ist immer und überall. Das leicht säuerliche, weiche, schwammartige Fladenbrot wird aus *teff* hergestellt, einer Getreideart, die nur in Äthiopien und Eritrea vorkommt. Messer und Gabel fehlen bei jedem traditionellen Schmaus: Die Saucen samt Fleisch- oder Fischstückchen werden mit einem Stückchen *injera* wie eine Zigarre aufgerollt und mit der rechten Hand gegessen. Brooke hat mir einmal gezeigt, wie in ihrem Haus *injera* hergestellt wird. Es ist eine lange Prozedur, aber dafür reichen die riesigen, wie Pfannkuchen geschichteten Fladen dann auch für die ganze Woche.

Die besten äthiopischen Speisen habe ich übrigens nicht in Restaurants gegessen, sondern bei Einheimischen – vor allem bei Brooke und bei meinem Freund Abba Abebe in Bahir Dar. Seine Köchin bereitet das beste *messer wot* der Welt, einen scharfen, dunkelroten Linseneintopf mit viel Knoblauch und roten Zwiebeln und noch mehr *berberé*, der zu meinem Lieblingsessen auf der äthiopischen Speisekarte avancierte. *Berberé* ist eine weitere Zutat, ohne die von Addis bis Awassa nichts geht. Die rostfarbene Gewürzmischung besteht aus Pfeffer, Koriander, Chili, Cardamon, Ingwer, Zimt, Nelken, Muskat und anderen Kräutern, Blüten oder Wurzeln. Sie wurde auch in meiner Küche ein wichtiger Bestandteil des täglichen Lebens.

Zweimal pro Woche haben die Tiere übrigens Pause: Mittwochs und freitags fasten die Äthiopier, dann gibt es traditionell nur Gemüse und Salate – der Hühncheneintopf *doro wot*, das geschnetzelte Rinder- oder Ziegen-*tibbs* und *kitfo* werden vom Speiseplan gestrichen.

Überhaupt fasten die Äthiopier gerne und viel. Sehr viel. Fast hundertachtzig Tage im äthiopischen Kalender sind für die orthodoxen Christen fleischlos. Vor Weihnachten beträgt die Fastenzeit gut einen Monat, vor dem Osterfest gar fünfundfünfzig Tage. Dann üben sich die Äthiopier noch mal vor dem 7. August sechzehn Tage im Verzicht, diese Zeit heißt Felseta.

»Diese Tage sind für jeden Gläubigen, der älter als sieben Jahre ist, absolute Pflicht«, erklärte mir Brooke.

Alle Restaurants im Land sind auf diese wöchentlichen Fasting Days eingestellt.

Brooke ist sehr gläubig und hält mit pedantischer Korrektheit die Fastenzeiten ein. Solomon hingegen tut sich als echter Feinschmecker, der auch einem abendlichen Bierchen gegenüber nicht abgeneigt ist, sehr schwer. Mit fast sechzig Jahren versuchte er sich zum ersten Mal in kulinarisch-religiöser Disziplin. Und er hatte sich dafür ausgerechnet Fasika ausgesucht, das Osterfest, vor der die Fastenzeit am längsten dauert. Ich beobachtete seinen Kampf gegen die Naschlust mit wachsendem Interesse. Am Tag vor Ostern führte er mich auf die Straße vor seinem Haus. Eine schwarz-weiße prächtige Ziege stand da an einen Laternenpfahl gebunden.

»Das wird morgen unser Abendessen!«, sagte er, und beim Anblick des Gras kauenden Tieres lief ihm schon das Wasser im Mund zusammen. »Du kommst doch?«

Ich schaute die Ziege an und dann wieder Solomon. »Du weißt doch, dass ich keine Ziegen esse. Aber ich komme sehr gerne und esse von Brookes fantastischer Lasagne!« Ich blickte Solomon, der in fünfundfünfzig Tagen Entsagung kein Gramm verloren hatte, schräg von der Seite an. »Mal ehrlich: Wie oft hast du das Fasten gebrochen?«

Er grinste. »Zwei Mal. Da habe ich mir abends mit meinen Freunden ein paar Gläschen Alkohol gegönnt.«

»Und was war schwerer? Kein Fleisch zu essen oder keinen Alkohol zu trinken?«

Er dachte kurz nach. »Der Alkohol.«

Jetzt musste ich grinsen.

»Aber Brooke meinte, das Fasten sei dazu da, auf etwas zu verzichten, das man besonders gerne mag. Es geht ja darum, dass es *wehtut*, nicht darum, dass es *leicht* ist.«

»Und, hat's wehgetan?«, schmunzelte ich.

»Sehr.«

Alayu, der »Junge für alles«, der bei den beiden lebte, sollte die Ziege schlachten. Solomon fragte mich, ob ich dabei zusehen wollte, aber ich lehnte dankend ab. Später erzählte mir Solomon, dass er es selbst nicht übers Herz gebracht habe, das Gemetzel mit anzusehen. Umso leichter war ihm dann ums Herz, als er sich am Ostersonntag das klein geschnittene und als scharfes Wot zubereitete Zicklein auf der Zunge zergehen ließ. Dazu schlürfte er genüsslich White-Horse-Whisky *on the rocks*.

So ist das in Äthiopien: Nach Wochen religiöser Schonfrist geht es den Rindern, Ziegen und Hühnern doppelt an den Kragen. Schon Tage zuvor werden die Herden zu den Verkaufsstellen getrieben, es wird gehandelt und gefeilscht, und allerorts macht sich Vorfreude auf den Festschmaus breit. Einer meiner liebsten Taxifahrer, der fesche Teddy, erklärte mir, dass Äthiopier für einen Ochsen bis zu 6000 Birr hinblättern, eine überaus stolze Summe in dem armen Land. Ziegen kosteten hingegen nur 600 Birr, aber davon könnten ja auch viel weniger Leute essen, sagte er.

Häufig wird dazu *tej* (»Tedsch«) gereicht, der typisch äthiopische Honigwein, der in einer mehrwöchigen Prozedur aus Honig, Wasser, Gewürzen wie Zimt und Nelke und dem Holz des Gesho-Baumes hergestellt wird. Hatte ich bei meinem ersten Schluck *tej* noch wegen des leicht bitteren, fremden Geschmacks das Gesicht verzogen, so liebe ich das Getränk heute umso mehr. *Tej* überrascht, der Trunk ist wirklich einzigartig und auf eine seltsame Weise einfach köstlich.

Dann gibt es auch noch *tella*, äthiopisches Bier, das ich weitaus weniger schmackhaft finde. Bei einer Fahrt durch Äthiopien sieht man immer wieder vor Lehmhütten eine Cola- oder Fantadose, die verkehrt herum an einem Stock aufgehängt ist. Dies bedeutet, dass die Hausherrin *tella* verkauft – viele Familien in den ländlichen Gebieten verdienen sich auf diese Weise ein bisschen Geld dazu.

So begeistert wir anfangs von der äthiopischen Küche waren, auf Dauer sind das den Bauch aufblähende *injera* und die dicken, scharfen Saucen nichts für europäische Mägen. Da waren wir froh, dass es in Addis Abeba heutzutage Restaurants für jede kulinarische Begehrlichkeit gibt. Besonders möchte ich das Geti Thai gegenüber von UNHCR, dessen *Green Curry* auch in Europa die Gaumen erfreuen würde, sowie das bereits erwähnte romantische Serenade im Stadtteil Amist Kilo hervorheben. Oft besuchte ich auch Fasil in seinem Gourmettempel Chez Fasil, der in der Nähe der Meskel Flower Road die köstlichsten internationalen Kreationen aus dem Ärmel zaubert. Wenn mir mal nach Fast Food war, griff ich auf Passion Burger an der berühmten Kirche Medhane Alem zurück, denn hier konnte ich ohne Angst vor tagelangen Magenbeschwerden einen Cheeseburger zu mir nehmen und dazu ein Banana-Milkshake schlürfen.

Und dann gibt es natürlich noch zahlreiche Italiener, die jede Nostalgie nach den kulinarischen Köstlichkeiten Roms im Keim ersticken. Makush wurde zu meinem absoluten Favoriten. Das Lokal ist nicht nur ein Restaurant, sondern auch eine Kunstgalerie. So speist man unter den Augen der italienischen Chefin zwischen wunderschönen Bildern aufstrebender äthiopischer Künstler, die ihre Werke dort nicht nur ausstellen, sondern auch verkaufen. Ich selbst konnte den Blick einen ganzen Abend lang nicht von einem Gemälde abwenden, das hinter Alessio an der Wand hing. Es zeigte in einer herrlichen Farbzusammenstellung afrikanische Tiermasken, die mich anstarrten und in ihren Bann zogen. Ich konnte nicht widerstehen. Zwei Tage später hing das Bild in unserem Wohnzimmer.

Das wohl berühmteste ausländische Restaurant in Addis ist Castelli. Mein früherer Chef in Rom, der selbst einige Male Äthiopien besucht hatte, bezeichnete die elegante Gaststätte mit dem hervorragenden Vorspeisenbuffet immer als »besten Italiener südlich von Kairo«. Ich glaube, er hatte recht. Jeder, der in der Hauptstadt etwas auf sich hält, verkehrt bei Castelli. Und macht sofort Bekanntschaft mit dem alten Besitzer, der meist mit mürrischem Blick gleich hinter dem Eingang sitzt und die Gäste missmutig begrüßt. Auch er gehört zum Charme des Lokals wie die Bolognese zu den Spaghetti. Die Leute in Addis erzählen sich übrigens, dass die konstant schlechte Laune des Mannes einen Grund hat: Angeblich sollen ihm kriegslustige Äthiopier während der italienischen Besatzung die Hoden abgeschnitten haben. Ob das stimmt oder ob es sich um eine der vielen *Urban Legends* handelt, weiß ich nicht. Aber immerhin würde dies ja die muffelige Dauerverstimmung des Alten erklären.

Alessio und mich mochte der weißhaarige Italiener allerdings – es reicht meist, ihn in seiner Heimatsprache anzusprechen, und schon taut er auf. Im Herzen war er auch nach fünfzig Jahren Äthiopien ein Italiener geblieben, und die Sehnsucht nach seiner Heimat war unverkennbar.

Wenn ich dann mal Sehnsucht nach *meiner* Heimat hatte, machte ich einen nachmittäglichen Zwischenstopp in der bereits erwähnten German Bakery, mitten im lebhaften Zentrum von Addis. Ohhh, da lagen sie vor mir, die mit eingespritzter Marmelade versüßten Berliner, die frischen Mehrkornbrötchen, Puddingtaschen und Laugenbrezeln. Heimatgefühl pur! Mit einem Cappuccino und einem köstlichen Stück Torte machte ich es mir oft an einem der schattigen Café-Tische bequem, die die deutsche Familie Münch vor ihrer Bäckerei aufgestellt hatte. Auch Alessio liebte die Backwaren der aus dem kleinen Örtchen Heimertingen im Allgäu eingewanderten Deutschen. Zwar ist er durch und durch Italiener, aber nach zahlreichen Kurztrips nach München, Hannover und Köln musste er doch zugeben, dass meine Landsleute im Brot- und Kuchenbacken den Römern einiges voraushaben.

Helen überlebte ihre *kitfo*-Magenverstimmung übrigens ohne bleibende Schäden. Auch sie hatte sich in Äthiopien verliebt und versprach wiederzukommen. Allerdings riet ich ihr lächelnd, künftig auf Experimente, die im Entferntesten mit rohem Fleisch in Zusammenhang stehen, zu verzichten.

Anders als geplant

Sicher, wir hatten unsere Probleme. Die Beziehung zu Alessio war nie einfach. Er ist kein Mensch, der viel redet. Er redet immer erst dann, wenn es bereits zu spät ist – für ihn. Schon einige Jahre zuvor hatte er mich einmal verlassen, aus dem Nichts heraus. Er sei depressiv, sagte er. Nahm sich eine andere Wohnung, ging für zwei Monate nach Amerika, kam dann als anderer Mensch wieder zurück. Und so probierten wir es noch einmal. Von da an schien alles besser als zuvor. So konkretisierte sich unser Traum: Afrika. Vielleicht war es für ihn tatsächlich eine Flucht, vielleicht dachte er insgeheim, unsere Beziehung würde so einen Neustart erfahren. Gesprochen hat er darüber nie. Ich brauchte keine Flucht, keinen Neustart. Ich war glücklich. Und sah alles durch eine rosarote Brille.

Ja, wir haben auch darüber gesprochen, was passieren würde, wenn unsere Beziehung in Äthiopien zerbrechen sollte. Rein theoretisch. Wir versprachen uns, trotzdem an unserem Hilfsprojekt weiterzuarbeiten, auch wenn wir nicht mehr im gleichen Haus leben sollten. Aber ich hätte nie damit gerechnet, dass sich dieses Szenario bewahrheiten würde – und erst recht nicht so schnell.

Wir waren erst neun Wochen in Addis Abeba, eigentlich gerade einmal angekommen, nach unseren Reisen mit Freunden und Sponsoren quer durch das Land ausgepowert und sicherlich auch gestresst. Nicht einmal unsere

Möbel waren da. Aus dem Nichts ließ er die Bombe platzen. Wir saßen im Garten, er starrte auf den Boden. Er könne nicht mehr, der Stress habe dazu geführt, dass er innerlich total blockiert sei, ließ er verlauten. Depression die Zweite.

Ich dachte, er scherze. Fast wäre mir die Kaffeetasse aus der Hand gefallen.

Leider meinte er es mehr als ernst. Hatte die Entscheidung ganz allein getroffen, ließ keine Diskussionen zu, wandte sich von mir ab, ließ mich allein. Das neue Jahr begann tatsächlich so schlecht, wie der Silvesterabend es hatte vorausahnen lassen. Nur hatte ich die Zeichen nicht sehen wollen.

Was tun, wenn alle Träume auf einmal platzen? Man kämpft. Und das tat ich. Ich konnte ihn immerhin dazu bewegen, ein Wochenende in Richtung Süden zu fahren. Ein Road Trip ist normalerweise eine gute Therapie. Ich hoffte, er würde inmitten der herrlichen Natur Äthiopiens die Leichtigkeit wiederfinden.

Die Kurzreise führte uns zunächst nach Shashemene. Hier hatten wir Freunde, Rasta-Freunde, um genau zu sein. Wir hatten den Jamaikaner Teddy Dan und den Briten Brother Paul in Addis Abeba ein Jahr zuvor auf einer Party kennengelernt. Rund 200 Kilometer südlich der Hauptstadt haben sich seit 1963 in Shashemene Tausende Rastafarians aus Jamaika und anderen Teilen der Welt niedergelassen. Äthiopien ist für sie Zion, das gelobte Land – und Shashemene das Zentrum ihres Glaubens.

Und das kam so: Als Ras Tafari Makonnen 1930 unter dem Namen Haile Selassie zum Kaiser Äthiopiens gekrönt wurde, sah eine kleine, in Jamaika ansässige Sekte namens Holy Piby dies als Zeichen für das Ende der weißen Herrschaft und die Wiederkunft eines schwarzen Gottes. Haile Selassie war ein Nachfahre des ersten äthiopischen Kaisers Menelik, der wiederum direkt vom israelitischen König Salomo und der Königin von Saba aus Axum abstammen soll.

Noch heute gibt die sagenumwobene Königin Rätsel auf. Deshalb sei am Rande bemerkt, dass erst Anfang 2008 eine Gruppe von Archäologen aus Hamburg den Palast von Saba aus dem 10. Jahrhundert vor Christus gefunden haben will. Drei Monate hatten sie in Axum geforscht, dann stießen sie unter dem Palast eines christlichen Königs auf das Bauwerk. In diesem Gebäude könnte zeitweise auch die Bundeslade aufbewahrt worden sein, teilten sie damals den Medien mit. In der Bundeslade sind der Überlieferung zufolge die Steintafeln mit den Zehn Geboten, die Mose von Gott erhalten hatte, aufbewahrt. Viele Äthiopier sind überzeugt, dass sich die Bundeslade noch heute in Axum befindet, und zwar in der kleinen Kirche der heiligen Maria von Zion. Mehrere Einheimische erzählten mir, dass das Heiligtum von einem einzigen Priester bewacht werde, der sein Leben dem Schutz der Lade widme, bis er sterbe. Dann gehe die Aufsicht in die Hände eines neuen Geistlichen über. Übrigens verfügen alle äthiopisch-orthodoxen Kirchen über eine Replik der Gesetzestafeln, die *tabot* genannt und einmal im Jahr in einer großen Prozession durch die Städte getragen wird.

Auch der äthiopische Patriarch Pauolos erklärte kürzlich

nach einer Audienz bei Papst Benedikt XVI., die Steintafeln befänden sich in Axum. Äthiopien sei der Thron der Bundeslade, seit Hunderten von Jahren schon, sagte er vor Journalisten. Die Lade sei gut erhalten, nicht gealtert und entspreche genau den Angaben der Bibel. »Das Gesegnete bleibt. Das Heilige bleibt. Die Bundeslade ist nicht von Menschenhand gemacht. Sie ist ein Geheimnis.«

Das sind die Stoffe, aus denen Indiana-Jones-Filme gemacht werden. Aber das ist eben Äthiopien: Ein Land, so reich an Abenteuern, christlichen Legenden und biblischen Sagen, dass es selbst hartgesottene Wissenschaftler immer wieder ans Horn von Afrika verschlägt, um Antworten auf jahrtausendealte Fragen zu finden. Mir gefällt allerdings der Gedanke, dass manche Dinge für immer unerforscht bleiben. Müssen wir wirklich alles wissen? Wo bleiben da die Träume, die Sehnsüchte? Liegen die Zehn Gebote wirklich in einem Gotteshäuschen in Axum? Der Gedanke ist so schön, so absolut unglaublich in unserer modernen, technisierten Welt, dass ich gar keine gegenteiligen Beweise hören möchte.

Aber zurück nach Shashemene, zu den Rastas. Nachdem sie in Haile Selassie ihren Erlöser, den »Löwen von Juda« gefunden zu haben glaubten, nannten sie sich in Anlehnung an seinen eigentlichen Namen Ras Tafari von nun an Rastafarians. Nur drei Jahre zuvor hatte der schwarze Menschenrechtsführer Marcus Garvey in einer Rede in Jamaikas Hauptstadt Kingston die Krönung eines afrikanischen Königs vorausgesagt und erklärt, der Tag der Erlösung sei nah. Äthiopien, das nie kolonisiert und unter westliche Herrschaft gelangt war, schien der perfekte Ort für die Wiedergeburt des Messias in Gestalt eines Schwarzen. Bis heute gilt Garvey als Prophet der Rasta-Bewegung. Und Haile Selassie, der später selbst Jamaika besuchte, schenkte den Rastas nach dem Zweiten Weltkrieg rund 500 Hektar Land in eben jenem kleinen Örtchen mit dem klingenden Namen Shashemene.

Reggae und speziell Bob Marley spielen natürlich auch im Leben der äthiopischen Rastas eine besondere Rolle. Das örtliche Stadion ist nach der Musiklegende benannt. Viele eifern Bob Marley nach, auch unser Freund Teddy Dan, der vor einigen Jahren samt Familie ans Horn von Afrika gezogen war.

Teddy hatte uns per SMS von einem Reggae-Festival erzählt, das an eben jenem Wochenende in Shashemene stattfinden sollte. Musik, Tanzen, mit Freunden reden – mir schien das ein gutes Rezept, um Alessio und mich auf andere Gedanken zu bringen. Wir erreichten das Örtchen am frühen Nachmittag, und gleich strömten mehrere Klein-Dealer auf unser Auto zu, als wir an einer Ampel hielten.

»*Ganja! Ganja*!«, flüsterten sie geheimnisvoll.

Wir lehnten dankend ab. Drogenhandel ist in Äthiopien – einmal abgesehen von Khat – strengstens verboten. Allerdings macht die Polizei in Shashemene eine Ausnahme. Solange das Gras nur zum Hausgebrauch verwendet wird, dulden es die Ordnungshüter. Die Rasta-Kultur wird allgemein immer wieder in Zusammenhang mit Marihuana-Konsum gebracht, aber in Shashemene hat man den Eindruck, dass es darum gar nicht geht. Hier sitzt die Ideologie tiefer, hier haben sich Menschen zusammengefunden, die ihre am orthodoxen Glauben orientierte Religion leben und ihre Einheit mit Jah (Gott) feiern wollen. Dazu gehört zwar manchmal auch ein Joint, aber niemand scheint es ernstlich zu übertreiben.

Shashemene ist bunt, Shashemene ist ausgeflippt, Shashemene ist anders als alles, was ich vorher in Äthiopien gesehen hatte. Auf der Hauptstraße werden selbstgehäkelte Strickmützen feilgeboten, die typische Kopfbedeckung für Rastas mit knielangen Dreadlocks, daneben prangen Obstgeschäfte mit klingenden Namen wie Lion of Judah Fruit Shop, und überall ist die grün-gelb-rote äthiopische Nationalflagge gegenwärtig und taucht Mauern und Häuser in fröhliche Farben.

Nachdem wir in einem kleinen Hotel eingecheckt hatten, fuhren wir zu einem Basar, der vor dem abendlichen Konzert abgehalten wurde. Wir hockten uns ins Gras, aßen karibische Köstlichkeiten, frittierte Bananen und höllisch scharfe Scotch-Bonnet-Saucen, alles frisch von den jamaikanischen Auswanderern und ihren Frauen zubereitet. Dazu gab es Bier, und mir drehte sich unter der Nachmittagssonne wohlig der Kopf. Wir redeten mit verschiedenen Leuten, ließen uns ihre Lebensgeschichte erzählen und hatten fast den Eindruck, uns in Kingston oder Montego Bay zu befinden, und nicht mitten in Äthiopien. Kleine karibische und europäisch aussehende Kinder liefen quer über das weite Gelände und wirkten glücklich und absolut frei.

Shashemene ist ein seltsamer Ort, eine Community von schrägen Typen und dicken Mammas, die kompromisslos ihrem Glauben gefolgt sind und den türkisblauen Ozean der Karibik gegen das sicher nicht einfache Leben im subsaharischen Afrika eingetauscht haben.

Ob ihm das Meer nicht fehle, fragte ich einen zahnlosen Rastafarian mit hüftlangen grauen Zwirbellocken, der selbstgemachtes Eis verkaufte.

»Nein. Wieso? Hier in der Nähe gibt es doch ein paar ganz hübsche heiße Quellen. Mehr brauche ich nicht«, erwiderte er, als sei es das Normalste von der Welt. Einfach schräg. Dann fügte er lächelnd hinzu: »Shashemene bedeutet, dass wir zu Hause und unsere Träume wahr geworden sind. Was sonst kann man vom Leben wollen?«

Kurz nach Einbruch der Dunkelheit bestieg Teddy Dan die imposante Bühne und verbreitete seine Friedensbotschaft. »Dies ist für unsere Brüder in Somalia, in Darfur, im Kongo!«, rief er der begeisterten Menge zu, und seine Goldzähne blitzten auf. »Wir fordern die Vereinigten Staaten von Afrika, in denen kein Schwarzer mehr ein Visum braucht, um seine afrikanischen Brüder zu besuchen und in denen Diskriminierung und Apartheid endlich der Vergangenheit angehören! *Rastafari, yeah! We love Shashemene*!«

Dann stimmte er Bob Marleys Klassiker *War* an – und unzählige Rastas ließen den Abendwind durch ihre zottelige Haarpracht wehen, während süßlicher Marihuana-Duft in Schwaden in der Luft lag. Alessio und ich tanzten bis spät in die Nacht, lachten, lagen uns in den Armen. Es war ein guter Tag.

Am nächsten Morgen fuhren wir weiter nach Wondo Genet, zu eben jenen berühmten heißen Quellen, die der zahnlose Rastafarian erwähnt hatte. Wälder, Berge und ein fast tropisches Klima erwarteten uns, wir gingen schwimmen, spazierten durch das grüne Dickicht und aßen kiloweise köstliche Avocados. Am Abend schlenderten wir bei

Sonnenuntergang über die Obst- und Gemüsefelder neben unserem Hotel, sprachen mit einem Bauern, spürten die Romantik des Moments, umarmten und küssten uns, wie früher. Aber das Glück sollte nicht dauern.

Während der fünfstündigen Rückfahrt in die Hauptstadt bemerkte ich von Kilometer zu Kilometer, wie sich Alessios Laune änderte. Er hörte auf zu reden, einfach so. Und als wir Addis Abeba erreichten, war die Mauer um ihn herum höher als zuvor. Erklären konnte oder wollte er diesen Stimmungswandel nicht. Ich hatte es schon in Wondo Genet gefühlt: Wir hätten einfach immer weiterfahren sollen, Richtung Süden, immer weiter Richtung Süden, dorthin, wo die wilde Natur uns die eigene Nichtigkeit spüren lässt, dorthin, wo alle Probleme unwichtig erscheinen. Flucht vor der Realität? Vielleicht, aber ich hätte alles getan, um diese Liebe zu retten.

Alessio hatte zu viele Probleme auf sich geladen. Und ich kannte sie alle. Opfer von Rassismus in seiner Kindheit in Italien, eine böse gescheiterte Ehe, eine Tochter, die er viel zu selten sah, dann – kurz vor unserer Abreise nach Afrika – der Bankrott seiner Marketingfirma in England. Ich glaube, er fühlte sich heimatlos, entwurzelt. In Europa ein Ausländer, in Äthiopien ein *ferenji*. Nirgendwo wirklich anerkannt. Kein Gefühl der Zugehörigkeit.

Um den Mann, der immer stark war, der immer von Fantasie und Idealismus getrieben war, brach die ganze Welt zusammen. Leider gehört Alessio zu jenen Menschen, die immer einen anderen für ihr Leiden verantwortlich machen. Er konnte keinen Ausweg finden, konnte die Schuld nicht auf sich allein laden. Also lud er sie auf mich. Er dachte, wenn er mich aus seinem Leben triebe, würde der Rest sich wieder einrenken. Und so sah ich seinen Abstieg, erlebte hautnah mit, wie er sich abseilte, immer weiter in die Tiefe. Und konnte nichts tun, weil kein Wort sein Herz oder seinen Verstand erreichte. Der Halb-Äthiopier mit den afrikanischen Haaren und der weißen Haut, den ich so gut zu kennen glaubte, wurde ein anderer. Und das war wahrscheinlich das Schwerste für mich: Einen Menschen zu erleben, den ich nicht kannte. Der Einzige, auf den ich mich in der Fremde hätte stützen konnte, mit dem ich alles teilen wollte, war zu einem Fremden geworden.

Sicher, auch ich hatte Fehler gemacht. Und ich habe sie alle auf mich geladen, flehte um Vergebung für all die Tage, an denen ich Jahre zuvor selbst depressiv gewesen war und an denen er sich ungeliebt und hilflos gefühlt hatte. Ich wusste, wie weh ich ihm damals getan hatte. Aber die Vergangenheit ist vorbei, wir können sie nicht ändern. Wir können nur unsere Fehler einsehen, eingestehen und durch eine bessere, schöne Gegenwart wiedergutmachen. Ich stieß jedoch nur noch auf Unbeweglichkeit, Ablehnung, totale Unfähigkeit zum Gespräch.

In diesen Tagen und Wochen rauchten wir beide viel zu viel, wir tranken auch viel zu viel, und Alessio versuchte seine Emotionslosigkeit mit Marihuana zu bekämpfen. Mit viel zu viel Marihuana. Ich konnte nur zusehen, nichts erzwingen, nichts tun. Jahrelang hatten wir uns auf Afrika gefreut, hatten wir geträumt und gedacht, alles würde gut werden. Vielleicht waren wir blind. Aber meine Güte, wir haben uns so geliebt! Wir haben so intensiv gelebt, immer und überall. Ich denke, das Schlimmste war, das Scheitern unserer Träume akzeptieren zu müssen, ohne noch die Chance auf ein Mitspracherecht zu haben. Ich fühlte mich überrollt, als habe mich ein Lastwagen überfahren und so tief in die Erde gestampft, dass ich den Weg an die Oberfläche nicht mehr fand.

Äthiopien war für uns auch ein Ort, an dem wir ein bisschen Normalität leben wollten. Als Tierliebhaber hatten wir schon seit Monaten beschlossen, sobald wie möglich einem der zahllosen Straßenhunde von Addis Abeba ein Zuhause geben zu wollen. Ich hatte mich so darauf gefreut! Immer schon habe ich Hunde geliebt, aber in einer Stadt wie Rom, wo ich nicht einmal einen Garten hatte und von morgens bis abends im Büro oder auf Terminen war, war es unmöglich gewesen, ein Haustier zu haben. Ein Leben in Afrika schien hingegen alles zu ermöglichen. So sehr, dass meine nächtlichen Träume und die äthiopische Realität sich zu vermischen begannen.

Wenige Wochen vor unserer Abreise war Alessio für ein paar Tage nach Äthiopien geflogen, um letzte Vorbereitungen zu treffen. Dabei sah er sich auch erste Häuser an und machte Fotos für mich, um mir zu zeigen, was auf dem Markt war. In der Nacht vor seiner Rückkehr hatte ich einen Traum, der so real schien, dass ich den ganzen nächsten Tag lächeln musste. Ich war in Addis Abeba, als plötzlich wie aus dem Nichts ein Hund auf mich zukam. Er war relativ groß, mittelbraun und wahrlich kein Fotomodel. Ein verwahrlostes Straßentier. Er kam zu mir und begann, mein Gesicht zu lecken. Aus großen Augen sah er mich an und gab mir zu verstehen, dass er mich gewählt hatte, dass er bei mir leben wollte. Ich empfand in diesem Moment eine solche Liebe für diesen Hund, dass ich keinen Moment daran zweifelte, dass ich ihn aufnehmen würde. Ich umarmte und drückte ihn, und wir wussten beide, dass wir von nun an zusammenblieben.

Am nächsten Morgen rief ich Alessio an, er war gerade auf dem Weg zum Flughafen. Aufgeregt erzählte ich ihm von meinem Traum und sagte: »Ich muss diesen Hund finden! Ich bin sicher, dass es ihn wirklich gibt!«

Alessio schwieg einen Augenblick und sagte dann leise: »Das ist nicht zu fassen, Carola. Es gibt diesen Hund wirklich, ich habe ihn gestern gesehen.«

Was? Ich war völlig baff.

»Ja, ich habe mir ein Haus angeschaut, und plötzlich kam ein brauner, ziemlich verwahrloster Hund durch das Tor in den Garten und wich mir nicht mehr von der Seite. Solomon hat mir dann erzählt, dass der Hund von seinem deutschen Besitzer ausgesetzt wurde, als dieser von Addis Abeba wegversetzt wurde. Seitdem sucht er ein neues Zuhause.«

Es passte alles so perfekt zusammen. Afrika rief mich, mit Alessio schien ich in totaler – auch innerer – Harmonie zu stehen, einen Hund, der mich brauchte, gab es auch schon. Alles hätte so schön werden können. Aber wie sagt Karen Blixen so treffend im Film *Out of Africa*? *The Earth was made round, so that we would not see too far down the road …* Den Hund habe ich übrigens nie gefunden, obwohl ich immer wieder nach ihm Ausschau hielt.

Wenn die große Liebe in Düsseldorf auseinanderbricht, ist das schon schlimm genug. In Afrika ist es eine Tragödie von ungeahnten Ausmaßen. Plötzlich ist der einzige Mensch weg, mit dem du über deine Freuden, deine Sehnsüchte, deine Gedanken und Erlebnisse, mit dem du über all dies reden konntest. Der dich verstand. Er ist einfach weg, denn er redet nicht mehr. Also wurde mein Moleskine zu meinem engsten Vertrauten, mein kleines schwarzes Notizbuch, das durch Weltreisende wie den abenteuerlustigen Bruce Chatwin zu Weltruhm gekommen ist. Seit Jahren trage ich immer einen dieser handlichen Reisegefährten bei mir, beichte ihm mein Leben und vertraue ihm meine innersten Gefühle an. Als Alessio Ende Januar für eine Woche nach Nordäthiopien fuhr und mich in unserem Haus zurückließ, notierte ich: *Wie viel Schmerz kann ein Mensch ertragen? Allein in Addis Abeba, zum ersten Mal. Ich liebe dieses Land, ich liebe diesen Kontinent, aber ich sehe keinen Weg, dies ohne Alessio durchzustehen.*

Immer wieder klammerte ich mich an winzige Hoffnungsschimmer, hielt mich an dem tröstenden Gedanken fest, dass er vielleicht als ein anderer nach Addis Abeba, zu mir, zurückkehren würde. Aber Alessio blieb unnahbar, jedes Mal wenn er durch die Haustür kam, sah ich es in seinen Augen.

Wie ist das, wenn man nichts mehr fühlt? Ich weiß es nicht, denn ich spürte einen solchen Schmerz, einen solch physischen Schmerz, dass ich mehrmals zusammenbrach. Ich lag zusammengerollt wie ein Embryo auf dem Boden und schluchzte. Ich bettelte und flehte. Ich weinte so sehr, dass mir die Luft wegblieb. Ich nahm Valium, wenn der Schmerz zu stark wurde und mein Herz zu explodieren schien. Bitte, bleib bei mir! Ich schaffe das nicht ohne dich!, schrie ich. Manchmal war es mir so, als würde ich mich selbst von außen betrachten, als hätte ich den Kontakt zu meinem Selbst völlig verloren. Ich sah diese hysterische Frau, die auf dem Bett kauerte und scheinbar all ihren Stolz verloren hatte – und ich konnte ihr nicht helfen, erreichte sie nicht. Mein Verstand kämpfte gegen mein Herz. Das Herz war zu schwach, um Widerstand zu leisten, das Gehirn zu leer, um Auswege zu erdenken. Ich fand keinen frohen Gedanken mehr, konnte mir nichts mehr vorstellen, was mich fröhlich gemacht hätte – außer, Alessio zurückzubekommen. All meine Träume bedeuteten plötzlich nichts mehr, sie waren wie weggeblasen, in eine Welt, vor deren Toren ich stand. Aber die Mauern waren zu hoch, das Schloss zu schwer. Ja, es gab Momente, in denen ich mir nur noch wünschte, überhaupt nichts mehr zu spüren. Konnte nicht irgendjemand diese Last von mir nehmen? Oder mir einen Lichtstrahl in dieser Ausweglosigkeit zeigen?

Ach, wie ich mich hasste! Wie sehr ich mich dafür verachtete, zu bitten und zu betteln. Ich klammerte. Ich konnte nicht loslassen. Irgendwo tief in mir keimte schon damals Scham auf für die Schwäche, die ich zeigte. Ich war doch immer stark gewesen! Ich war doch immer meinen Weg gegangen! Und jetzt? Wie konnte ich mit einer solchen Niederlage leben?

Wenn ich von Weinkrämpfen geschüttelt wurde, wenn ich flehte, dann war Alessio da, hielt mich, sagte, er wolle mir nicht wehtun, ich sei doch so wichtig. Der Mensch, der mein Leiden verursacht hatte, der all unsere Träume aus dem Fenster geworfen hatte, tröstete mich. Verkehrte Welt. Ein schlimmes Gefühl.

Und ich? Ich hielt mich an jedem seiner Worte fest. An seinem Mitleid. An seinem schlechten Gewissen, das ihn manchmal Dinge sagen ließ, die er kurz darauf so schnell bereute, wie er sie ausgesprochen hatte.

Heute weiß ich, dass all meine kopflosen, desorientierten

Annäherungsversuche sinnlos waren, von Anfang an. Aber dort, in unserem geliebten Haus am Stadtrand von Addis Abeba mit dem Blick auf den majestätischen Berg, der die Hauptstadt vom Städtchen Debre Zeit trennt, dort schien mir meine Erniedrigung logisch. Ich hätte alles dafür gegeben, dass dieser Mann mich noch einmal mit den gleichen verliebten Augen angesehen hätte, wie am Anfang unserer Beziehung. Was ich nicht verstand oder verstehen wollte, war, dass Alessios Augen erloschen waren. So sehr er sich auch bemühte, sie waren tot.

Vielleicht hatte er sich wirklich entliebt. Vielleicht war er an seiner eigenen Lebenslage verzweifelt. Vielleicht waren es ganz viele Dinge, die auf einmal zusammenkamen, sich vor ihm aufgetürmt hatten und bei einem inneren Erdbeben über ihm zusammengebrochen waren. Heute weiß ich: Seine Depression war ein unschlagbarer Gegner.

Leider kam einige Wochen später zu diesem wirklich ungünstigen Zeitpunkt eine gemeinsame Freundin zu Besuch, die die mittlerweile entstandene kanadische Zweigstelle der NGO betreute. Wir hatten schon länger geplant, ihr in Bahir Dar unser Projekt zu zeigen. Ich nahm meine ganze Kraft zusammen und fuhr entgegen aller Stimmen der Vernunft, die mir dringend davon abrieten, mit.

Am zweiten Morgen war Alessio überraschend gut gelaunt, und wir beschlossen, unseren geliebten Spaziergang am Lake Tana zu unternehmen. Das war bei all unseren Aufenthalten in der Kleinstadt ein Ritual gewesen. Oft waren wir um sechs Uhr morgens aufgestanden, um den Weg ganz für uns allein zu haben. Dann konnten wir Paviane beobachten, majestätische Adler, saftig grünen Papyrus und noch grünere Papageien mit knallorangefarbenen Schnäbeln. Auf halber Strecke kommt man am Tana Hotel vorbei, dessen Garten zwar etwas verwildert, aber gleichzeitig mit das Schönste ist, was Äthiopien für Alessio und mich zu bieten hatte. Oft hatten wir dort auf den halb verfallenen Stühlen gesessen und ein kühles Bier oder ein Frühstück samt Omelette oder Rührei genossen, während Hunderte bunter Vögel in den Bäumen kreischten und Pelikane neben den Fischerbooten auf dem stillen See vorbeizogen.

Alessio nahm mich wie selbstverständlich in den Arm und fragte: »Habe ich dir eigentlich schon mal von Theodros und seinen Kanonen erzählt?«

»Nein. Erzähl!«

Ich versuchte, gute Laune zu verbreiten. Wieder keimte Hoffnung auf.

»Also, Theodros war im 19. Jahrhundert Kaiser von Äthiopien. Irgendwann bekam er immer mehr Ärger und hatte es mit zahlreichen Aufständischen zu tun. Er nahm mehrere Missionare und britische Regierungsangestellte gefangen, was natürlich die Engländer wütend machte. Die unternahmen also einen Feldzug gegen Theodros und marschierten los auf dessen Festung in Magdala, um die Geiseln zu befreien. Der Kaiser hatte zuvor den Missionaren befohlen, Kanonen zur Verteidigung zu bauen. Die hatten aber kein Material dafür und verwendeten alles, was sie finden konnten – unter anderem Kirchenglocken! Es heißt, sie hätten absichtlich Fehler beim Bau der Kanonen gemacht, damit sie im Kampf versagen würden. Und so kam es dann auch: Theodros' Kanonen gaben angeblich keinen Schuss ab, so dass die Briten leichtes Spiel hatten. Der Kaiser hat sich dann selbst umgebracht, weil er nicht in die Hände der Briten fallen wollte. In Addis steht noch heute eine dieser Glockenkanonen als Denkmal, da sind wir schon oft dran vorbeigefahren.«

»Äthiopische Kriegsführung vom Feinsten, was?!«, sagte ich, und wir brachen beide in schallendes Gelächter aus.

Das Leben schien wieder leicht, Zuversicht schwelte in mir, als wir auf den See blickten, ganz so, wie wir es immer getan hatten bei all unseren Trips nach Bahir Dar.

»Vielleicht wird ja doch noch alles gut«, sagte Alessio

plötzlich, lud mich auf einen Drink in ein kleines Café am Wegesrand ein und hielt meine Hand.

Ich blickte ihn an. »Ich bin sicher, dass alles gut werden wird. Gib uns noch eine Chance! Wir haben uns so viel aufgebaut, und wir könnten ein so tolles Leben haben hier in Äthiopien«, erwiderte ich und versuchte dabei fröhlich und optimistisch zu wirken.

Als wir eine Stunde später Steph zum Frühstück trafen, hatte er seine Worte anscheinend schon wieder vergessen. Er war wieder kühl und behandelte mich mit einer Gleichgültigkeit, die mich zerriss. Dieses ewige Auf und Ab seiner Gemütslage machte mich schlichtweg fertig.

Am späten Abend traf ich eine Entscheidung: Ich musste weg. Es war falsch gewesen, diese Reise zu unternehmen. Kurz entschlossen buchte ich meinen Flug um und machte mich auf den Heimweg nach Addis. Es war besser, allein zu sein, als weiter zwischen liebevollen Umarmungen und totaler Ablehnung nach einer Antwort in Alessios Gesicht zu suchen. Ich fühlte mich wie eine dieser Kanonen des Kaisers: kaputt und unnütz.

Zwei Tage später rief Alessio mich an und berichtete mir, er sei auf dem Weg zu einem Treffen gestürzt und mit dem Kopf auf einen Stein gefallen. Seitdem leide er unter Schwindel und heftigen Kopfschmerzen, so dass er nun ebenfalls früher als geplant zurückkommen werde.

Die Container-Affäre

Solomon packte mich am Arm. »Bleib ruhig!«, raunte er mir zu.

Ich zitterte vor Wut am ganzen Körper und stand in Angriffsposition vor einem hämisch lächelnden Zollbeamten. Er hielt triumphierend mein Raclettegerät in die Höhe, als habe er zehn Kilo Drogen aufgespürt.

»Was ist das?«, schnauzte er mich an.

Der kam mir gerade recht. Nach all dem, was mir in den vergangenen Wochen widerfahren war.

Ich versuchte trotzdem, mich zusammenzureißen und sagte mit leicht arrogantem Unterton: »Kennen Sie Raclette?«

Der Jüngling in dreckiger Jeans und rotem Hemd schüttelte den Kopf.

»Sehen Sie, ich könnte jetzt bis heute Abend versuchen, Ihnen zu erklären, was das für ein Gerät ist, aber es würde nichts bringen. Nur so viel: Das Ding ist ein Haushaltsgerät und gehört in die Küche.«

Er sah mich trotzig an und packte den bordeauxroten Käseschmelzer wieder in den Karton.

»Warum haben Sie zwei Wandspiegel?«, wollte er als Nächstes wissen. »Warum besitzen Sie zwei Fahrräder? Und was machen Sie mit zehn Bildern? Wollen Sie das alles etwa hier in Äthiopien verkaufen?«

Ich fühlte mich wie eine Schwerkriminelle und gleichzeitig diesen Beamten hilflos ausgeliefert, als sie meine für viel Geld in Sydney erworbenen Aborigine-Gemälde aus der Verpackung rissen. Dass FRAGILE – zerbrechlich – vorne draufstand, schien sie nicht im Geringsten zu interessieren.

Wir hatten Pech gehabt. Nachdem unser Container nach fünf Monaten endlich in Addis Abeba stand und zur Inspektion freigegeben worden war, hatte man uns zwei blutjunge Zollbeamte zugeteilt. Es war ihre erste Inspektion. Wohl deshalb wollten sie alles besonders gründlich machen.

Aber ich werde die Geschichte von Beginn an erzählen.

Eigentlich hatte es schon in Rom angefangen. Lange überlegten wir, ob wir tatsächlich all unsere Habseligkeiten mit ans Horn von Afrika nehmen sollten. Aber wir waren so glücklich und gespannt, hatten das Gefühl, die Zukunft läge offen vor uns. Und letztlich wussten wir ja nicht, ob Äthiopien vielleicht unser Schicksal war und wir viele Jahre oder sogar für immer bleiben würden. Alles schien möglich. Und ein echter Schnitt, ein spürbarer Abschied von Rom sollte her. Deshalb entschieden wir uns, mit sämtlichem Hab und Gut die Reise anzutreten. Nachdem wir die Preise mehrerer Transportunternehmen verglichen hatten, entschieden wir uns für die Firma eines jungen Italieners namens Gianluca. Er wirkte vertrauenerweckend und schien uns auch finanziell nicht über den Tisch ziehen zu wollen.

Am vereinbarten Tag klingelte er pünktlich an unserer Wohnungstür, drei kräftige Arbeiter im Schlepptau. Die Verpackungsaktion dauerte insgesamt zwei Tage. Ich war aufgeregt, ja manchmal richtig nervös. Jetzt wurde es ernst.

Und als das geliebte Appartement in Trastevere sich mehr und mehr leerte, bekam ich zeitweise Angst vor meiner eigenen Courage. Am Ende des ersten Tages saßen Alessio und ich abends zwischen den bis zur Decke getürmten Kisten auf dem Wohnzimmerboden. Nur das Bett im Schlafzimmer war noch übrig, für die letzte Nacht in der Ewigen Stadt.

Am nächsten Tag fuhr am späten Nachmittag der Container mit all unseren Besitztümern in Richtung Neapel davon. Als Letztes hatte ich noch acht Kisten italienisches Mineralwasser hineinladen lassen – trotz der Warnung Gianlucas, das würde nach ein paar Wochen auf See und bei 40 Grad in Dschibuti sicher etwas fade schmecken. Aber ich liebe dieses ganz leicht und natürlich prickelnde italienische Wasser einfach. In Äthiopien ist Wasser entweder still oder extrem stark mit Kohlensäure versetzt. Beides törnt mich nicht besonders an. Warum ich das erzähle? Weil dieses italienische Wässerchen mich während der ganzen Container-Affäre aufrechterhalten und mir Kraft und Heimatgefühl schenken sollte.

Manchmal sind es die ganz kleinen Dinge im Leben, die uns stark machen, wenn wir uns entwurzelt und hilflos fühlen.

Aber zurück nach Kaliti, dem Standort unseres Containers. In meinem naiven Optimismus hatte ich geglaubt, nachdem wir die Zollgebühren für Computer, Motorrad und Fernseher bezahlt hatten und der Container per LKW endlich von Dschibuti nach Addis Abeba gebracht wurde, sei das Schlimmste überstanden. Ich hatte mich getäuscht. Hier fing der bürokratische Ärger erst an.

Hinzu kam, dass ich nun wirklich ganz allein war. Verzweifelt und einsam stand ich da, Alessio hatte mich einfach im Stich gelassen. Nach dem Sturz in Bahir Dar fand er keine Ruhe. Der Schwindel hielt an, obwohl eingehende Untersuchungen in Addis Abeba lediglich auf eine Gehirnerschütterung hinzudeuten schienen. Alessio packte dennoch die Gelegenheit beim Schopf und machte sich davon. Untersuchungen in Europa seien nötig, außerdem wolle er seine Eltern besuchen, hatte er mir kurz und bündig mitgeteilt.

»Aber der Container kommt doch! Bitte bleib und hilf mir«, versuchte ich ihn noch am Morgen seiner Abreise umzustimmen. Wir standen gerade in der Küche, draußen zwitscherten kanarienbunte Vögel. »Du willst doch so gerne Afrikaner sein und dazugehören, glaubst du, die Äthiopier können nach Italien fliegen, wenn sie sich verletzen?«

Er grinste mich mit einer Bösartigkeit an, die ich noch nie an ihm gesehen hatte.

»Get a life!«, rief er, drehte sich um – und ging.

Ich spürte, wie meine Beine nachgaben, und rutschte vor dem Herd auf die Knie. Wie lange ich dort saß und weinte, weiß ich nicht.

Alessio flog also davon in Richtung Rom, Zeitpunkt der Rückkehr: unbekannt. Es stellte sich heraus, dass er tatsächlich nur eine Gehirnerschütterung davongetragen hatte. Er blieb dennoch allen Problemen fast zwei Monate lang fern.

Ich war auf mich selbst gestellt. In Afrika, zudem in Äthiopien. So war das nicht geplant. Aber einfach weglaufen? Oh, ich habe immer wieder daran gedacht. Aber durch die Entfernung zu Alessio fasste ich auch endlich wieder etwas klarere Gedanken.

Das Ende unserer Beziehung war für mich schon eine Riesenniederlage, deshalb den Traum Afrika aufzugeben wäre einem psychologischen Desaster gleichgekommen. Davon hätte ich mich lange, vielleicht nie mehr erholt. Gleichzeitig begann Äthiopien zu diesem Zeitpunkt aber, seinen Reiz für mich zu verlieren. Das Land machte es mir so schwer! Warum? Warum wollte mich Äthiopien nicht? Und: Wäre ich mit Alessio in Italien geblieben, hätte ich mir das Beziehungschaos erspart? Müßige Fragen.

Ich bin ein gläubiger Mensch. Ich glaube, dass ein Sinn hinter all unseren Freuden und Leiden steht, ich glaube, dass wir auf der Welt sind, um nach Glück zu streben, ich glaube an Worte wie Schicksal und Wunder.

Immer, wenn ich in meinen Tagebüchern und Aufzeichnungen der vergangenen Jahre blättere, dann erkenne ich eine Linie. Eine Art Lebenslinie, die mich überrascht. Wie unwissend wir in der Gegenwart sind und wie wissend, wenn wir von der Gegenwart auf die Vergangenheit zurückblicken! Was dazwischenliegt, scheint vorgeschrieben in einem Buch, dessen Ende wir nicht kennen. Dessen Verlauf und Ende wir aber beeinflussen können durch unsere Taten, durch unser ganzes Sein – und dadurch, dass wir uns öffnen und Gott zuhören, wenn er mit uns spricht.

Mein Lebensbuch war eine Zeitlang ins Stocken geraten. Es war, als würde ich immer und immer wieder die gleiche traurige Seite lesen. Irgendwann schaute ich hinauf in den blauen äthiopischen Himmel und öffnete mich für die Stärke, die plötzlich von oben wie Tauwasser auf mich herabzurieseln schien. Das mag sich seltsam und kitschig anhören. Aber ich bin ein sehr emotionaler Mensch, der ständig von Fragen durchbohrt wird. Ich versuche, das

Leben zu verstehen, im Einklang mit ihm zu leben und alle Chancen zu nutzen, die Gott mir vor die Füße wirft. Bisher bin ich damit immer gut gefahren. Manche meiner Freunde und Bekannten meinen, ich hätte einfach immer Glück. Ich glaube eher, dass ich in wichtigen Momenten die Ohren gespitzt und zugehört habe, wenn gerade Wichtiges gesagt wurde. Dann werde ich absolut kompromisslos und gehe meinen Weg, egal, was andere denken. Gott und ich haben einen Pakt: Er sagt mir, wo es langgeht – und ich folge.

Wenn irgendwann gar nichts mehr geht, wenn ich verzweifelt und allein bin, dann schaue ich zum Himmel. Aber erst, wenn ich mich stark genug fühle, einen neuen Weg zu begehen und – wenn auch zaghaft – wieder Ziele zu verfolgen. Dann entschuldige mich dafür, dass ich so lange dafür gebraucht habe, um Hilfe zu bitten – und bin nicht mehr allein, spüre, wie ER da ist und mich mit seiner Liebe durchdringt.

Mir wurde damals immer mehr bewusst, dass ich einen Ausgleich für den Verlust Alessios finden musste. Etwas, das mich so sehr ausfüllte, dass ich ihn nicht mehr brauchen und irgendwann nicht mehr vermissen würde. Irgendetwas, auf das ich stolz sein könnte. WEGLAUFEN? Nein! So bin ich nicht, das konnte mein Weg nicht sein.

Aber zuerst musste ich meine Möbel durch den Zoll bekommen. Glücklicherweise erwiesen sich meine NGO-Kollegen Solomon, Hana und Blen als äußerst hilfsbereit und taten wirklich alles, um möglichst viel Last – zumindest in puncto Container – von mir zu nehmen.

Es war ein Tag im März, ein strahlender, heißer Tag, als ich endlich, nachdem der ganze Papierkram erledigt war, vor dem hellbraunen Monstrum stand. Das äthiopische Partnerunternehmen des italienischen Tansporteurs hatte mir versichert, dass von nun an alles einfach sei. Ein Inspekteur werde wahllos drei bis vier unserer Kisten aufmachen, den Inhalt mit den Transportpapieren aus Rom vergleichen und – sollten dabei keine Unstimmigkeiten auftreten – den Container freigeben.

Schön wär's gewesen.

Die knapp zwanzigjährigen Zollbeamten ließen gleich von Beginn an verlauten, dass sie *alle* Kisten, *alle* Möbel, *alle* hundertsechsundsiebzig Stücke im Container einzeln inspizieren würden. Die Aktion glich der puren Schikane.

»Warum tun die das? Warum macht es uns dieses Land so schwer, hier zu leben?«, wandte ich mich verzweifelt an Solomon.

Er stand schwitzend in einem dunklen Jackett neben mir und lockerte sich die Krawatte.

»Ich weiß es nicht, aber bleib ruhig und freundlich, sonst endet das hier ganz übel«, flüsterte er mir zu.

Da war sie wieder, diese afrikanische Tugend, Energien zu sparen und sich gelassen in Dinge zu fügen, die unabwendbar sind.

Auf einmal sah ich die italienischen Wasserflaschen. Ich schnappte mir eine von ihnen, erntete auch dafür böse Blicke der Beamten, schaffte es aber, mich in eine ruhige, schattige Ecke zurückzuziehen. Die Plastikflasche fühlte sich überraschend kühl an. Langsam drehte ich den Verschluss ab, es zischte ganz leise. Ha! Selbst Dschibuti hatte das europäische Wässerchen nicht zerstören können. Ich betrachtete die Aufschrift »Gaudianello«, und ein vertrautes Gefühl überkam mich. Behutsam begann ich zu trinken. Jeder Tropfen, der meinen Gaumen kitzelte, erschien mir wie heiliges Wasser. *Mein* heiliges Wasser, das mich innerlich heilte. Was wussten die hier schon von mir, von Italien, von den Jahren des Glücks und den Sommern am Mittelmeer mit Gaudianello und Frascatiwein? Das Wasser und ich, wir waren wie zwei Verbündete, die unverwüstlich eine gemeinsame Vergangenheit teilten, ein Geheimnis, das ich Äthiopien niemals offenbaren würde.

Das Gehirn spielt uns manchmal seltsame Streiche, es spielt seinen eigenen Film ab, um uns in den schlimmsten Momenten zu retten. Alessio war fort, die große Liebe schien gescheitert, ich fand mich allein in einem fernen Land wieder, in dem nun unbarmherzige Zollbeamte meine Privatsphäre verletzten. Und hatte nur noch mein heiliges Wasser, das Einzige, was in diesem Moment noch mir gehörte und mich daran erinnerte, wer ich war.

Nach vier Stunden war die Prozedur beendet. Fürs Erste. Zwei meiner teuren Rotweingläser und viel anderes Geschirr waren dabei zu Bruch gegangen, nur notdürftig wiederverpackt hatten die Folterer und ihre Knechte meine Besitztümer wieder im Container verstaut.

Zwei Tage später meldeten wir uns beim äthiopischen Transporteur.

»Gibt es Neuigkeiten? Wann wird der Container geliefert?«

»So schnell geht das nicht, es gibt ein paar Probleme …«, druckste der für uns zuständige junge Mann namens Fekadu.

»Die beiden Zollbeamten hätten euren Container nicht inspizieren dürfen, sie waren zu jung und unerfahren.«

Schweigen.

»Und was jetzt?« Ich versuchte Haltung zu bewahren.

»Jetzt muss die gesamte Inspektion noch mal von einem erfahrenen Beamten durchgeführt werden.«

Schweigen.

In meinem Kopf rasten die Gedanken wild durcheinander, die Erinnerungen an die vier grauenhaften Stunden und die zerbrochenen Gläser mischten sich mit Wut und Resignation.

Nach einer Weile sagte ich: »Das kommt nicht in Frage. Ich werde das nicht noch mal durchmachen. Dann sollen sie den Container in Kaliti behalten, bis Alessio zurückkommt, ich habe genug.«

Solomon versuchte, mich zu beruhigen. Ach, Solomon, du bist ein guter Mensch, immer auf der Suche nach salomonischen Lösungen. Aber diesmal blieb ich standhaft.

»Fekadu«, setzte ich an, »wenn es Unstimmigkeiten wegen einzelner Teile im Container gibt, dann können wir die herausholen und darüber diskutieren, aber es werden nicht noch einmal alle Kisten geöffnet.«

»O.k., ich werde mit dem Zoll sprechen«, stimmte er schließlich zu.

Am nächsten Tag rief er zurück.

»O.k., sie wollen das Motorrad, die Brotbackmaschine, den Computer und den digitalen Fotorahmen noch einmal inspizieren.«

Also fuhren wir wieder nach Kaliti, diesmal hatte Solomon keine Zeit. Unsere Buchführerin Hana und unsere Sekretärin Blen begleiteten mich. Die beiden Mädels sind bezaubernd und versuchten, möglichst viel Last von mir zu nehmen. Nach zwei Stunden eingehender Suche hatten wir die besagten Gegenstände endlich gefunden.

Ein streng dreinblickender Inspekteur notierte sich die Seriennummern, wurde jedoch bei der schweren BMW-Maschine nicht fündig.

»Wo ist die Seriennummer?«, schnauzte er mich an.

»Keine Ahnung, das ist nicht mein Motorrad, sondern das von meinem Partner«, entgegnete ich ärgerlich.

Also wurde ein Mechaniker gerufen, der eine halbe Stunde später über den weiten Platz angeschlendert kam. Nach einer weiteren Stunde und vielen Verrenkungen hielt er schließlich triumphierend eine Nummer in den Händen. Der Inspekteur zog davon. Die Arbeiter räumten alles wieder in den Container und schlossen ihn ab. Ich blieb ratlos zurück. Der Mechaniker sprach unterdessen mit Hana und Blen, die sich skeptisch zu mir umdrehten.

»Was denn jetzt?«, fragte ich.

»Er will 400 Birr haben.«

»Wofür?«

»Weil er die Seriennummer gefunden hat.«

»Ist das ein Scherz?«

»Nein.«

»Der sieht von mir keinen Pfennig, wenn der Zoll nicht in der Lage ist, seine Arbeit zu tun, dann ist das nicht mein Problem.«

Hana schaute mich an. »Die Packer, die das Motorrad rausgeholt haben, wollen auch Geld haben.«

Ich raste vor Zorn. Dann bedeutete ich Hana und Blen, mir zu folgen. Mit schnellen, entschiedenen Schritten marschierte ich an den Hunderten Containern vorbei Richtung

Parkplatz, Hunderte Geschichten, Hunderte Schicksale, Hunderte Schikanen wahrscheinlich. Die Packer und der Mechaniker folgten uns und quatschten ununterbrochen auf meine beiden Begleiterinnen ein, die – wie die Äthiopier nun mal sind – immer noch freundlich und mit sanftem Ton die Situation zu retten versuchten. Ohne mich noch einmal umzudrehen stieg ich ins Auto, und wir brausten davon.

Am nächsten Tag klingelte das Telefon.

»Fekadu hier. Du musst nach Kaliti kommen.«

»Was ist denn jetzt schon wieder los?«

»Die haben die Seriennummer von eurem Motorrad irgendwie falsch aufgeschrieben, sie wollen es noch mal sehen. Außerdem gibt es Probleme wegen der Waschmaschine. Die wollen sie auch sehen und Zoll dafür kassieren.«

Ich ließ mich in den Bürostuhl fallen. Es war, als würde der Boden unter mir wegbrechen.

»Solomon …« Ich sah den rundlichen Äthiopier hilfesuchend an.

»Es nutzt nichts, komm wir fahren.« Er rückte sich nervös die Brille zurecht.

Und so geschah es. Kaliti, die Dritte.

Wieder wurde die BMW-Maschine herausgerollt, wieder wurde der Mechaniker herbeigerufen, dann ging es auf die Suche nach der Waschmaschine, die in der hintersten Ecke des Containers kauerte. Um an sie heranzukommen, mussten noch einmal fast alle unsere Besitztümer vor dem Container aufgestapelt werden. Ich hielt mich an einer frischen Flasche Gaudianello fest. Am Ende, nach gut zwei Stunden, wieder das gleiche Spiel: Der Mechaniker fragte nach Geld für seine Dienste, und die Packer ließen ebenfalls nicht locker. Schließlich gab Solomon – gegen meinen Willen – nach und drückte den Männern 200 Birr in die Hand. Wir warteten eine Stunde, dann zahlten wir in der Bank den Preis, den die Beamten uns für das Motorrad, die Brotbackmaschine, die Waschmaschine und alle anderen Güter, die wir laut Gesetz kostenlos hätten ins Land bringen dürfen, genannt hatten.

Wie jedes Mal, wenn wir mit Solomons altem Toyota Corolla von dem Platz wegfuhren, keimte Hoffnung in mir auf. Es war Mittwoch.

»Meinst du, bis zum Wochenende habe ich die Sachen zu Hause?«, fragte ich vorsichtig.

Solomon lächelte, ein fast verzweifeltes, trauriges Lächeln.

»Hoffen können wir ja. Aber ich habe eben kurz mit Fekadu gesprochen. Wenn der Container aus dem Zoll ist, müssen wir noch mit ihm verhandeln.«

»Worüber denn?«

»Er sagte, wir seien seiner Firma noch das Geld für die Lagerung des Containers in Dschibuti schuldig, ebenso für die Lagerung in Kaliti.«

Jetzt platzte mir der Kragen.

»Das ist doch nicht unsere Schuld, dass das alles so lange gedauert hat!«

»Willst du den Container?«, fragte Solomon. »Dann haben wir keine Wahl.«

Solomon dachte stets rational, und er kannte Äthiopien viel besser als ich.

»Meinst du wirklich, ich muss das bezahlen?«, hakte ich dennoch nach.

Er nickte stumm. Ich sah aus dem Fenster und ließ Addis samt seiner Ziegenherden, Wellblechhütten und großen Alleen an mir vorbeiziehen, während mir der warme Wind das Haar zerzauste.

30000 Birr, fast 3000 US-Dollar, wollte das Transportunternehmen haben, um mir den Container zu geben. Ich rief wutentbrannt Gianluca in Italien an. Der teilte mir nur mit, dass seine Firma die Hälfte davon übernehmen werde, aber den Rest müsste ich selbst bezahlen. Was blieb mir übrig? Ich fügte mich, auch wenn dies ein großes Loch in meine Äthiopien-Kasse schlug.

Der letzte Hammer – wenn auch vergleichsweise ein kleiner – sollte jedoch erst noch kommen. Alessio hatte Solomon beim Justizministerium eine Vollmacht erteilt, die es ihm erlaubte, in seiner Abwesenheit alles für ihn zu unterschreiben. Nur: Der äthiopische Zoll wollte das Schreiben nicht anerkennen. Ich war so nah am Ziel – und dann das! Plötzlich blickte mich der Zollbeamte hinter seinem kleinen, hölzernen Schreibtisch aus dunklen Augen an.

»Was ist denn mit der da?«, wollte er von Solomon wissen. »Die ist ja auch *ferenji*.«

Dann bedeutete er uns, nah an seinen Tisch heranzutreten. Im Flüsterton meinte er: »Für 500 Birr akzeptiere ich ihre Unterschrift.«

Alles egal, jetzt war alles egal. Ich fuchtelte in meiner Tasche herum, zog fünf 100-Birr-Scheine heraus und reichte sie ihm unter dem Tisch.

»O.k.! Bitte hier unterschreiben«, säuselte er plötzlich ganz freundlich. Und das tat ich.

»Money talks«, brachte es Kaylois abends auf den Punkt,

als ich ihr bei einem Gin Tonic im Hilton von dem Abenteuer in Kaliti erzählte.

Korruption ist in Äthiopien an der Tagesordnung und als völlig normale Zahlungsmethode anerkannt. Auch Fekadu wollte für seine »guten Dienste« noch ein paar Scheinchen haben – aber immerhin: Zwei Tage später stand ein riesiger Lastwagen mit dem Container vor meiner Haustür.

Und da schickte ich noch einmal ein Stoßgebet zum Himmel.

Hinter Gittern

Es war ein sonniger Morgen Ende April, als ich nach einem kurzen Trip nach Berlin, wo ich mich mit meinem Chef getroffen hatte, und vier verweinten Abenden bei meiner besten Freundin in Rom, wieder auf dem Bole Airport landete. Ich unterhielt mich an der Visa-Ausgabe mit einer netten Amerikanerin, die zum ersten Mal nach Äthiopien kam, stellte mich dann in die Endlosschlange zur Passkontrolle an und war gespannt und nervös. Wie würde das Wiedersehen mit Alessio sein? Er war seit ein paar Tagen zurück von seiner Europa-Auszeit und hatte mir zudem bei einem Telefonat mitgeteilt, er habe in Mailand eine Beziehung mit einer alten Schulfreundin angefangen. Das brach mein Herz ein zweites Mal. Wie konnte er mir das antun? Hatte er nicht schon genug angerichtet? Das alles passte so gar nicht zu ihm. In welchem Winkel der Welt versteckte sich bloß der Mann, der liebevolle Mann, den ich einmal gekannt hatte und dem Treue über alles ging?

Aber nun war er hier, allein, und ich wollte ihn zur Rede stellen. Hatte mir einen Diskurs parat gelegt, den er so schnell nicht vergessen sollte. Mit gemischten Gefühlen war ich aus dem Flugzeug gestiegen, wohl wissend, dass er mich abholen würde und die Konfrontation etwas heftig werden könnte.

Aber ich wusste auch, dass die Löwin in mir jetzt erst recht erwacht war und ich um Alessio kämpfen würde. Mit *mir* war er nach Afrika gegangen – und dieses Mailänder Miststück würde es niemals schaffen, in meinen Fußspuren zu wandeln. Ich fragte mich immer wieder, wie eine Frau so etwas tun konnte: zu wissen, dass ein Mann mit seiner langjährigen Freundin einen Traum gehegt hat, dass er mit ihr zusammen nach Afrika gegangen ist, und das erst wenige Monate zuvor, und dennoch alles zu tun, um ihn für sich zu gewinnen. Erkannte sie denn nicht, welch große Probleme er offenbar hatte? Wie sehr er noch zwischen den Stühlen saß? Welche Zukunft hätte sie denn mit ihm aufbauen können? Ich wäre mir klein und mies vorgekommen, auf diese Weise in das Leben zweier Menschen einzudringen, die ganz offensichtlich noch nicht miteinander abgeschlossen hatten. Die noch mitten in ihrem großen Abenteuer steckten und nicht wussten, wohin das Schicksal sie letztlich führen würde. Und welche Perspektive hätte Alessio denn mit ihr gehabt? Niemals wäre sie nach Äthiopien gezogen, das wusste er auch.

Ich musste an einen Satz denken, den ein Manager aus Südafrika einige Wochen zuvor auf einer Party zu mir gesagt hatte: »*Africa is not for sissies*«, hatte er schmunzelnd erklärt und hinzugefügt, dass ich stolz auf mich sein könne, denn der schwarze Kontinent sei kein einfaches Pflaster für das weibliche Geschlecht. Er hatte recht. Zimperlich war ich schon lange nicht mehr, die Grenzen dessen, was ich ertragen konnte, waren mittlerweile weit gesteckt.

Ich hatte also beschlossen, zu kämpfen und Alessio klarzumachen, dass wir füreinander bestimmt waren. Er würde es endlich begreifen. Wie dämlich, wie unendlich naiv. Aber ich war verletzt, und Frauen reagieren manchmal sehr irrational, wenn sie verletzt werden. Die Situation war konfus, verfahren, schwierig. Ich war ebenfalls konfus und meine Nerven zum Zerreißen gespannt.

Nichts schien jedoch auf das hinzudeuten, was dann folgen sollte.

Es waren gerade noch drei Passagiere vor mir, als mein Handy klingelte. »*Alessio is calling*« blinkte in der Anzeige.

Um die Stimmung nicht direkt zu verderben, säuselte ich: »Darling, ich bin da! Alles pünktlich.«

Betretenes Schweigen am anderen Ende der Leitung. Irgendetwas stimmte nicht.

»Hallo?«, hakte ich nach.

»Hör mir bitte ganz genau zu«, sagte Alessio ernst. »Ich hatte einen schweren Unfall auf dem Weg zum Flughafen.«

Mir fiel fast das Handy aus der Hand, aber dann sagte ich mir, solange er sprechen kann, wird es schon nicht ganz so schlimm sein.

»Bist du verletzt?«, fragte ich leicht panisch.

»Nein, mir geht es gut. Aber ich bin frontal mit einem Minibus zusammengestoßen, der sich überschlagen hat. Da scheint aber auch keiner ernstlich verletzt zu sein.«

Ich atmete auf.

»Totalschaden?«, hakte ich nach.

»Keine Ahnung, aber das ist auch nicht das Schlimmste.«

Was denn noch?

»Ich hatte ein bisschen Marihuana in der Tasche und habe es nach dem Unfall aus dem Fenster geworfen. Die Polizei hat es gefunden, und jetzt wollen sie mich festnehmen.«

Waaaaaas??? Meine Gedanken wirbelten durcheinander. »Alessio, das kann doch nicht wahr sein! Bist du immer noch auf dem Marihuana-Trip? Und dann nimmst du das Zeug auch noch im Auto mit? Wir sind in Afrika, nicht in Amsterdam!«

»Ich weiß, das war total blöd«, sagte er kleinlaut. »Ich war heute Morgen so nervös, dass ich schon früh geraucht habe, und dann habe ich meinen Rucksack genommen und vergessen, dass ich da ein kleines Päckchen drinhatte. Das ist mir erst wieder eingefallen, als der Unfall passiert ist.«

Ich versuchte, mich zu fassen und klar zu denken, was mir nicht recht gelingen wollte.

»Was passiert gerade?«

»Ich bin von Polizisten mit Gewehren umgeben.«

Stille. Ach du liebe Zeit.

»Ist Solomon bei dir?«, wollte ich wissen.

»Ja, er ist eben gekommen und versucht, mit dem Polizeichef zu reden.«

Ich gebe zu, ich schwankte etwas zwischen dem wohltuenden Gefühl, gerade irgendwie in der stärkeren Position zu sein, und der Angst um den Mann, mit dem ich die letzten fünf Jahre meines Lebens verbracht hatte. Das Gute in mir gewann die Oberhand, und ich versuchte, ihm Mut zu machen. Dann legte ich auf und rief Solomons Frau an.

»Brooke, hast du gehört, was passiert ist?«, rief ich ins Telefon.

»Ja, es ist schlimm. Ich bin auf dem Weg zum Flughafen, um dich abzuholen«, sagte sie mit gereiztem Unterton.

Erst da fiel mir wieder ein, dass das Auto, in dem Alessio unterwegs war, Solomon gehörte. Auch das noch.

Auf dem Parkplatz fielen die patente, normalerweise stets gut gelaunte Brooke und ich uns in die Arme, dann stiegen wir ins Auto.

»Wir werden gleich an der Unfallstelle vorbeikommen, aber ich kann und will nicht anhalten. Die Polizei soll dich besser nicht sehen, sonst denken die noch, du hättest was mit der Sache zu tun.«

»Ach Brooke, was wird denn jetzt geschehen?«

Sie zuckte mit den Schultern und machte aus ihrer Wut auf Alessio keinen Hehl. Brooke kennt sich aus in der Welt, war lange mit Solomon in den USA gewesen, wo auch zwei ihrer drei Kinder lebten, und reiste oft nach London, wo sie Verwandte hatte.

»Weiß er denn nicht, dass er sich in Afrika befindet, wo die Gesetze anders sind als in Europa? Wie konnte er so leichtsinnig sein?«

Ich schwieg. Nach ein paar Minuten sagte ich: »Er hat wohl gedacht, als Ausländer mit italienischem Pass, und als Gründer einer NGO, sei er unantastbar. Aber ich verstehe das alles nicht. Wie kann man so dumm sein?« Brooke tätschelte teilnahmsvoll meinen Oberschenkel.

Dann kamen wir am Ort des Geschehens vorbei. Mit hängenden Schultern sah ich Alessio neben dem verbeulten Nissan am Straßenrand stehen, umzingelt von böse dreinblickenden Ordnungshütern.

In diesem Moment lief unser gemeinsames Leben wie ein Film vor mir ab. Der Tag, als wir uns in Rom kennengelernt hatten. Unser erstes Date, unser Picknick in der Villa Borghese, die Wochenenden in London, an der Amalfiküste, in Venedig. Unsere Reisen, wie wir verspielt am weißen Strand von Praslin auf den Seychellen saßen, wie er mir die Angst vor tiefem Wasser genommen hatte und beim ersten Schnorcheln behutsam meine Hand hielt, unsere Bootstour auf Borneo. Das Lachen, das so oft unsere Wohnung erfüllt hatte, und wie er es stets schaffte, selbst Alltäglichkeiten besonders und speziell zu machen. Unsere gemütlichen Weihnachtsfeiern vor dem liebevoll geschmückten Baum, die romantischen Abendessen, die langen Gespräche bei Cappuccino und Weißwein in unserem Lieblingscafé in Trastevere. Und dann unser Traum, unser Aufbruch, unsere Ankunft, das Ende unserer Liebe, der Herzschmerz, die Eifersucht – und jetzt das? Ich war gekränkt, wütend, verstört, nervös und kreidebleich.

»Wir fahren jetzt erst einmal zu mir und trinken in Ruhe einen Tee«, riss mich Brooke aus diesem Strudel der Erinnerungen und strich sich die dunklen Locken aus der Stirn.

Sie musste wohl meine Gefühlsnot erkannt haben. Ihre Ruhe erstaunte mich. Sie tat einfach, was zu tun war. Und ich war froh, mich fallenlassen zu können und nicht selbst denken und handeln zu müssen.

Am Nachmittag rief Solomon mich an. »Sie haben ihn mit zum Verhör auf die Polizeiwache genommen, aber mach dir keine Sorgen, das ist bestimmt alles nicht so schlimm. Das war wirklich eine winzige Menge, und vielleicht kommt er noch heute Abend nach Hause.«

Er sollte sich täuschen. Der Nachmittag verging, der Abend kam, dann die Nacht. Schon vor Stunden hatten sie Alessios Handy beschlagnahmt, so dass ich ihn nun nicht einmal mehr erreichen konnte. Ich fiel in einen unruhigen Schlaf.

Am nächsten Morgen stand Solomon schon früh vor meiner Tür. »Komm, wir können ihn jetzt besuchen«, sagte er leise. »Ich habe zudem einen Freund eingeschaltet, der gute Beziehungen zur Polizei hat und vielleicht helfen kann.«

Im Auto wurde der ansonsten so stille Solomon etwas lauter. »Wusstest du davon?«, wollte er wissen.

Ja, ich hatte oft versucht, Alessio verständlich zu machen, dass Gras keine Lösung für unsere Probleme ist. Und Äthiopien kein gutes Pflaster, um mit Drogen erwischt zu werden.

»Warum hast du mir nie davon erzählt? Sei's drum. Aufregen können wir uns später, jetzt braucht Alessio unsere Hilfe. Ein äthiopisches Gefängnis ist kein Spaß, glaub mir. Ich kenne viele, die schon mal drin waren und diese Erfahrung nicht noch einmal machen wollen«, sagte er, nun wieder etwas ruhiger.

Ich hatte auch schon Geschichten davon gehört. Geschichten von Menschen, die ohne ersichtlichen Grund verhaftet worden waren und tage-, manchmal wochenlang in kleinen Zellen verbracht hatten. Eingesperrt zu Dutzenden, mit so wenig Platz, dass sie sich nicht einmal nachts ausstrecken konnten. Und in diesem Albtraum sollte sich jetzt Alessio befinden?

Nach zwanzig Minuten kamen wir an der lokalen Polizeistation an. Immerhin, die Aufseher und Polizisten hier waren freundlich, untersuchten kurz meine Tasche und ließen uns dann ein. Ein staubiger kleiner Platz lag vor mir, ein paar Gebäude, überall Polizei.

»Da hinten, geht da rüber!«, forderte uns ein Beamter auf.

Hinter einem rechteckigen Zementbau sollten wir warten. Dann sah ich ihn. Oder besser: Ich sah sie beide. Alessio war mit Handschellen an einen anderen Kriminellen gefesselt. Das Bild war so unwirklich, dass ich hoffte, jeden Moment aus diesem schlechten Traum zu erwachen. Wir umarmten uns kurz, was wegen der Fesseln etwas mühselig war, und er bemühte sich zu lächeln.

»Tja, das ist ein Wiedersehen, damit hättest du nicht gerechnet, was?!«, versuchte er die Situation aufzulockern.

Ich starrte ihn an und fragte dann: »Geht es dir gut?«

»Ja, aber es war eine schlimme Nacht. Wir waren dreißig Leute in einer winzigen Zelle ohne Fenster und Licht.«

Ich versuchte, das alles zu begreifen, es mir bildlich vorzustellen, aber es wollte mir nicht gelingen. Ich drückte ihm zwei Croissants, Wasser und eine Schachtel Zigaretten in die Hand. Denn in äthiopischen Gefängnissen bekommen die Insassen vom Staat überhaupt nichts, kein Essen, keine Matratze, nicht einmal eine halbwegs ordentliche Toilette.

»Da stand nur ein Eimer in der Ecke, du kannst dir vorstellen, wie das gestunken hat«, sagte Alessio.

Obwohl wir während des Treffens von Polizisten beobachtet wurden, hielten sie sich zurück und versuchten nie, uns zu unterbrechen. Das war die einzig positive Erfahrung dieses Tages.

Jetzt kam Solomon zu uns, versuchte ebenfalls ein aufmunterndes Grinsen und sagte, er habe mit dem zuständigen Beamten gesprochen.

»Da du angegeben hast, Italiener zu sein, sind die hier für deinen Fall nicht zuständig«, erläuterte er dann. »Sie werden dich jetzt zur Federal Police bringen, wo du noch mal verhört werden sollst.«

Mir wurden die Knie weich. Alessio kam also nicht frei, all meine Hoffnungen, ihn mit nach Hause nehmen zu dürfen, waren plötzlich zunichte.

Immerhin durften wir ihn selbst mit dem Auto zur Station Makalawi fahren, begleitet von einem Polizisten. Umständlich versuchte Alessio auf der Rückbank, sich mit den nun um beide Handgelenke geschlossenen Handschellen eine Zigarette anzuzünden. Er tat mir leid, trotz allem.

Als er ausstieg, blickte er sich noch einmal zu mir um und fragte voller Angst: »Was wird denn jetzt mit mir geschehen?«

»Ich weiß es nicht«, sagte ich ernst.

Dann verschwand er hinter einem Eisentor, das schwer ins Schloss fiel. Makalawi ist ein berüchtigtes Gefängnis, hier saßen immer wieder politische Gefangene ein, und Menschenrechtsorganisationen hatten von Folter berichtet.

Solomon und ich starrten uns an. O.k., ein Anwalt musste her. »Lass uns Fantahun anrufen, das ist ein Freund von Alessio und – soweit ich das beurteilen kann – ein ziemlich cleverer Anwalt«, schlug ich vor.

Eine halbe Stunde später fand ich mich am Schreibtisch des jungen Advokaten wieder, der ebenfalls entsetzt auf die Nachricht reagierte. Wir beratschlagten, was zu tun sei, aber Fantahun klärte uns auch sofort darüber auf, dass er den Fall nicht übernehmen könne, weil er für Zivil- und nicht für Strafrecht zuständig sei. Er kenne jedoch einen erfahrenen Strafrechtler und werde ihn gleich kontaktieren.

Kurze Zeit später erfuhren wir, dass Alessios Verhandlung – bei der ein Richter darüber entscheiden sollte, ob er auf Kaution freikommen konnte – für den nächsten Tag angesetzt war. Ich schöpfte wieder Hoffnung, bis Fantahun mich auf eine erstaunliche Klausel in der äthiopischen Rechtsprechung aufmerksam machte: Bei dieser ersten Verhandlung war kein Anwalt zugelassen. Die Einzigen, die

Blick aus dem Fenster unseres Büros in Addis Abeba.

Auch eine Art, ein Schaf zu transportieren. Solche skurrilen Straßenszenen sind in Äthiopien keine Seltenheit.

Aynalem in ihrem DVD-Laden.

Bet Giorgis, die wohl berühmteste Kirche in Lalibela.

Das berühmte Kamel-Foto, bei dem der Afar hinter dem rechts im Bild zu sehenden Baum hervorsprang.

Eine Herde von Oryx im Awash-Nationalpark.

Der alte Orthodoxe, der in Lalibela unter einem Olivenbaum wie in Meditation ein Gebet sang.

Die alte Weyto-Frau mit den kranken Füßen in ihrer Hütte.

Der wunderschöne Garten des Tana-Hotels direkt am See.

Die afrikanische Sonne geht hinter den Simien Mountains unter.

Die Banana Girls lernen ihr Handwerk.

Einige Studentinnen bitten mich, bei der Vorbereitung der traditionellen Kaffee-Zeremonie behilflich zu sein.

Frische Kaffeekirschen. Innerhalb einer Stunde wird daraus ein duftend-starker Espresso.

Kaffee-Zeremonie im Tukul von Abba Abebe.

Einer meiner Lieblingorte, Abba Abebes Tukul in Bahir Dar.

Junge Ziegenhirten in den Simien Mountains.

Ein Priester segnet das Buffet bei der Abschlussfeier für unsere Studenten in Bahir Dar.

Ein Priester tritt in eine der aus dem Stein gehauenen Kirchen in Lalibela ein.

Tadela

Weyto-Frauen stellen Körbe aus Papyrus her.

Die Schule in Bahir Dar, die so dringend neue Stühle und Pulte brauchte.

Schüler in Bahir Dar an ihren neuen Pulten.

Stolz posieren unsere Studenten mit ihren Lehrerinnen bei der Abschlussfeier.

Sonnenuntergang über Addis Abeba.

Als wir in der Hütte unserer Studentinnen in Harar über das sensible Thema Genitalbeschneidung sprachen.

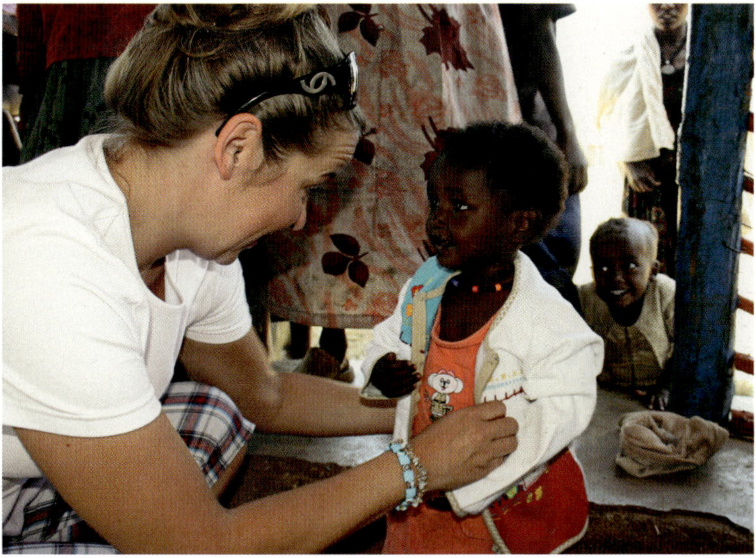

Wir verteilen Kleider aus Spenden im Weyto Village.

Priester mit traditionellen äthiopischen Kreuzen in Lalibela.

Meine Lieblingskirche in Gondar, Debre Birhan Selassie.

Mit Tadela in Gondar.

Mit Tadela und Tigist in ihrem rosa Haus.

Ich genieße die Abendstimmung in den Simien Mountains.

Papyrus im Sonnenuntergang am Tana-See.

dabei zu Wort kommen würden, seien der Richter, der Staatsanwalt und Alessio selbst, erläuterte Fantahun.

Am nächsten Tag wartete ich mit zitternden Knien und einem sichtlich nervösen Solomon vor der Polizeistation. Nach wenigen Minuten ging das Tor auf, und ein Bus kam heraus. Ein Bus voller Gefangener, darunter Alessio, als Halb-Äthiopier der einzige »Weiße«. Er starrte apathisch aus dem Fenster. Ich winkte ihm zu, doch er sah mich nicht, sah mit ängstlichen Augen durch mich hindurch.

Mir wurde übel, wie so oft in diesen Tagen. Ich schaute dem Bus mit tränennassen Augen nach. Solomon riss mich aus meinen traurigen Gedanken und forderte mich auf, ins Auto zu steigen. Ohne viele Worte fuhren wir dem Bus hinterher, es waren nur etwa 500 Meter bis zum Gerichtsgebäude, in dem die Vorverhandlung stattfand. Als wir parkten, kam Fantahun, schick in Anzug und Krawatte, schon auf uns zu. Wir begrüßten uns still. Am anderen Ende des weiten Platzes entdeckte Solomon sofort Elias, einen alten und sehr einflussreichen Freund, den er am Vortag kontaktiert hatte. Er stand lässig an seinen Toyota Land Cruiser gelehnt und rauchte eine Zigarette. Elias' Statur erweckte mein Vertrauen. Warum, kann ich nicht genau sagen. Eigentlich sah er mit seiner verspiegelten Sonnenbrille, dem weit offenen Hemd und dem schweren goldenen Armband eher wie ein sizilianischer Mafioso aus. Aber vielleicht brauchten wir genau das, um Alessio aus dem Gefängnis zu holen? Einen »Paten«, der sich in Polizeikreisen auskannte, mit den richtigen Leuten Whisky trinken ging und selbstbewusst Forderungen stellen konnte?! Denn genau das täte Elias regelmäßig, erklärte mir Solomon im Flüsterton, während wir gemeinsam mit Fantahun auf ihn zugingen. Elias umarmte mich, als wären wir seit Jahren beste Freunde, und versuchte gleich, meine Angst vor dem Bevorstehenden zu mildern.

»Mach dir keine Sorgen, dein Schatz kommt heute frei«, sagte er in fast perfektem Englisch und strahlte dabei eine solche Überzeugungskraft aus, dass ich ihm glaubte.

Oder zumindest glauben wollte. Er hatte – ebenso wie die meisten unserer Freunde in Äthiopien – keine Ahnung davon, dass Alessio nicht mehr mein »Schatz« war. Und ich ließ ihn in dem Glauben, wir seien ein glückliches Paar. Wir wollten die Trennung nicht überall publik machen, denn zu viele Menschen in Äthiopien hatten uns als Paar kennengelernt und hatten ihre Hoffnungen auf uns gesetzt – allen voran unsere Studenten. Lediglich Solomon, Brooke und meine *ferenji*-Freunde Kaylois und Davetta wussten Bescheid.

Außerdem, ich muss es gestehen, hegte ich insgeheim noch immer die Hoffnung, dass diese Erfahrung Alessio zur Besinnung bringen würde und er mit offenen Armen zu mir zurückgerannt käme.

Fantahun entschuldigte sich kurz, denn er hatte einen Rechtsanwalt erspäht, den er kannte und der vielleicht den Fall übernehmen könnte. Wie zwei Geheimagenten steckten die beiden die Köpfe zusammen und redeten aufgeregt und gleichzeitig so leise, dass ich nichts mitbekam. Dies ist vielleicht eine der schwersten Erfahrungen für mich in Äthiopien gewesen: dass nämlich die Menschen so leise und zudem natürlich in ihrer eigenen Sprache sprechen, dass ich oft nichts verstand – was vor allem dann misslich war, wenn es um wichtige Dinge ging, die mich betrafen. Immer musste ich nervend dazwischenfragen: Was hat er/sie gerade gesagt? oder Könnt ihr das Ganze noch mal auf Englisch wiederholen?

Besonders schlimm war es mit Solomon, der auf dem rechten Ohr fast taub ist, diese Behinderung aber in seiner ureigenen störrischen Art nicht wahrhaben will. Dummerweise versucht er, sein Manko nun gerade dadurch zu vertuschen, dass er nicht wie andere Taube besonders laut, sondern besonders leise spricht. Das muss für Außenstehende immer sehr lustig ausgesehen habe, wie ich Solomon im Auto ins Ohr brüllte, er still wie ein Mäuschen antwortete und ich dann wieder lauthals nachfragte: »Was hast du gesagt?«

Aber zurück zum Gerichtsgebäude.

»Sie können ihn nicht weiter im Gefängnis behalten«, erklärte Elias mit wohltuend fester Stimme. »Sie wollten ihm wohl eine Lektion erteilen, darum haben sie ihn kurzzeitig eingesperrt. Aber ich habe mich erkundigt: Die Menge Marihuana, die er dabeihatte, war so klein, dass sie ihn mit absoluter Sicherheit heute auf Kaution gehen lassen.« Mit absoluter Sicherheit, sagte Elias.

Ich hing an seinen Lippen. Und hakte doch nach: »Und was ist mit dem Unfall selbst? Schließlich ist er mit dem Minibus zusammengekracht!«

»Der Unfall selbst spielt keine Rolle, das ist ein anderes Verfahren und wird wohl zu einer kleinen Geldstrafe führen. Hier geht es nur um die Drogen«, lächelte mich Elias aufmunternd an, und Solomon nickte zustimmend.

Dann wurden wir relativ freundlich aufgefordert hineinzugehen und in einen kleinen Raum mit Holzbänken geführt. Zu einer Seite war das Zimmer offen, und gleich davor saßen die Gefangenen auf einer Art kleinen Tribüne und mit dem Rücken zu uns. Alessio hockte quasi direkt vor mir, nur etwa drei Meter entfernt, aber jedes Mal, wenn ich versuchte, seine Aufmerksamkeit zu erregen und ihm zu sagen, dass wir da waren, wurde ich von einem Aufseher aufgefordert, still zu sein. Alessio starrte zusammengesunken vor sich hin und qualmte eine Zigarette nach der anderen. Schmuddelig sah er aus, mit seinen alten Jeans, viel zu langen Haaren und einem bunten Jamaika-T-Shirt, das seine besten Tage schon lange hinter sich hatte.

So wollte er mich vom Flughafen abholen?, dachte ich. Er hätte sich ruhig etwas schicker machen können, nach all dem, was passiert ist … War dieses Outfit ein Statement? Mir ist alles egal oder: Ich will mich nicht mehr in Sachen kleiden, die dir gefallen. Ich bin jetzt frei und ziehe an, was mir gefällt!

Da waren sie wieder, diese typisch weiblichen Gedanken, die versuchen, jede Kleinigkeit an einem Mann zu analysieren. Manchmal kann ich mich deswegen selbst nicht leiden. Ich kämpfte gegen meinen Zornesanfall an, verdrängte ihn schnell und konzentrierte mich wieder auf die Situation, in der wir uns befanden.

Nach kurzer Zeit wurde der erste Sträfling hereingerufen. Jetzt wurde es ernst. Seine Verhandlung dauerte nur etwa drei Minuten, dann wurde der dürre Äthiopier zurück zum Gefangenentransporter geführt. Seine Augen waren ausdruckslos. Wie wohl das Urteil ausgefallen war? Seine Gestik und Mimik verrieten weder Freude noch Verzweiflung.

Das Prozedere wiederholte sich gut fünfmal, dann wurde Alessios Name aufgerufen. Elias stand auf, fasste meine Hand und stolzierte mit mir gemeinsam auf das Richterzimmer zu. Alessio stand davor – und endlich sah er mich, endlich wusste er, dass er nicht allein war. Er versuchte ein Lächeln und warf mir einen Kuss zu. Dann begann er leise zu weinen, Tränen stiegen ihm in die Augen.

Das war zu viel für mich. Ich hatte ihn seit Jahren nicht mehr weinen sehen, es tat so weh. Mein Körper fing an zu zittern, aber ich bemühte mich, tapfer zu sein und ihm Mut zu machen. Die Aufseher waren ungnädig und forderten uns mit strenger Miene auf, nicht zu reden. Alessio sackte in sich zusammen, aber er hockte noch nicht ganz auf dem Boden, als einer der Wächter ihm sofort befahl, wieder aufzustehen. Alessio erklärte, er habe Rückenschmerzen – aber das war wohl egal, denn der Polizist schüttelte nur den Kopf und machte eine Handbewegung, mit der er ihm erneut befahl aufzustehen.

Es ist immer und überall so auf der Welt: Gibt man ungebildeten Menschen plötzlich Macht, nutzen sie diese auf jegliche nur denkbare Art aus. Und diesem *ferenji*, diesem »reichen« Weißen, Befehle erteilen zu können, machte den Wächtern sichtlich Spaß.

Dann wurden wir in den Verhandlungsraum zitiert. Drei Holzbänke und davor ein kleines Pult, hinter dem die zierliche Richterin saß. Sie schaute kurz hinter ihrer Brille auf, als wir hereinkamen, und vertiefte sich dann wieder in einen Blätterwust, der vor ihr ausgebreitet lag. Ich durfte mich neben Elias und Fantahun setzen, Alessio und der Staatsanwalt standen hinter uns. Ein Polizist sollte den Gerichtstermin für Alessio übersetzen, aber schon nach wenigen

Sekunden war klar, dass er des Englischen nicht mächtig war. Nur mit Mühe gelang es ihm, die Fragen der Richterin nach Alessios Namen und Adresse verständlich zu machen. Dann fragte die Richterin Alessio, warum er festgenommen worden sei, aber als er gerade antworten wollte, wurde er bereits vom Staatsanwalt durch einen langen Redeschwall auf Amharisch unterbrochen. Je länger er sprach, desto unwohler wurde mir.

Ich sah Elias an, der ungläubig den Kopf schüttelte. Leise sagte er immer wieder: »Das ist eine Lüge! Was erzählt der denn? Das ist doch alles nicht wahr!«

Noch ehe ich ermessen konnte, was gerade geschah, ergriff die Richterin wieder das Wort. Sie sagte kurz etwas auf Amharisch – dann nahm der Polizist Alessio am Arm und führte ihn hinaus. Er drehte sich mit fragendem Blick zu mir um, aber ich konnte nur mit den Schultern zucken. Was war passiert?

»Was hat sie gesagt? Was ist los?«, fragte ich Elias panisch.

»Der Staatsanwalt hat gelogen. Er hat die ganze Zeit gelogen! Und die Richterin hat verordnet, dass Alessio bis zum nächsten Verhandlungstermin in acht Tagen weiter ins Gefängnis muss.«

Acht Tage …

Acht Tage?

Alessio verrenkte den Kopf, während er abgeführt wurde und rief mir zu: »Kommt mich bitte noch heute besuchen! Bitte! Heute Nachmittag, ich muss wissen, was los ist …«

»Keine Sorge!«, rief ich, »wir werden da sein.«

Solomon kam auf mich zugelaufen. Und endlich konnte Elias uns erklären, was der Staatsanwalt gesagt hatte. »Er hat der Richterin erzählt, Alessio habe eine große Menge Drogen im Auto gehabt, die von der Polizei nach dem Unfall gefunden wurde. Und er sei wahrscheinlich ein Dealer. Die Richterin meinte, es bestehe die Gefahr, dass er Drogen verstecke, wenn sie ihn gehen lasse, deshalb müsse er weiter im Knast bleiben.«

»Aber das ist doch nicht wahr! Es war doch nur ganz wenig!«, sagte ich. Meine Stimme klang seltsam hysterisch. »Wieso lügt er? Und was können wir tun, um ihn früher freizubekommen?«

Ich versuchte, klare Gedanken zu fassen, aber es fiel mir angesichts der vertrackten Situation ziemlich schwer.

Elias nahm mich in den Arm. »Ich weiß nicht, warum er gelogen hat. Aber wir können Berufung gegen dieses Urteil einlegen, obwohl ich nicht viel Hoffnung habe. Er muss diese acht Tage wohl absitzen …«

Gemeinsam mit Solomon fuhr ich zunächst zu unserem Haus, wo wir eine dünne Matratze, ein Kissen, ein paar T-Shirts und Shorts, Seife und andere Dinge, die Alessio nun brauchte, einpackten. Dann machten wir uns wieder auf den gut 45-minütigen Weg zum Gefängnis. Unterwegs kauften wir Wasser, Obst, ein Sandwich und Zigaretten. Glücklicherweise war gerade Besuchszeit, so dass wir ohne weitere Probleme eingelassen wurden. Was nun folgte, sollte sich in den nächsten acht Tagen täglich wiederholen: Wir mussten unsere Taschen samt Handy am Eingang abgeben. Dann wurden wir mit den Dingen, die wir Alessio mitgebracht hatten, zu einem Tisch geführt. Wir mussten alles vor mehreren Aufsehern ausbreiten und sämtliche Lebensmittel vor ihren Augen anknabbern. Auch aus der

Wasserflasche musste ich einen Schluck trinken, während mir eine der Wächterinnen die Seife auf dem Arm verrieb.

»Sie wollen sichergehen, dass sich die Häftlinge nicht umbringen und dass nichts vergiftet ist«, raunte mir Solomon zu.

Anschließend wurden wir selbst abgetastet, erst dann durften wir über den Vorplatz zu der Eisenabsperrung gehen, an der Besucher ihre Angehörigen treffen. Ein Polizist fragte mich, wen ich sehen wolle, und verschwand dann hinter einer schweren Metalltür. Kurz darauf kam er mit Alessio wieder heraus. Die Absperrung sorgte dafür, dass wir nur aus etwa einem Meter Entfernung miteinander kommunizieren konnten. Wir gaben ihm alles, was wir mitgebracht hatten. Obwohl Alessio sich über das Sandwich und die Zigaretten freute, begriff er wohl erst in diesem Moment, dass er sich auf einen längeren Aufenthalt hinter Gittern gefasst machen musste.

»Wie lange?«, fragte er ängstlich.

»Acht Tage«, sagte Solomon. »Aber wir versuchen alles, um dich vorher rauszuholen.«

Wieder hatte Alessio Tränen in den Augen.

»Wie ist es da drin?«, wollte ich wissen.

»Ach, irgendwie besser als in dem ersten Gefängnis, wir müssen keine Handschellen tragen, und die Räume sind größer und haben weniger Insassen.«

»Hör zu, wir können die italienische Botschaft einschalten, aber wenn die was tun, dann wirst du wahrscheinlich ausgewiesen und darfst nicht wieder nach Äthiopien«, erklärte Solomon.

Alessio dachte kurz nach.

»Hältst du es noch acht Tage aus?«, wollte ich wissen.

»Wir können die Botschaft ja immer noch einschalten, wenn sie dich dann immer noch nicht auf Kaution gehen lassen.«

»Ja, ich halte das durch. Ich will Äthiopien nicht ganz aufgeben, es wäre schlimm für mich, wenn ich nie wieder hierher zurückdürfte.«

Ich wusste, was für ein harter Schlag das für ihn wäre. Er hatte immer davon geträumt, in diesem Land etwas zu bewirken, und ich war stolz, dass er seinen Traum trotz der heiklen Lage nicht einfach fortwarf.

Nach ein paar Minuten wurden wir von den Aufsehern, die unser Gespräch aufmerksam verfolgt hatten, recht unsanft gebeten, das Gelände zu verlassen. »Unsanft« heißt in diesem Fall, dass einer der Männer mit einer Art Metallknüppel auf die Eisenstange einschlug, so dass man sein eigenes Wort nicht mehr verstand.

»*Finish! Go!*«, rief er. »Ihr könnt morgen wiederkommen.«

Von diesem Tag an lebte Alessio jeden Tag für diese fünf Minuten, in denen er Besuch empfangen durfte. Acht Tage sind normalerweise wie ein Augenzwinkern im Universum, aber dies waren acht Tage, die nie zu enden schienen. Und schon vor der richterlichen Anordnung war er ja zwei Tage im Gefängnis gewesen.

Jeden Tag, bei Hitze und Regen, war ich da, um ihn aufzuheitern und ihm Lebensmittel und Zigaretten zu bringen. Manchmal, nach einem langen Tag zwischen Anwälten, Telefonaten mit Alessios Familie und endlosen Diskussionen mit Solomon, kochte ich ihm noch spätabends Pasta oder Risotto. Ich wollte alles tun, damit er die Hoffnung nicht verlor und es ihm gutging.

Es mag sich komisch anhören, aber ich habe nie eine solche Stärke in mir gefühlt wie in jenen Tagen. Ich war »draußen« und frei und er »drinnen« und gefangen. Ich war eindeutig in der stärkeren Position. Ich war ganz bei mir und die meiste Zeit fähig, völlig klar zu denken. Als hätten Herz, Seele und Verstand sich auf eine Symbiose eingelassen, die vorher lange Zeit verloren gewesen war. In Ausnahmesituationen werden wir manchmal überraschend zu Helden, wir sind James Bond und Lara Croft, Superman und Catwoman, alles zusammen. Wir funktionieren, weil wir funktionieren müssen.

Wo war seine neue Freundin denn jetzt? Wer war da, als er am nötigsten Liebe und Unterstützung brauchte? Ich war die Krisenmanagerin, ich musste alle Fäden in meiner Hand halten, ob ich wollte oder nicht. Denn was wäre die Alternative gewesen? Mich eingeschnappt aus dem Staub zu machen und ihn in der Zelle vor sich hin rotten zu lassen? Das konnte ich nicht, und das würde ich nie können. Menschen, die so tief mein Herz erobert hatten wie er, würde ich nie im Stich lassen.

Es gab Tage, an denen Alessio seltsam gut gelaunt war, andere, an denen die Verzweiflung Oberhand gewann. Denn ständig hing dieses Fragzeichen über uns: Was würde bei der nächsten Verhandlung geschehen? Was, wenn der Richter die Kaution weiterhin verweigerte? Und was war mit uns? Würde Alessios Zeit hinter Gittern uns wieder zueinanderführen? Ich liebte ihn, noch immer. Sicher wollte ich ihm durch mein Verhalten auch zeigen, wie viel er mir bedeutete, wie stark ich sein konnte, was er an mir verlor.

Nur nachts, wenn die Dunkelheit sich über Afrika legte, da lag ich ängstlich im Bett, jeden Moment darauf gefasst, dass die Polizei käme, um unser Haus zu durchsuchen. Denn schließlich war die Staatsanwaltschaft ja theoretisch dabei, Beweise gegen Alessio zu sammeln und zu zeigen, dass er ein Drogenhändler war. Aber es kam nie jemand.

Einmal erzählte mir Alessio, er sei zum Staatsanwalt gerufen worden, um ein Dokument zu unterzeichnen. Er weigerte sich jedoch, weil das Schriftstück auf Amharisch verfasst war und niemand ihm sagen wollte, was da eigentlich drinstand. Ein anderes Mal wurde er zum obersten Polizeichef beordert, der ihm unmissverständlich zu verstehen gab, dass er mit Alessio auch nach seiner Freilassung in Kontakt bleiben wolle, ansonsten könne der Gefängnisaufenthalt sehr ungemütlich werden. Mit anderen Worten: Wenn ich dir helfe, erwarte ich Geld.

So einfach ist das manchmal in Äthiopien. Die Korruption ist überall präsent, sogar bei der Polizei, deinem Freund und Helfer.

Bishangari

Das Wochenende stand bevor, und Alessios Verhandlung würde nicht vor Dienstag stattfinden. Da rief Kaylois an: »Du musst mal raus, sonst wirst du noch wahnsinnig! Wir holen dich am Samstag ab und fahren nach Bishangari.«

»Ach, ich weiß nicht ... Vielleicht sollte ich besser hierbleiben ...«

»Darling, denk dran, was dieser Mann dir angetan hat! Es ist gut, dass du für ihn da bist, aber man kann es auch übertreiben. Los, geh packen! Morgen um sieben Uhr holen wir dich ab.« Sie ließ keinen Widerspruch zu und legte einfach auf.

Obwohl ich zweifelte, hatte ich doch große Lust auf dieses Frauenwochenende. Neben Kaylois, die ich vor vielen Monaten über einen gemeinsamen Freund kennengelernt hatte, wollten auch Davetta und ihre nigerianische Freundin Evelyn mitkommen. Davetta hatte einige Monate zuvor bei einer Party im Sheraton Hotel einen Gutschein für zwei Doppelzimmer in einer Öko-Lodge in Bishangari südlich von Addis gewonnen.

Ich rief Solomon an, der den Trip ebenfalls für eine gute Idee hielt. Er versprach, Alessio am Wochenende zu besuchen und ihm Lebensmittel und Wasser zu bringen.

Am nächsten Morgen stand ein angemieteter Toyota Land Cruiser samt Fahrer vor der Tür, der uns zum südlichen Ende des Langano-Sees kutschierte – eine etwa vierstündige Fahrt.

Die letzten rund 20 Kilometer zur Lodge sind schon eine Geschichte für sich. Die Straße wird immer sandiger und holpriger und führt durch eine so unwirtliche Gegend, dass niemand ernstlich eine Luxus-Lodge an ihrem Ende erwarten würde.

Aber irgendwann waren wir da. In der Wildnis.

Das Auto mussten wir am Eingang stehen lassen, mit Pferdekarren wurden wir zur Rezeption und dann zu unseren Cottages chauffiert. Bishangari ist teuer, wohl deshalb war ich vorher nie dort gewesen. Vielleicht ist die Lodge etwas zu teuer, denn die Zimmer sind zwar hübsch, aber doch sehr einfach. Alles ist auf Sonnenenergie ausgerichtet, und abends finden die Gäste das zu allen Seiten offene Restaurant dank der Leuchtkraft von Petroleumlampen. Handyempfang gibt es nur selten, auch das Internet hat hier keine Chance. Selbst der südafrikanische Manager gab zu, sich trotz seiner Liebe zu diesem Ort manchmal sehr einsam zu fühlen und ab und zu ein großes Verlangen nach Zivilisation zu verspüren.

Aber Bishangari hat was. Der Ort begeisterte mich sofort, wahrscheinlich gerade wegen seiner totalen Abgeschiedenheit. Zur einen Seite liegt der See, man sieht Pelikane und Seeadler, zur anderen ein immenser dunkler Wald, dann fast savannenartiges Land und überall Schirmakazien – wie herrlich es dort war! Paviane rannten durchs Gestrüpp, alles war so lebendig, so wild, so ganz und gar Afrika. Ab und zu gelang es mir sogar für ein paar Minuten, Alessio und das Gefängnis zu vergessen. Wir lagen den ganzen

Nachmittag in der Sonne, redeten und lachten und verfolgten schließlich voller Ehrfurcht den grandiosen Sonnenuntergang über dem See. Die Macht der Natur ist manchmal schwindelerregend.

»Was auch immer passiert, Darling, du wirst eines Tages über ihn hinweg sein«, sagte Kaylois. »Aber Alessio wird dich nie vergessen, er wird dir immer hinterhertrauern, wenn er irgendwann begreift, was er angerichtet hat und was du für ihn getan hast.«

Ihre Worte waren wie Balsam für mein angeschlagenes Ego. Auch wenn ich in diesem Moment gar nicht über ihn hinweg sein *wollte*. Ich wollte nur, dass alles gut würde, ich wollte diesen Kampf um unsere Liebe gewinnen.

Als wir es uns am Abend in der Hotelbar, die in luftiger Höhe in die starken Äste eines uralten Baums integriert war, mit vielen Gin Tonics bequem machten, wurde mir etwas leichter ums Herz. Über uns leuchtete der afrikanische Mond, im Geäst hörten wir die nächtlichen Tiere aus ihren Verstecken kommen, und durch unsere Kehlen floss wohltuend gekühlter Alkohol – ach, ich hätte ewig dableiben und die Welt samt all ihrer Probleme vergessen können.

»Du wirst stärker aus dieser ganzen Sache hervorgehen«, meinte Kaylois und nippte an ihrem Drink. »Du wirst deinen Weg gehen, da mache ich mir keine Sorgen.«

Davetta und Evelyn nickten zustimmend. Ich wollte so gerne an ihre Worte glauben, aber es gelang mir nicht recht. Wir diskutierten bis spät in die Nacht – über Männer und Liebe, über Eifersucht und Fremdgehen, über Einsamkeit und Freundschaft, über Afrika und seine Herausforderungen.

Am Morgen machte ich rechtzeitig zum Sonnenaufgang mit Kaylois einen Spaziergang am See entlang, und wir entdeckten sogar ein paar Nilpferde, die ausgelassen in einem kleinen Ableger des Lake Langano badeten. Hunderte Vögel bevölkerten den See, und wir hatten all diese Pracht ganz für uns allein. Wir redeten nicht viel, wanderten einfach still dahin. Ich wusste ja, dass diese wohltuende Auszeit von der Realität schon am Nachmittag vorbei sein würde. Kaylois spürte wohl, dass sie nicht viel tun konnte, außer meinen immer trüber werdenden Gedanken durch aufmunterndes Lächeln entgegenzuwirken.

Diese starke Frau, die als Journalistin Pressearbeit für die Vereinten Nationen in Äthiopien machte, stand mir in jenen Tagen mit Rat und Tat zur Seite, klug und ruhig tröstete und ermutigte sie mich, immer hatte sie Ideen, um mich abzulenken.

In dieser Zeit traf ich auch Becky. Sie ist Amerikanerin und arbeitet in Colorado Springs höchst erfolgreich für eine große Kosmetikfirma. Alle paar Monate kommt sie für mehrere Wochen nach Äthiopien, um all jenen Frauen zu helfen, die es im Leben nicht so gut getroffen haben wie sie. Sie leitet ihre eigene NGO mit dem spannenden Namen The Trampled Rose – Zertrampelte Rose – und ist dort Mutter, Schwester und Vertraute für Dutzende Äthiopierinnen, die unter der furchtbaren Krankheit *Fistula vesicovaginalis* (Blasenscheidenfistel) leiden. Ich werde später mehr über diese bewundernswerte Frau schreiben, deren Leben auch für mich zum Vorbild wurde. Ich war damals noch zu aufgewühlt, um mich für ihr Projekt engagieren zu können, aber sie hatte vom ersten Moment an mein Interesse geweckt. Ihre Passion, ihre anscheinend grenzenlose Liebe und ihre Ansichten, die meinen so ähnlich sind, wurden zum Grundstein für eine Freundschaft, die ich nicht mehr missen möchte.

Manchmal muss man sehr weit reisen, um solche Freunde zu finden. Freunde wie Kaylois und Becky, Freunde für die guten und die schlechten Tage, die plötzlich da sind und wie aus dem Nichts vom Himmel mitten in unser Leben fallen.

Komm zurück!

Der Druck von außen, von all jenen, die nicht zu meinem »inneren Zirkel« in Addis gehörten, nahm immer mehr zu. Meine Familie und die meisten meiner Freunde in Europa konnten oder wollten einfach nicht begreifen, wieso ich trotz allem, was geschehen war, weiter in Afrika bleiben wollte.

Sie hatten sowieso nie verstanden, wie jemand so verrückt sein konnte, Rom, die Ewige Stadt, aufzugeben, um ein Jahr in Äthiopien zu verbringen. Meine Freunde hatten es natürlich nie so offen ausgesprochen, aber ich las es in ihren Gesichtern. Und so sehr ich auch versuchte, ihnen das Land durch schillernde Erzählungen nahzubringen – es nutzte nichts. Zu stark war in ihren Köpfen das Bild eines bettelarmen Staates am Rande des Ruins eingebrannt. Ich bat sie, mich zu besuchen, mit mir durch das Land zu reisen, ihnen die Schönheit zeigen zu dürfen. Dabei verheimlichte ich nicht, dass sie bei einer solchen Reise auch schlimme Situationen erleben würden.

Natürlich ist Äthiopien eines der ärmsten Länder der Welt. Aber ist das ein Grund, es nicht zu bereisen? Kaum jemand kam. Mich verwunderte das letztlich nicht weiter, denn als ich meinen Freunden von Alessios Verhaftung erzählte, war auch der letzte Funken von Interesse für das Land erloschen. Sie hatten wahrscheinlich Angst, an einen Ort zu reisen, in dem die Gesetze so ganz anders funktionieren als in Europa und in dem die Regierung auch vor

Ausländern nicht Halt machte, wenn es darum ging, sie in ein erbärmliches Gefängnis zu sperren.

Ich kann das verstehen. Ebenso wie die Angst vor Malaria oder anderen tropischen Krankheiten. Aber die ständige Kritik führte auch dazu, dass ich mich immer mehr verschloss. Ich hatte keine Lust mehr, zu reden, zu erklären und mich zu verteidigen. Bis heute ist es mir nicht gelungen, diese Blockade in den Gesprächen mit meinen Freunden zu lösen. Ich antworte einsilbig auf die meisten Fragen und wechsle schnell das Thema. Vielleicht kann dieses Buch helfen, all das verständlich zu machen, was ich nicht zum Ausdruck bringen konnte.

Einmal sprach ich bei einem Mittagessen im Limetree Café – meinem liebsten Lunch-Restaurant in Addis – mit einem Bekannten aus den USA über das Thema. Er stimmte mir voll zu.

»Weißt du, ich lebe jetzt seit drei Jahren hier, und vorher war ich mehrere Jahre in Guyana in Südamerika«, erzählte Tim. »Ich habe da für eine amerikanische Organisation gearbeitet, und kurz vor der Abreise musste unsere gesamte Gruppe ein Training absolvieren, um uns auf das Leben in der Heimat vorzubereiten. ›Eure Freunde und Verwandten werden euch viele Fragen stellen‹, hieß es. ›Und sie werden euch auch zuhören – etwa dreißig Sekunden lang. Also haltet euch kurz. Die Menschen, die ihr zu Hause kennt, haben keine Ahnung von eurem Leben in Guyana, und sie wollen es sich auch nicht vorstellen.‹ Das war mir echt eine Lehre. Und der Trainer hatte recht. Ich habe nie wirklich über das Erlebte reden können.«

Wir alle, die wir uns zur gleichen Zeit – jeder aus anderen Beweggründen – an diesem seltsamen Ort am Horn von

Afrika aufhielten, stimmten überein, dass wir eine extrem verschworene Gemeinschaft waren. Im positivsten Sinn. Wir kannten das Land, hatten es zunächst zu akzeptieren und dann zu lieben gelernt. Manchmal reichte in einer bestimmten Situation ein Blick, und wir wussten genau, was der andere gerade dachte. Wir Ausländer hatten in Äthiopien alle Höhen und Tiefen durchgemacht, die das Land zu bieten hatte, und uns letztlich zum Bleiben entschieden. Wir konnten über Dinge lachen und weinen, diskutieren und nachdenken. Wir gehörten dazu. Aber wir hätten es nie erklären können, vor allem nicht in dreißig Sekunden.

Nur meine Freundin Claudia, eine Deutsche, die ebenfalls seit Jahren in Rom als Journalistin arbeitete, war anders. Ich kann kaum beschreiben, wie sehr mir ihre langen E-Mails in jenen Tagen halfen. Sie war stets da, analysierte mit klugen Gedanken meine Verzweiflung, machte mir Mut, baute mich auf, wenn ich nicht mehr konnte. Sie zeigte echte Begeisterung für das Land, wahrscheinlich auch deshalb, weil sie selbst bereits viel gereist ist. Als ich ihr nach der ersten Reise ein Video zeigte, das ich über Land, Leute und unsere Organisation gedreht hatte, weinte sie. Es waren ehrliche Tränen, die da tief aus ihrer Seele aufstiegen, und ich liebe sie dafür umso mehr.

Claudia wollte immer nach Äthiopien kommen, hatte sogar zeitweise daran gedacht, mit ihrem kleinen Sohn nach Afrika auszuwandern. Dass sie letztlich nicht kam, hatte andere, private Gründe. Aber ich hoffe, dass wir irgendwann gemeinsam auf dem Bole Airport landen, damit ich ihr all die Orte zeigen kann, die ich ihr in den vergangenen Jahren so ausführlich beschrieben habe.

Am schlimmsten war es für meine Eltern. Sie hatten wirklich hart daran zu knabbern, dass ihre jüngste Tochter eine solch drastische Lebensveränderung gewählt hatte. Egal wie alt man wird, für die Eltern bleibt man doch immer die Tochter, die beschützt werden muss. Und hatten sie mich schon in den vergangenen vierzehn Jahren höchstens zwei-, dreimal im Jahr gesehen, so wussten sie mich damals doch an einem sicheren Ort in Europa, den sie zudem gut kannten. Meine Eltern lieben Rom, und sie waren stets froh, dass ich in einer so schönen Stadt lebte, samt gut bezahltem Job und hübscher Wohnung.

Als ich ihnen von meiner Entscheidung erzählte, aus Rom wegzugehen und für ein Jahr nach Äthiopien zu ziehen, waren sie wahrscheinlich nicht wirklich überrascht. Trotzdem sah ich, wie ihnen die Gesichtszüge entglitten. Sie hatten es wohl geahnt, aber insgeheim gehofft, dass ich Vernunft annehmen und in Italien bleiben würde. Als ich ihnen dann auch noch irgendwann beichtete, dass Alessio mich verlassen hatte und im Gefängnis saß – und ich wartete lange, bis ich davon erzählte –, wuchsen ihre Sorgen wohl ins Unermessliche. Ich kann mir vorstellen, dass sie viele schlaflose Nächte verbracht haben, in denen sie sich mit quälenden Gedanken im Bett wälzten. »Komm zurück! Nimm Vernunft an!«, baten sie mich immer wieder am Telefon. Das Gleiche sagten mir viele meiner Freunde.

Dass ich dennoch geblieben bin, war weder der krampfhafte Versuch, Alessios und mein Scheitern zu negieren, noch wollte ich ihnen mit dieser Entscheidung wehtun. Ich spürte lediglich, dass ich nicht aufgeben durfte, dass ich diesen meinen Weg konsequent weitergehen musste.

Und dass in Äthiopien noch etwas auf mich wartete, das meinem starrköpfigen Festhalten einen Sinn geben würde.

Tadela

Wenn meine Stärke mich in jenen Tagen zu verlassen drohte und ich mich nachts mit trüben Gedanken im Bett wälzte, dachte ich an Tadela. Ich versuchte mir ihr süßes Gesicht vorzustellen, den Klang ihrer Stimme, wenn sie lacht, das Gefühl ihrer Arme um meinen Hals.

Tadela Adugna. Das erste Mal hatte ich sie auf einem Foto gesehen. Damals war sie zweieinhalb Jahre alt.

Jenna, eine Engländerin, die in Gondar – in Nordäthiopien – eine Hilfsorganisation leitete und auf die wir bei den Recherchen für unsere NGO gestoßen waren, hatte uns Dutzende Bilder von Kindern zugeschickt. Sie kümmert sich um hilfsbedürftige Familien und vermittelt Patenkinder, wobei das Geld der Sponsoren jedoch der ganzen Familie zugutekommt. Ich halte das für eine hervorragende Idee. Mit dem Geld können normalerweise nicht nur alle Kinder einer Familie die Schule besuchen, es ist auch genug Essen da, ebenso wie Kleidung und medizinische Versorgung.

Ich stöberte durch die Fotos und las die Informationen über die Verteilung der Spendengelder an die Eltern. Und träumte dabei von unserer bevorstehenden ersten Äthiopien-Reise. Auf einmal blieb mein Blick auf einem Bild haften. Ich konnte ihn nicht abwenden. Es war nicht einmal ein besonderes Foto, es zeigte lediglich ein kleines Mädchen, das an einen Türrahmen gelehnt stand und mit großen Augen in die Kamera sah. Sie lächelte nicht.

Ich rief Alessio zu mir: »Ich muss wissen, wer dieses Kind ist und ob sie schon einen Sponsor hat.«

»Ach, die ist aber wirklich niedlich!«, entfuhr es ihm spontan.

Gleich rief ich Jenna an, und sie versicherte mir, sofort zu überprüfen, ob das kleine Mädchen schon »vergeben« war. Nach wenigen Stunden rief sie mich zurück.

»Das ist ja seltsam, die Kleine steht ganz oben auf meiner Liste und braucht ganz dringend Hilfe. Würdest du das übernehmen?«

»Aber ja! Natürlich!«

Ich war überglücklich. Schon immer hatte ich einer Familie in einem Entwicklungsland helfen wollen, aber ich wusste nie, welcher Organisation ich vertrauen konnte. Der Gedanke, dass meine Spendengelder größtenteils in Verwaltungskosten fließen könnten, hatte mich stets zurückgehalten. Jenna vertraute ich jedoch sofort. Außerdem wusste ich ja, dass ich bald mit Alessio nach Äthiopien fahren würde, also könnte ich mich von ihrer Arbeit persönlich überzeugen.

»Wie heißt sie?«, hakte ich nach.

»Tadela. Sie heißt Tadela Adugna«.

Tadela. Den Namen hatte ich noch nie gehört. Erst viel später sollte ich erfahren, dass er etwa so viel bedeutet wie »jemand, der vom Glück beschienen ist«. Ich hoffe, dass sie das tatsächlich ist und immer sein wird.

Ich begann also, Tadela und ihre Familie zu unterstützen. Für ein solches FAMILY SPONSORSHIP sind nur 240 Euro jährlich nötig – unglaublich, wie davon einer ganzen Familie geholfen werden kann. Die meisten Eltern verdienen durch kleine Arbeiten noch etwas dazu. Bei Tadela war dies nicht der Fall.

Tadelas Familie, das waren damals ihre Mutter Huluager und ihre drei Jahre ältere Schwester Tigist. Später kam noch ein kleines Mädchen dazu, die süße Birtukan, die Huluager 2008 zur Welt brachte. Tadela und Birtukan haben den gleichen Vater, einen verantwortungslosen Mann, den ich nie getroffen habe, aber der Jennas Aussagen zufolge eine andere Familie samt Frau und Kindern hat, bei der er lebt. Ab und zu kommt er mal vorbei, und dann ist Huluager eben wieder schwanger. Sie ist geistig leicht zurückgeblieben, und dieser Mann scheint das schamlos auszunutzen. Tigist hat einen anderen Vater, der schon lange aus ihrem Leben verschwunden ist.

Vier Monate später war es so weit: Ich sollte meinem Patenkind begegnen. Es war ein strahlender Tag im November. Wir waren gerade erst in Gondar angekommen, aber ich hatte keine Augen für all die Sehenswürdigkeiten der alten Kaiserstadt. Erst wollte ich Tadela kennenlernen. Jenna und ihre Mitarbeiter hatten der Familie erzählt, dass ihr Sponsor sie besuchen wollte – und ich glaube, sie waren genauso aufgeregt wie ich.

Vom Zentrum Gondars aus ging die Fahrt mit unserem Mietwagen in Richtung Stadtrand.

»Stopp! Hier können wir parken«, rief Jenna plötzlich von der Rückbank. Ich sah mich um. Aber es war nichts zu sehen, nur der holprige Weg vor uns und ein paar ausgedörrte Sträucher. Jenna muss meinen ratlosen Gesichtsausdruck bemerkt haben. »Weiter können wir nicht fahren, von hier aus muss man zu Fuß gehen.«

Wir stiegen aus, und dann entdeckte ich am Fuß eines steilen Abhangs ein paar Lehmhütten. Ich war froh, meine Flipflops gegen Turnschuhe getauscht zu haben, als wir hinunterstolperten. Jenna und Alessio waren etwas hinter mir, ich lief vor und konnte es nicht abwarten, die Familie in meine Arme zu schließen.

»Welche Hütte ist es?«, fragte ich Jenna.

Noch bevor sie antworten konnte, entdeckte ich Tadela. Sie stand vor der Haustür und blickte angestrengt und suchend den Abhang hinauf. Ich konnte von meiner erhöhten Position viele Kinder sehen, aber ich wusste instinktiv: Dies war Tadela. Als sie mich sah, ging sie erst mit zögernden Schritten los, dann fing sie mit ihren kleinen Beinchen an zu laufen. Sie schrie aufgeregt etwas auf Amharisch. Diese Stimme, diese zauberhafte Stimme Tadelas lässt mich noch heute jedes Mal lächeln, wenn ich an sie denke. Und ich denke so oft an sie.

Ob sie das weiß?

Auch ich beschleunigte meinen Schritt, drehte mich noch einmal zu Alessio um, der mir aufmunternd zunickte, und stand ihr dann von Angesicht zu Angesicht gegenüber. Ich hatte keine Ahnung, ob man in Äthiopien Kinder in den Arm nehmen und überschwänglich seine Gefühle zeigen darf. Es war mir egal. Nach einem winzigen Moment des Zögerns ging ich in die Knie und nahm Tadela fest in meine Arme. Selten zuvor in meinem Leben hatte ich ein solch starkes Gefühl des Angekommenseins gehabt. Sie schlang ihre kleinen dünnen Ärmchen um mich und sah mich aus ihren dunklen Augen an. Schüchtern und gleichzeitig neugierig war sie.

Jedes Mal, wenn ich Tadela später besucht habe, brachte sie zunächst kaum ein Wort hervor. Sie beobachtete mich, um im nächsten Moment verstohlen zu Boden zu blicken. Erst wenn ich begann, mit ihr zu spielen, wenn ich Bälle und Lakritz, Malsachen und Puppen auspackte, taute sie auf. Am Ende eines jeden solchen Tages mit Tadela plapperte sie ununterbrochen, lachte laut und weinte schließlich – jedes Mal, wenn ich sie wieder verließ.

Aber zurück zu jenem Tag in Gondar. Jetzt kamen auch Huluager und Tigist aus dem Haus, die mich ebenso herzlich begrüßten wie Tadela. Huluager küsste mich immer wieder auf beide Wangen, ich hielt ihre Hand und war schlichtweg überwältigt. Von der Liebenswürdigkeit dieser Menschen ebenso wie von der Armut, deren Zeuge ich hier wurde.

Tadelas Haus hatte keine Fenster. Tadelas Haus hatte nicht einmal einen Betonfußboden. Und Tadelas Haus hatte keine Möbel. Tadela selbst trug ein zerfetztes Kleid, sie war schmutzig, und unter ihren kurz geschorenen Haaren entdeckte ich Verkrustungen und Pilze auf der Kopfhaut. Auch waren überall Mücken.

»Diese Gegend von Gondar ist malariaverseucht«, erklärte Jenna.

Ich wusste, ich musste mehr tun. Das normale Sponsorengeld reichte hier gerade einmal, um die nötigen Lebensmittel zu kaufen. Tadela und ihre Familie – das war ein absoluter Härtefall.

Huluager verbrachte ihre Tage meist mit Betteln vor den Kirchen der Stadt, dabei hatte sie Tadela im Arm und Tigist an der Hand. Das musste aufhören, ich wollte dafür sorgen, dass die Kinder einen Kindergarten und später die Schule besuchen konnten und dass Huluager in einem zumindest einigermaßen erträglichen Umfeld lebte.

Ich besprach die Sache mit Jenna und ihren Kollegen, und ich bat sie, ein Haus in besserer und möglichst malariafreier Lage zu finden. Auch wollte ich den dreien Möbel kaufen, und Jennas Mitarbeiter versicherten mir, sich um alles zu kümmern. Ich ließ ihnen etwas Geld da und bat sie, mir sobald wie möglich Bescheid zu geben, wie viel das neue Haus monatlich kosten würde.

Es war eine dieser afrikanischen Situationen, in denen plötzlich alles funktioniert. Das hat mich immer wieder überrascht in Äthiopien, wie manchmal alles so reibungslos und schnell von der Hand geht, wenn man mit den richtigen Leuten zusammenarbeitet. Schon eine Woche später bekam ich einen Anruf aus Gondar: Huluager, Tigist und Tadela wohnten jetzt in einem kleinen Haus mit Betonfußboden und Fenster, sie hätten ein Bett, eine Bank und einige Kochutensilien, erzählte mir Jenna. Auch gebe es eine Wasserpumpe vor dem Haus.

Perfekt, dachte ich, und war glücklich.

Einige Monate später war ich wieder in Gondar. Ich fand die drei in ihrer rosa gestrichenen Lehmhütte, ach, wie gut die Farbe zu ihnen passte! Tadela in einem pinkfarbenen Haus! Natürlich bestand die Hütte aus nur einem einzigen kleinen Zimmer und natürlich wurde auch hier mangels Toilette die Notdurft in freier Natur verrichtet – aber die Familie schien mir glücklich, so viel glücklicher als bei unserem ersten Treffen. Huluager kochte mir auf offener

Flamme einen starken Kaffee, ich setzte mich auf die Korbbank und hielt Tadela im Arm. Sie murmelte etwas, das ich nicht verstand, aber sie zog die Augenbrauen hoch und schien mich etwas gefragt zu haben.

»Was hat sie gesagt?«, fragte ich Assefa, der für Jenna arbeitete und mich begleitet hatte.

»Sie sagt, sie möchte mit dir gehen, bei dir leben.«

Damit hatte ich nicht gerechnet. Ich musste schlucken.

»Sag ihr bitte, dass sie doch eine Mutter hat und dass die ganz traurig wäre, wenn Tadela mit mir fortgehen würde«, sagte ich.

Assefa runzelte die Stirn: »Nein, Huluager würde dir Tadela sofort geben, wenn die Kleine dadurch ein besseres Leben hätte.«

Da musste ich noch einmal schlucken.

Was für eine Welt ist das bloß, in der Mütter aus der Not heraus bereit sind, ihre Kinder aufzugeben, um ihnen ein besseres Leben zu ermöglichen! Klar, das haben wir alle schon mal irgendwo gehört oder in der Zeitung gelesen. Aber wenn man selbst mit der Situation konfrontiert wird, sitzt der Schock tief.

Jedes Mal, wenn ich später in Gondar war, fragten mich sowohl Tigist als auch Tadela, ob sie bei mir und Alessio leben dürften. Und jedes Mal brach es mir das Herz, wenn ich ihre Frage verneinte.

Aber ich habe lange darüber nachgedacht, immer und immer wieder. Ich bin zu dem Schluss gekommen, dass es falsch wäre, Kinder von ihrer leiblichen Mutter zu trennen, selbst wenn diese keine finanziellen Mittel hat. Ich wollte die drei so gut unterstützen, wie ich nur konnte, und ich habe all die Zeit nach einem Weg gesucht, vielleicht die ganze Familie nach Addis Abeba zu holen und ihnen in meiner Nähe ein Haus zu suchen. Aber auch da stellte sich die Frage, ob Huluager so fern von ihrer vertrauten Umgebung glücklich geworden wäre.

Mittlerweile geht Tigist auf die Grundschule, die Jenna in Gondar aufgebaut hat, Tadela besucht einen privaten Kindergarten. Die anfangs aufgeblähten Bäuche der Kinder sehen heute normal aus, dank einer etwas ausgewogeneren Ernährung. Noch bei meinem letzten Besuch, wenige Tage vor dem Ende meines Äthiopien-Jahres, haben wir einen unvergesslichen Tag verbracht. Wir tranken Tee in einem netten Café und fuhren dann mit dem Auto durch Gondar. Tadela liebt Autos, seit sie das erste Mal mit uns in einem Land Cruiser gesessen hat. Sie winkt dann immer den Menschen auf der Straße zu wie Königin Beatrix der Niederlande und lacht und ruft: »Ich bin in einem Auto! Tadela ist im Auto!«

In meinen schlaflosen Nächten war Tadela für mich wie ein Rettungsanker. Sie war wie eine Lichtgestalt in meinen dunklen Überlegungen und lenkte mich für kurze Zeit von den Gedanken an Alessio ab. Dann suchte ich nach Möglichkeiten, unsere Leben enger zu verstricken. Vielleicht auch deshalb, weil ich selbst keine Kinder habe.

Seit ich Tadela das erste Mal sah, muss ich immer an sie denken, wenn ich die Textzeile *I've seen many souls before, but heaven must have programmed you* in Yusuf Islams Song *Heaven* höre. Der Himmel hat uns zwei zueinandergeführt. Davon bin ich überzeugt. Sie ist Teil meines Lebens, Teil meiner Gedanken, immer, jeden Tag.

Vor dem Tor

Der Tag war gekommen. Die zweite Verhandlung stand an. Dieses Mal fuhr ich mit Solomon direkt zum Gerichtsgebäude. Elias war schon da, und kurze Zeit später kam Fantahun mit Habtu, dem Strafrechtler, der Alessio verteidigen sollte. Wir waren mehrmals in Habtus armseliger Kanzlei gewesen, um mit ihm über den Fall zu sprechen. Ich mochte ihn nicht besonders, er kam mir etwas schleimig vor und auch nicht extrem gewitzt oder intelligent, wie man das von einem Strafverteidiger erwartet. Aber wir hatten keine Alternative. Einen anderen Anwalt hatten wir in der kurzen Zeit nicht gefunden – und wir verließen uns auf Fantahuns Wort, der uns immer wieder versicherte, Habtu wisse, was er tue.

Dieses Mal verlief die Verhandlung anders. Die Richterin befragte zunächst den Polizeibeamten, der die Untersuchungen leitete, ob er etwas Neues zu dem Fall beitragen könne. Elias übersetzte mir leise, was gesagt wurde. Alessio stand hinter mir, dieses Mal in dunklem Anzug und Krawatte. Ich hatte ihm am Tag zuvor dieses elegante Outfit ins Gefängnis gebracht, da wir vor der Richterin deutlich machen wollten, dass Alessio Leiter einer NGO und Geschäftsmann war – und keineswegs ein abgewrackter Drogendealer. Die Idee schien zu funktionieren, war die Juristin doch dieses Mal viel freundlicher gesinnt.

Der Polizist verkündete lautstark, er habe Alessio Tage

zuvor ein Schriftstück zur Unterschrift gegeben, auf dem der Fall detailliert aufgeführt gewesen sei, aber der Gefangene habe sich strikt geweigert, das Dokument zu unterzeichnen.

»Stimmt das?« Die Richterin zog die Augenbrauen hoch und sah Alessio scharf an.

»Ja, das stimmt, aber ich habe nur deshalb nicht unterschrieben, weil das Ganze auf Amharisch geschrieben war und ich nicht wusste, was da eigentlich drinstand«, übersetzte Habtu Alessios Aussage.

Das waren weise Worte. Wütend schnauzte die schwarzhaarige Mittfünfzigerin den Polizisten an: »Was fällt Ihnen ein? Wie können Sie erwarten, dass jemand ein Papier unterzeichnet, das er nicht versteht?«

Der Beamte begann zu stottern, konnte aber nicht mehr viel vorbringen. Habtu ergriff also das Wort und erläuterte noch einmal, dass Alessio ein guter Mensch sei, der ins Land gekommen war, um zu helfen, und nicht, um mit Drogen zu handeln.

»2000 Birr Kaution. Sie können gehen, bis die Polizei die Untersuchungen abgeschlossen hat.«

Dann schlug sie mit dem Hammer auf den Tisch, und die Verhandlung war beendet.

Alessio war die Erleichterung anzusehen. Es war, als hätte man die Last, die ihm vom Herzen fiel, auf den Boden donnern hören. Er lächelte mich an und drückte meine Hand. Und da war sie wieder, die zaghafte Hoffnung. Würde jetzt doch noch alles gut? Ich war so froh, er war frei! Solomon fiel mir um den Hals, und auch Elias drückte mich fest. Alessio wurde unterdessen wieder abgeführt, denn zunächst mussten wir die Kaution bezahlen.

Mit Solomon fuhr ich zur Bank, dann zwecks einer benötigten Unterschrift erneut zum Gerichtsgebäude, dann zu einem Amt im Gefängnis – die Bürokratie nahm mal wieder kein Ende. Ich wusste, wenn wir die Angelegenheit nicht bis spätestens fünf Uhr nachmittags regeln würden, dann würde Alessio erst am nächsten Tag freikommen. Das wollte ich um jeden Preis verhindern. Gegen halb vier hatten wir alles erledigt. Ich ging mit Solomon zu dem Eingang, durch den wir jeden Tag gekommen waren, um Alessio zu besuchen. Die Tür war verschlossen, die Besuchszeiten waren vorbei. Auf der anderen Straßenseite ließen wir uns auf zwei schweren Steinen nieder. Jetzt konnten wir nur noch eins tun: warten.

Zu beiden Seiten neben uns harrten noch viele weitere Äthiopier aus, die ihre Lieben abholen wollten, es waren größtenteils Frauen in traditionellen Kleidern.

In dieser schweigenden Gemeinschaft saßen wir einfach nur da, jeder in seine Gedanken versunken. Und warteten. Niemand konnte uns sagen, durch welches Tor die Gefangenen kommen würden, niemand wusste Genaueres. Ich starrte vor mich hin, zwischen Hoffen und Bangen. Es verging eine halbe Stunde, eine Stunde.

»Glaubst du, sie kommen heute noch raus?«, fragte ich Solomon, als ganz langsam die Abenddämmerung einsetzte.

»Ich weiß es nicht.«

Der Arme saß in seinem schicken Anzug und den völlig verstaubten schwarzen Schuhen in sich zusammengesunken auf dem Stein und war völlig fertig. Damit hatte er sicher nicht gerechnet, als er den Posten als Generalmanager unserer NGO annahm, dachte ich. Keiner von uns hatte ahnen können, dass Alessio in einen solchen Gemütszustand abdriften würde.

Kurz nach fünf sprangen plötzlich ein paar Frauen neben mir auf und rissen mich aus meinen Gedanken. Am Ende der Straße kamen mehrere Männer mit großen Plastiktüten unter dem Arm auf uns zu. Ich sprang ebenfalls auf, und dann sah ich ihn: Inmitten der anderen Sträflinge ging Alessio, schwer bepackt und immer noch im dunklen Zweireiher, an der äußeren Gefängnismauer entlang. Jetzt hielt mich nichts mehr, ich folgte einfach nur noch meinem Instinkt. Ich rannte auf ihn zu, es war wie in einem schnulzigen Liebesfilm. Wir fielen uns in die Arme, und ich begann hemmungslos zu weinen. Alle Sorgen fielen plötzlich von mir.

In dem Moment, in dem uns bewusst wird, dass wir einen großen Kampf gewonnen haben, brechen wir zusammen. So ist es immer. So sind die Menschen.

Alessio sah mich mit großen Augen an, küsste mich, hielt mich in den Armen und begrüßte dann Solomon. Ob diese Erfahrung wohl etwas in ihm bewirkt hatte? Ob der Schock tief genug saß, um ihn aus der inneren Leere ans Licht zu holen? Und dann war da auch noch die Frage, die wie eine tonnenschwere Glocke über uns hing: Er war auf Kaution freigelassen worden, also war er nicht im wirklichen Sinne frei. Würden sie eines Nachts wiederkommen und ihn holen? Mussten wir jetzt in ständiger Angst leben? Oder war es besser für ihn, das Land zu verlassen? War sein Traum jetzt zu Ende geträumt? War das Risiko zu groß?

Im Auto hielt er ständig meine Hand und plapperte wild drauf los, über alles Erlebte und die Menschen, die er »drinnen« getroffen hatte.

Es folgten einige ruhige Tage. Fast war es wie früher. Wir verbrachten die meiste Zeit im Haus, und Alessio redete und redete. Ich hörte zu, ließ ihn erzählen und half ihm, das Trauma zu verarbeiten. Und er erzählte mir, wie wunderbar ich sei und wie sehr er mich dafür liebe, dass ich trotz allem in dieser harten Zeit immer noch für ihn da war. Das war wie Balsam für mein verwundetes Herz. Ich war in diesen Tagen und Nächten seine Verbündete und erfuhr Dinge, die ich nie für möglich gehalten hätte. Dinge, die so haarsträubend sind, dass sie aus einer lang vergangenen Zeit zu stammen scheinen. Aus dem Mittelalter. Aus den Zeiten der Inquisition.

Alessios Erzählungen waren so voller Bilder, so lebhaft, dass ich alles genau vor mir sah. Die Zelle, die Gesichter der anderen Häftlinge aus verschiedenen Teilen Äthiopiens ebenso wie aus Kamerun und dem Kongo, die notdürftige »Toilette« und die verborgenen Kammern im Untergrund, in denen Gefangene gefoltert werden und oft wochenlang in absoluter Dunkelheit vor sich hin vegetieren. Letzteres wusste Alessio glücklicherweise nur aus Berichten anderer, ihm selbst war der unterirdische Teil der Strafanstalt erspart geblieben.

Er gab mir sein Tagebuch. Das Schreiben hatte ihm über die dunkelsten Stunden hinweggeholfen. Die Geschichten, die ich dort von den Häftlingen las, bewegten mich tief. Am meisten jedoch rührte mich die unglaubliche Lebensgeschichte eines jungen Eritreers – nennen wir ihn Asim.

Hier ist, was Alessio über ihn schrieb:

Der traurigste Fall, den wir in unserer Zelle haben, ist der von Asim. Er ist neunundzwanzig Jahre alt, aber er sieht aus, als wäre er sechzig. Er spricht acht Sprachen, darunter perfektes Arabisch und etwas Italienisch. Er ist weise und immer für ein großartiges Zitat gut. Eines davon sagte er mir auf Arabisch, und es bedeutet: Lache das Leben an, dann wird das Universum mit dir lachen. Er schläft neben mir, und wenn er schläft, sieht er aus, als wäre er tot.

Asim ist vor elf Jahren aus Eritrea geflohen. Vorher war er ein Fischer in Massawa, und schon damals war sein Leben nicht einfach. Er hat sogar mehrere Haiangriffe überlebt, eine schreckliche Narbe zeugt davon. Aber irgendwann hat er entschieden, der eritreischen Diktatur zu entfliehen, und so ist er mit seinem Fischerboot an den Dahlak-Inseln vorbei in den Jemen gesegelt.

Sein Traum war es jedoch schon immer, nach Italien zu gehen, zunächst kam er jedoch im Jemen an, ohne Geld. Also versuchte er sein Glück auf der arabischen Halbinsel, aber auch das klappte nicht. Asim ist dann durch die Wüste von Jemen über Oman nach Saudi-Arabien gelaufen. Mehrere Male retteten ihn Beduinen vor dem sicheren Tod, als sie ihn verdurstend im Sand fanden. Aber irgendwann kam er in Riad an. Dort fand er endlich Arbeit als Mechaniker, illegal. Er wurde gefasst und deportiert. Um zu verhindern, nach Eritrea zurückgebracht zu werden, wo er getötet worden wäre, gab er bei seinem Verhör an, einem Unterstamm der äthiopischen Afar anzugehören. Er hatte nämlich das Glück gehabt, in Saudi-Arabien von Einwanderern des Afar-Stammes ihre Sprache gelernt zu haben. Die Zuständigen bei der äthiopischen Botschaft glaubten ihm seine Geschichte und schickten ihn nach Äthiopien.

Als er dort ankam, ging er nichtsahnend zur Einwanderungsbehörde und fragte, ob er in ein Flüchtlingscamp im Sudan überstellt werden könne. Stattdessen wurde er ins Gefängnis

gebracht, wo er jetzt schon seit fünf Monaten darauf wartet, endlich in den Sudan gebracht zu werden. Von da will er nach Libyen laufen und ein Boot mit illegalen Einwanderern nach Lampedusa besteigen.
Ich habe ihm gesagt, er soll das nicht tun. Ich habe ihm gesagt, dass es gefährlich ist und diese Boote andauernd untergehen und dass es kein Spaß ist, in Italien ein illegaler Immigrant zu sein. Aber er will nicht hören und sagt, er werde es überleben, wenn das Boot sinke, weil er ein erfahrener Segler sei.
Von dem Mann ist nichts mehr übrig außer Haut und Knochen, sein Gesicht sieht aus, als ob er schon tot wäre.
Er fügte noch hinzu, dass die Italiener ihn niemals zurückschicken würden, weil er Eritreer sei und die Italiener die Eritreer liebten.
Er hat sich entschieden. Ich hoffe, er schafft es.

Ich war schockiert. Asim. Was mag aus ihm geworden sein? Was wird aus all diesen Hunderttausenden, diesen unzähligen Menschen, die ihre Heimat verlassen, um glücklich zu werden?

Durch Alessios Erzählungen wurde mir erstmals so richtig bewusst, dass Äthiopien in vieler Hinsicht gefährlich ist, vor allem für die, die es wagen, das System zu kritisieren. Zu denen wollte ich nicht gehören. Das hat nichts mit Feigheit zu tun, sondern mit gesundem Menschenverstand. Ich wollte helfen. Es war das Risiko nicht wert. Deshalb änderte ich auch meinen ursprünglichen Plan, als Freelance ein paar Artikel vom Horn von Afrika für meinen deutschen Arbeitgeber zu verfassen. Ich schrieb zwar letztlich einige Berichte, aber nie etwas Politisches, nie etwas Brisantes. Es hätte nichts gebracht, nichts geändert und unnötige Gefahr bedeutet.

Alessio sah das genauso. Plötzlich war alles wie früher. Wir konnten so gut reden! Es war, als würde ein Arzt mein Herz mit Wundsalbe heilen. Aber schon bald sollte sich der wohltuende Balsam in eine ätzende Säure verwandeln.

Wie aus dem Nichts erklärte Alessio mir einige Tage später zwischen einem Kaffee und einer Zigarette, dass er sich seiner neuen Mailänder Freundin gegenüber verpflichtet fühle und sie jetzt nicht einfach so beiseiteschieben könne. Ich solle Geduld haben.

Dann begannen die Anrufe. Sie rief Alessio immer wieder an, und er verschwand aus unserem Eingangstor hinaus auf die Straße und sprach mit ihr. Er war hin- und hergerissen, plagte sich mit einem schlechten Gewissen gegenüber allen, die ihn umgaben, ebenso wie mit der wiederaufkeimenden Depression.

Wieder war ich völlig hilflos und verlassen in diesem fremden Land. Unter normalen Bedingungen hätte ich einen solchen Mann mit einem gezielten Tritt in den Hintern ungerührt aus meinem Leben verabschiedet. Aber ich war in Äthiopien, und alles war anders. Hier steckte ich mitten in der wohl längsten Trennung aller Zeiten. Aber ich war jetzt stärker. Glücklicherweise hatten die vergangenen Wochen mich vieles gelehrt. Wie weit ich gehen konnte. Wo meine Grenzen waren. Und vor allem, dass ich viel erreichen konnte, auch wenn ich auf mich allein gestellt war. Ich wusste jetzt, wohin die Reise gehen sollte.

Ein neuer Weg

Ich packte meine Tasche und buchte kurz entschlossen einen Flug nach Bahir Dar. So was ist in Äthiopien nicht schwer, wo die Ethiopian Airlines fast wie ein Busunternehmen mehrmals täglich die wichtigsten Städte im ganzen Land ansteuert. Man findet eigentlich immer einen Flug, auch von einem Tag auf den anderen.

Am Abend saß ich im Büro unserer NGO im 5. Stock des Daminarof-Gebäudes und wartete auf Lemma, meinen treuen Fahrer, der das Ticket im Reisebüro abholen wollte. Solomon war schon nach Hause gegangen, Alessio saß wahrscheinlich wie so oft in unserem Haus vor einem Computerspiel. Ich war allein und genoss die Stille. Auf der CMC Road war wieder einmal der Strom ausgefallen, und langsam brach die Dämmerung herein. Das Office hat eine unglaublich schöne Fensterfront, die die ganze Länge des Raumes einnimmt und einen grandiosen Blick auf Addis Abeba und die Berge am Horizont freigibt. Ich saß ehrfürchtig davor und kam mir fast vor wie ein Vogel, der das afrikanische Treiben aus der Luft beobachtet. Der Himmel verfärbte sich langsam von dunklem Blau in ein bleiches Gelb, bis er schließlich in flammendem Orange zu verbrennen schien. Durch das offene Fenster stieg der Duft von Eukalyptusholz.

Ich musste wieder an Alessio denken. Er war immer allergisch auf den Rauch dieses Holzes gewesen, hatte den Geruch gehasst, weil er seine Nase kitzelte und ihn dreißigmal in Folge niesen ließ. Ich hingegen liebe das süßliche Aroma, das die trockenen Zweige beim Verbrennen ausströmen. Dieser Duft ist einfach überall, die Äthiopier benutzen Eukalyptusholz zum Kochen, zum Heizen, für Kaffeezeremonien oder um Maiskolben am Straßenrand zu rösten.

Ich finde, der Geruchssinn wird völlig unterschätzt. Viel mehr als Augen und Ohren kann unsere Nase völlig unerwartet Erinnerungen hervorzaubern, die wir zu vergessen geglaubt hatten. Allein durch tiefes Einatmen können wir eine Reise antreten, zu all den Orten unserer Vergangenheit, die irgendwo in einem Teil unseres Gehirns gespeichert sind und manchmal jahrelang vor sich hin schlummern. Noch heute kommt mir jedes Mal einer meiner ersten Freunde, ein umwerfender Typ aus Wiesbaden, in den Sinn, wenn ein mit Davidoff parfümierter Mann an mir vorbeiläuft. Dieser Duft, das war er. Wenn ich dann kurz die Augen schließe, läuft in mir ein ganzer Film ab, in Sekundenschnelle. Wir beide im Kino, in Wiesbaden, in Bonn, auf Lanzarote, Sätze, die er sagte, seine Hände auf meiner Haut.

Oder *Gudang Garam*. Jene süßlichen Nelkenzigaretten, die in Indonesien geraucht werden. Immer wenn ich in Jakarta oder auf Bali gelandet bin, zogen sofort Schwaden dieses köstlichen Qualms durch die Luft. Da wusste ich: Ich bin angekommen. Ich bin in Indonesien. Wenn ich dann in Europa irgendwo *Gudang Garam* rieche, stehe ich wieder am Kuta Beach und betrachte die Priester bei ihrer Mondscheinzeremonie, dann sitze ich wieder in einem balinesischen Tempel und lausche dem Klang des Gamelan, oder ich lasse mich noch einmal vom hinreißenden Anblick des Vulkans Agung verzaubern. Erinnerungsreisende sind frei, in Windeseile können sie den Ort wechseln. Bestimmte Gerüche helfen dabei, ja, sie katapultieren uns geradezu in einen Moment aus der Vergangenheit. Manchmal kann das auch ein schlimmer oder trauriger Moment sein. Das Gute ist: Er ist ja schon vorbei und überstanden – und wir haben die Wahl, uns von der Erinnerung einfangen zu lassen oder diesen Drang einfach zu blockieren.

Orte haben Gerüche. Länder haben Gerüche, ebenso wie Städte und Häuser. Ihre Wahrnehmung jedoch ist ganz individuell. Äthiopien riecht für mich nach brennendem Eukalyptusholz. Manchmal mischt es sich mit dem herrlichen Aroma frisch aufgebrühten Kaffees, ach, wie das duftet. Sehen Sie, gerade war ich wieder da, ein kurzer Flashback. Ich sah mich am Fenster stehen und die Rauchschwaden vor den kleinen Läden am Straßenrand betrachten. Wie ich das alles vermisse!

Dabei sind die Eukalyptusbäume nicht einmal endemisch, sondern sie wurden erst Ende des 19. Jahrhunderts von Kaiser Menelik II. aus Australien importiert, um die damals stark aufstrebende neue Hauptstadt mit Bau- und Brennholz zu versorgen. Die schnell wachsende und wassersaugende Pflanze ist nicht unumstritten, manche sehen in ihrer übermäßigen Anpflanzung als Monokultur einen der Hauptfaktoren für die Erosion, die seit Jahren den äthiopischen Boden zerstört. Gleichzeitig deckt Äthiopien den Großteil seines Energiebedarfs durch das Verbrennen von Holz oder Holzkohle – ohne Eukalyptus sähe es da wohl, im wahrsten Sinne des Wortes, ziemlich düster aus.

Am nächsten Morgen brachte mich Solomon in aller Frühe zum Flughafen. Der Abschied von Alessio war kurz und undramatisch gewesen, er lag noch im Bett, als ich ging. Mittlerweile hatte er das Gästezimmer bezogen, die Trennung war jetzt auch physisch vollzogen.

In der Morgendämmerung schwebte ich über das Rift Valley und den Blauen Nil in Richtung Norden, welch eine dramatische Landschaft, welch umwerfende Ausblicke auf schroffe Felswände und canyonartige Abgründe! Um zwanzig nach sieben, nach knapp fünfzig Minuten Flug, tauchte der Tanasee unter der Propellermaschine auf. Ich kann kaum in Worte fassen, wie sehr ich diesen Ort liebe.

Habe ich schon erwähnt, dass Bahir Dar mein absoluter Favorit unter allen Städten Äthiopiens ist? Vielleicht liegt es am Wasser, an diesem immensen, wunderschönen See, der vom Ufer aus wie ein Ozean aussieht. Der Anflug auf den Airport erfolgt vom Wasser aus, in Schräglage steuert der Pilot in einer langgezogenen Kurve die Landebahn an. Dabei ist die Maschine meist schon so tief gesunken, dass es scheint, als würden die Flügel die Wasseroberfläche streifen. Der See hat eine ganz seltsame Farbe, er ist beigebraun, und er glitzert mit dem Sonnenlicht um die Wette. Ich konnte erste Fischer ausmachen, die von ihren Papyrusbooten aus ihre Netze auswarfen, entdeckte vereinzelte Pelikane im Wasser, dann hatten wir Land unter uns.

Ich habe Menschen aus aller Herren Länder kennengelernt, die jahrelang in Äthiopien für die Vereinten Nationen tätig waren. Viele von ihnen haben Addis Abeba nie verlassen. Dennoch erzählen sie von Äthiopien, als würde sich das Land auf seine Hauptstadt beschränken. Welch fataler Irrtum! Das wirkliche Äthiopien ist überall, nur nicht in Addis Abeba. Wer in Bahir Dar landet, entdeckt die Unterschiede überall, schon im Anflug.

Hier ist Afrika. Die Erde ist rot, das Land ist von unwegsamen Trampelpfaden durchzogen, auf denen Frauen in bunten oder weißen Gewändern Tonschalen auf dem Kopf balancieren. Dazwischen grasen Ziegen- und Schafherden, die Hirten sind Kinder, die übermütig miteinander spielen, die Männer beackern die Felder mit Ochsenkarren aus biblischer Zeit. Und all dies geschieht in einer solch friedlichen, fast spirituellen Atmosphäre, dass ich mehr als einmal darüber nachgedacht habe, in Bahir Dar zu leben. Vielleicht werde ich es irgendwann tun. Nicht oft erobert ein Ort unser Herz dermaßen im Sturm, wie Bahir Dar mich bereits bei meinem ersten Besuch gepackt hat. Ich war insgesamt bestimmt zwanzigmal dort, manchmal nur für wenige Tage, manchmal für eine oder zwei Wochen. Jedes Mal war ich wieder aufgeregt, jedes Mal war Vorfreude in meinem Herzen.

Glücklicherweise gab es immer einen guten Grund, nach Bahir Dar zu fahren, denn hier hatten wir schließlich unsere erste Schule gegründet. Tatkräftig unterstützt hatte uns dabei der coolste katholische Priester, den ich in meinem Leben getroffen habe. Abba Abebe Teklemariam ist nicht nur ausgebildeter Pilot, er studiert ganz nebenbei auch noch Medizin. Wir hatten ihn bei unserer ersten Äthiopienreise über einen Bekannten aus Italien kennengelernt. Eine glückliche Fügung. Menschen wie ihn trifft man nicht alle Tage. Abba – das amharische Wort für Vater – vereint alles Gute, alle Liebe, Großzügigkeit und Hilfsbereitschaft, die man von einem religiösen Menschen erwartet, mit der Pragmatik und Nüchternheit eines Mannes, der richtig zupacken kann. Er ist Idealist und Realist in einem. Wenn alle Priester der katholischen Kirche so wären wie er, dann müsste die Kritik an ihr neu überdacht werden.

Äthiopien ist ein orthodoxes Land mit großem muslimischem Einfluss. Katholiken sind selten. Wohl deshalb hat die Kirche sehr krasse Maßnahmen ergriffen, um sich katholischen Nachwuchs zu sichern: Kinderreiche Familien wurden jahrelang immer wieder aufgefordert, einen ihrer Söhne der Kirche zu »geben«. Die meisten willigen gleich ein, weil eine religiöse Karriere finanzielle Sicherheit verspricht. Um diesen Sohn braucht man sich keine Sorgen mehr zu machen. So jedenfalls wurde es mir einmal erzählt. Abba Abebe ist aber keines dieser Kinder, das in die Kirche »geholt« wurde. Ihn hatte seine Mutter dazu gedrängt, ins Priesterseminar zu gehen, und als er dann noch einen Geistlichen kennenlernte, der gleichzeitig Arzt war, entschied er sich, dem Wunsch der Familie zu entsprechen und gleichzeitig seinen Traum eines Medizinstudiums zu leben. Er ist also kein Berufener. Aber er erfüllt sein Amt mit Hingabe – auch wenn er sich fast nie wie ein Ordensträger kleidet. Wenn Abba den Raum betritt, verbreitet sich schlagartig eine besondere Atmosphäre. Karma? Ich denke, ja. Er hat eine unglaublich positive Ausstrahlung, die er auf andere und die gesamte Umgebung überträgt.

Und da stand er nun mit beigen Hosen, weißem Hemd und sportlichen Schuhen auf dem Flughafenparkplatz, lässig an seinen Jeep gelehnt, und empfing mich mit offenen Armen. Er war immer da, wenn Alessio oder ich nach Bahir Dar kamen, egal um welche Uhrzeit. Auf der kurzen Fahrt ins Zentrum sprachen wir auf Englisch und Italienisch über dies und das. Habe ich schon erwähnt, dass der Mann auch ein echtes Sprachgenie ist? Mit meinen Neuigkeiten über Alessio wollte ich ihn erst einmal verschonen. Ich war Anfang Februar zuletzt in Bahir Dar gewesen, mit Alessio und Steph, kurz nachdem das ganze Beziehungsdrama losgegangen war. Jetzt war es Mai. Ich fühlte mich ein wenig schuldig, Abba nicht über die Lage informiert zu haben, denn ich wusste, wie sehr er an uns beide und die Arbeit unserer Organisation glaubte. Aber er wusste Bescheid – Alessio hatte ihm wenige Tage zuvor am Telefon von der Trennung erzählt.

»Ich war völlig überrascht, damit hätte ich nie gerechnet. Ihr wart immer ein so starkes Paar, es schien, als könne euch nichts auseinanderbringen«, sagte Abba Abebe.

Er erzählte mir auch, dass Alessio Rat bei ihm gesucht habe, da er sich nicht sicher sei, ob es die richtige Entscheidung war, mich zu verlassen.

»Ich habe ihm gesagt, dass dies vielleicht nur eine Phase ist, die vorbeigeht, und dass er nichts überstürzen soll. Und ich habe ihn auch gefragt, wie es jetzt mit Eurer Organisation weitergehen soll. Er hatte keine rechte Antwort darauf. Er weiß im Moment überhaupt nichts mehr, er schien sehr durcheinander zu sein. Gib ihm Zeit. Dräng ihn nicht. Er wird bestimmt zur Besinnung kommen.«

Meine Augen füllten sich mit Tränen, aber ich versuchte, tapfer zu sein, und nickte stumm. Von Alessios Zeit im Gefängnis erwähnte ich nichts. Ich wollte Abba nicht noch mehr belasten, zumindest nicht in diesem Moment. Und ich wollte auch nicht mehr darüber reden, ich wollte einfach nur noch all das Erlebte hinter mir lassen.

»Geht es dir gut?«, fragte er behutsam.

»Nein, Abba, es geht mir nicht gut. Aber jetzt bin ich hier, und das Leben geht weiter.«

Er sah zu mir herüber und wechselte dann das Thema. »Morgen fahren wir in die Schule, ich habe mit dem Direktor gesprochen und gesagt, dass wir kommen.«

»Oh, danke, das ist prima«, erwiderte ich und war froh, dass Abba Abebe mich auf andere Gedanken brachte.

Ich war mit einem bestimmten Vorhaben nach Bahir Dar gekommen. Aber ich ahnte noch nicht, welche Erkenntnisse diese Reise für mich bereithalten würde. Ich wusste nur, dass ich endlich wieder anfangen musste, etwas zu tun, irgendwie zu helfen, denn deshalb war ich schließlich nach Äthiopien gekommen. In den vorangegangenen Wochen war ich wegen meines inneren Zustandes unfähig gewesen, mir selbst zu helfen – geschweige denn anderen Menschen. Wie Maschinen hatten Alessio und ich unsere Pflicht getan, Meetings mit Lokalpolitikern abgehalten, im Büro gehockt und halbherzig Berichte für unsere Sponsoren geschrieben. Nur gut, dass Solomon da war, der uns auffing, die Situation erkannte und die Zügel der Organisation zeitweise komplett in die Hand nahm.

Ich bin überzeugt davon, dass wir nur dann in der Lage sind, anderen zu helfen, wenn wir erst einmal uns selbst helfen. Wenn wir unglücklich oder nicht mit uns selbst im Reinen sind, können wir nichts bewirken. Das Herz muss offen sein, es muss sehen und fühlen. Alessio hatte eine meterhohe Wand um sein Herz gezogen. Und meins war wie tot, der Schmerz hatte es letztlich versiegelt, wenn sich auch erste zaghafte Löcher durch die Mauer fraßen. Bahir Dar sollte ein Stück des Siegels aufbrechen.

Abba fuhr mich ins Hotel. Ich wohnte wie immer im Ethiostar, einer fünf Stockwerke hohen Kaschemme, die ich aus unerfindlichen Gründen absolut liebe. Dort anzukommen gab mir gleich ein bisschen Heimatgefühl. Die netten Angestellten begrüßten mich mit offenen Armen und reichten mir den Schlüssel Nummer 301 – die Nummer meines Lieblingszimmers.

Ich stieg die Stufen hinauf, vorbei am Restaurant im ersten Stock und dann den Gang entlang, bis ich vor der klapprigen Holztür stand. Ein Träger brachte meine Tasche und einen Stuhl für den Balkon. Die Mitarbeiter wussten, wie gerne ich auf dem kleinen Balkon des Zimmers saß und auf den Lake Tana blickte.

Natürlich, auch hier kamen sofort die Erinnerungen wieder hoch. Wie viele Male hatte ich dort mit Alessio gesessen. Bilder tauchten vor meinem inneren Auge auf, wie wir eng umschlungen und glücklich um den See wanderten, wie wir große Tukane aus den exotischen Bäumen aufsteigen sahen und Jacaranda-Blüten auf unsere Köpfe regneten.

Vorbei. Das war vorbei. Es war sinnlos, sich so zu quälen. Ich vertrieb die nostalgischen Gedanken und beschäftigte mich mit dem, was in den nächsten Tagen vor mir lag. Ich würde unsere Studenten sehen, Melkamsira und Aynalem, Wubetu und all die anderen. Ich würde mit unseren Lehrerinnen Meseret, Yeti und Hana zu Abend essen. Ich würde mit Abba Abebe in seinem Garten sitzen und ihm als Priester und als Freund von der neuen Situation erzählen. Vielleicht würde ich zu einer Kaffeezeremonie eingeladen oder einzelnen Studenten kleine Ratschläge geben können.

Das Schöne an den Besuchen in Bahir Dar war, dass sie immer einem gleichen Schema zu folgen schienen – und doch jedes Mal anders waren.

Um die Mittagszeit sah ich unten Abbas Wagen vorfahren. Das Hotel liegt gleich an der Hauptstraße von Bahir Dar. Vom Balkon des Hotels aus scheint die Stadt modern, blühend und aufstrebend. Das ist sie auch, aber es gibt auch so viel Elend, so viel Elend …

Ich lief hinunter und entdeckte Dawit hinter dem Steuer. Dawit ist der schönste Äthiopier, den man sich vorstellen kann. Er sieht aus wie ein blutjunger Lenny Kravitz (wir nennen ihn deshalb auch gerne Lenny), hat dicke Afrolocken, eine relativ helle Haut und ein unglaublich ebenmäßiges Gesicht. Außerdem ist er wahnsinnig nett, wohl deshalb arbeitet er in seiner Freizeit für Abba, betätigt sich als Fahrer und rechte Hand.

Wir begrüßten uns herzlich, und los ging die Fahrt zu Abbas Compound, einem großen Areal am Stadtrand mit einer hübschen katholischen Grundschule, einem improvisierten Fußballfeld, einer Kirche und einem Wohnhaus.

Durch den grün bepflanzten Patio, um den die Räume der zwei dort tätigen Priester und der Angestellten angelegt sind, ging ich zur Küche und von dort hinaus in den Garten. Es duftete nach Blumen, Obst und Gemüse – ja, Abba ist auch ein begnadeter Gärtner, überall leuchteten Blüten in allen Regenbogenfarben. Abba Abebe, Abba Iyasu und ihre Köchin warteten bereits auf mich im Tukul, einem zu allen Seiten offenen Gartenhäuschen im Stil der traditionellen äthiopischen Hütten.

Wir tranken italienischen Rotwein und aßen allerlei Köstlichkeiten, darunter mein geliebtes *messer wot*, Spaghetti mit zarter Möhrensauce und frittierte Zucchini; zum Nachtisch wurden Papayas und Mangos gereicht.

Nachdem wir zum Abschluss dieses lukullischen Mahls

mehrere Tassen frisch aufgebrühten rabenschwarzen Kaffee genossen hatten, lief ich etwas durch Bahir Dar und nahm dann einen *bajaj* zum Trainingszentrum. Wie alle Äthiopier bin ich ganz vernarrt in dieses Transportmittel, das seit einigen Jahren in den kleineren Städten des Landes immer zahlreicher vertreten ist. Es handelt sich um dreirädrige, mit kleinen Mofamotoren betriebene Rikschas, die zunächst von der indischen *bajaj*-Company importiert wurden. Ich war sehr überrascht gewesen, als ich sie erstmals in Bahir Dar gesehen hatte, erwartet man solche Tuk Tuks doch eher in Asien. Die Fahrer bahnen sich flink und geschickt ihren Weg durch den Verkehr und bringen die Kunden in Windeseile von A nach B – und das für einen Spottpreis. Ich ließ meine Haare durch die offenen Seiten des Gefährts im Wind flattern, bezahlte 2 (!) Birr und traf mich dann auf einen Tee mit einigen Studenten.

Abends saß ich mit Abba Abebe und unseren Lehrerinnen im Dib Anbessa, einem netten Restaurant, wenige Meter vom Ethiostar. Wie immer, wenn ich am großen See verweilte, aß ich Fisch: köstlich gegrillten Tilapia mit Reis und gekochten Karotten – und extra scharfer Sauce.

In der Nacht wurde ich durch laute Gesänge geweckt. Es war drei Uhr morgens, und eine Prozession ganz in Weiß gehüllter Gläubiger lief die Hauptstraße entlang. Ich ging auf den Balkon und beobachtete den spirituellen Menschenzug, bis er schließlich mitsamt der immer leiser werdenden Trommeln verschwand, wie Engel, die hinter dem Horizont dem neuen Tag entgegenlaufen. Wieder einer dieser Momente! Wieder das Gefühl, in einem Land zu sein, das ich kenne und doch nie in seiner Ganzheit begreifen werde.

Am nächsten Morgen fuhren wir los, um die Schule zu besuchen. Abba erzählte mir noch einmal ausführlich von den haarsträubenden Zuständen dort und den Dingen, die wir tun konnten.

»2000 Euro hast du gesammelt?«, fragte er.

Ich bejahte. Das Geld stammte – wie am Anfang des Buches bereits erwähnt – aus einer Privatspende.

»Das ist viel Geld. Da können wir schon einiges mit machen«, meinte der Priester, und Iyasu nickte zustimmend. Gemeinsam beschlossen wir, zunächst mit den Direktoren zu sprechen und sie zu fragen, was am dringendsten gebraucht wurde.

Als wir das Schulgebäude erreichten, fiel mir gleich ein herrlicher Baobab auf, der seine schroffen Äste in den Himmel reckte. Mir kam die afrikanische Legende in den Sinn, die den seltsamen Wuchs dieses Baums so erklärt:

Vor vielen Jahren sah der Baobab – der auch Affenbrotbaum genannt wird – wie jeder andere Baum aus. Er wollte aber anders sein und bat die Götter, ihm mehr Platz zu geben, damit er besser wachsen könne. Der Wunsch wurde erfüllt, aber der Baobab war noch immer nicht zufrieden. Jetzt bat er die Götter, ihn mit einem mächtigeren Stamm auszustatten, um sich von den anderen Baumarten abzuheben. Die Götter kamen auch diesem Wunsch nach. Nur: Der Baobab gab keine Ruhe und erbat sich kurz darauf eine zartere Rinde und samtartige Früchte, um noch schöner zu sein. Wieder erfüllten die Götter den Wunsch. Als der Baobab dann auch noch goldene Blüten einforderte, wurde es den Göttern zu viel. Sie wurden zornig, rissen ihn aus der Erde und setzten ihn verkehrt herum wieder ein. Seitdem schweigt der Baobab, aber seine verschlungenen Wurzeln ragen bis heute in die Luft.

Wie schön diese afrikanischen Geschichten sind, und wie treffend! Aber ich hatte keine Zeit, mich in ihnen zu verlieren, denn gleich strömten aus allen Richtungen Kinder auf uns zu.

»Wirst du uns helfen?«, fragte mich ein Knirps im orangefarbenen T-Shirt.

Das war der Moment, der alles veränderte. Plötzlich wusste ich, was ich vorher immer nur geahnt hatte: dass ich nämlich wirklich etwas tun konnte. Anders als Alessio war ich davon überzeugt, dass es schon viel wert ist, wenn wir das Leben von einigen wenigen Menschen beeinflussen und verbessern. Alessio hingegen dachte immer im Großen, er wollte das Land ändern, es revolutionieren und ihm Wohlstand bescheren. Ein schöner, ein großartiger Gedanke – aber eben nur eine Illusion. Es wird viele Jahre dauern, bis sich in Äthiopien für all seine Bewohner grundlegend etwas ändert.

Ich musste jetzt meinen Weg gehen. Ich musste keine Rechenschaft mehr ablegen und auch nicht mehr diskutieren. Ich konnte endlich handeln.

Mit den beiden Direktoren, die in ihren zerschlissenen Kleidern selbst ein Bild des Jammers abgaben, setzten wir uns in ihr »Arbeitszimmer«, eine dunkle Kammer mit zwei Holzbänken und einem alten Schreibtisch, auf dem ein Computer stand, der auch schon bessere Tage gesehen hatte. Nach einem kurzen höflichen Austausch von Freundlichkeiten erklärte ich, warum ich gekommen war, und

Abba übersetzte meine Worte. Zunehmend hellten sich die Gesichter der beiden etwa fünfzigjährigen Männer auf. Den äthiopischen Gepflogenheiten folgend, sah ich davon ab, selbst Vorschläge für die Verwendung der Spendengelder zu machen und fragte stattdessen die Direktoren, was ihrer Meinung nach am dringendsten benötigt wurde.

Sie beratschlagten kurz, und dann setzte einer von ihnen an: »Ein Drucker, wir brauchen einen Drucker für den Computer, um die Klassenarbeiten und Tests und Zeugnisse ausdrucken zu können.«

Ich hielt das sofort für eine gute Idee. »Fein«, sagte ich, »wir kaufen einen Drucker. Aber der kostet ja nicht viel. Was noch?«

Wieder sprachen sich die Männer kurz ab und erklärten dann, dass ein Fotokopierer gebraucht würde.

»Was kostet so ein Ding in Äthiopien?«, fragte ich Abba, der kurz überlegte und dann meinte, er werde Dawit fragen, der sich da auskenne. Er schätzte jedoch, dass ein großer Fotokopierer für etwa 12.000 Birr, also etwa 1000 Euro zu bekommen sei. Wir beschlossen also, den Wünschen der Direktoren nachzukommen.

Aber ich hatte immer noch das Gesicht des kleinen Jungen vor Augen und wollte mit dem Rest des Geldes unbedingt etwas machen, was den Kindern direkt helfen würde. Also bat ich Abba, mir die Schule zu zeigen, damit ich besser abwägen konnte, woran es am meisten haperte.

Die Schulgebäude mit etwa zehn Klassenräumen lagen parallel angeordnet zu beiden Seiten des Platzes. Wir betraten das erste Klassenzimmer. Es war furchtbar dunkel, meine Augen mussten sich zunächst an die Lichtverhältnisse gewöhnen. Die Kinder kreischten und schrien, als ich hereinkam, bis der Lehrer sie zur Ruhe rief. Dann sagten sie im Chor »Tena yistillin!«

Ich lächelte in die Runde, nickte den Kindern zu und blickte um mich. Trostlosigkeit ist ein viel zu milder Ausdruck für das, was ich sah. Die Wände waren aus braunem Lehm und kahl, teilweise von Löchern zerfressen. Die Fenster waren winzig und hatten keine Scheiben. Mit viel Liebe hatten die Lehrer versucht, die Räumlichkeiten mit Malarbeiten der Schüler zu verzieren, um das Ganze etwas freundlicher zu gestalten. An der Tafel stand mit Kreide das äthiopische Alphabet. Was mir erst auf den zweiten Blick auffiel, waren die Schulbänke. Sie waren in einem grauenhaften Zustand. Viele waren völlig uneben, aus einigen reckten sich Holzspäne in die Höhe, andere wackelten oder hatten eine gänzlich verschlissene Beschichtung.

In den anderen Klassenzimmern war die Lage nicht besser. Ich sah Abba an und fragte, ob man die Holzpulte wohl reparieren könne.

»Wir können einen Tischler fragen, aber ich würde mal sagen, da müssen ganz neue Schulbänke her.«

Ich stimmte ihm sofort zu. Am Nachmittag schickte Abba Dawit los, der Erkundigungen über Preise für solche Schreinerarbeiten einholte. Nach langem Rechnen beschlossen wir schließlich, neben dem Drucker und dem Fotokopierer neue Klassenpulte für sechs Räume zu bestellen. Leider reichte die Spende nicht für alle Zimmer, aber ich nahm mir fest vor, das fehlende Geld irgendwann zu beschaffen.

Wenige Wochen später wurden unsere Planungen Wirklichkeit. Als ich das nächste Mal nach Bahir Dar kam und die Schule besuchte, strahlten die Kinder mich an. Fröhlich saßen sie an ihren neuen Tischen. Dass sie weiter Hunger hatten, war jedoch nicht zu übersehen. Es wäre ein schönes, ein so sinnvolles Projekt, auf dem Gelände rund um den Baobab einen Gemüse- und Obstgarten anzulegen und eine Schulmensa einzurichten. Aber dazu bedarf es viel Geld, das ich zu diesem Zeitpunkt nicht hatte.

Ich denke oft an die Kinder in Bahir Dar, und ich wünschte, ich hätte mehr tun können. Wenn ich mich in diesen Gedanken verliere, dann weiß ich, dass die Schule nur einer der vielen guten Gründe ist, warum ich nach Äthiopien zurückkehren muss. Es gibt noch so viel zu tun! Und wenn man etwas tut, und sei es auch noch so klein und scheinbar unbedeutend, fühlt es sich so gut an! So richtig. Und irgendwie so leicht.

Als ich wieder in Addis war, bekam ich endlich gute Nachrichten: Ein Bekannter, der für die deutsche Gesellschaft für Technische Zusammenarbeit tätig war, suchte eine Journalistin mit NGO-Erfahrung, die ein Kurzzeitprojekt betreuen könnte. Es ging darum, ein Radioprogramm für die überall im Land entstehenden Community Radios zu entwerfen und den Menschen auf dem Land das Konzept von Entrepreneurship näherzubringen. Wie baue ich mir eine kleine Firma oder einen Laden auf? Wie funktioniert das in Äthiopien mit der Steuer? Wie finde ich Kunden? Was bedeutet Marketing? – dies waren nur einige der Fragen, auf die ich in leicht verständlich geschriebenen Dialogen eine Antwort geben sollte. Diese wurden anschließend auf Amharisch übersetzt, von professionellen Sprechern aufgenommen und zunächst in Jimma im Süden allwöchentlich ausgestrahlt. Zusätzlich schlug ich vor, auch Radio-Shows zu organisieren, bei denen die Zuhörer live im Studio anrufen konnten, um erfahrenen Unternehmern, die sich bereits erfolgreich selbstständig gemacht hatten, Fragen zu stellen.

Ich mochte dieses Projekt sehr, es schien mir eine äußerst sinnvolle Aufgabe zu sein, die mich zudem ablenkte. Außerdem kam durch die Arbeit endlich wieder etwas Geld auf mein Konto.

Verstümmelt

Ein paar Wochen später hatte ich mal wieder allzu große Sehnsucht nach Tadela und flog nach Gondar. Ich kannte die Stadt mittlerweile gut, und doch erstaunte sie mich jedes Mal aufs Neue. Früh morgens im Goha Hotel, das auf einem Hügel liegt und den Blick auf Gondar freigibt, wird man zwischen Nebelschwaden und tief kreisenden Adlern das Gefühl nicht los, plötzlich ins Mittelalter verfrachtet zu sein. Da liegt es, mächtig und schlafend wie Dornröschen, das Schloss von Kaiser Fasilidas. Als ich zum ersten Mal an der Brüstung stand, konnte ich mir tatsächlich ohne Probleme ausmalen, wie ein Ritter auf einem weißen Pferd und mit seinen Anhängern im Gefolge durch die großen Tore geritten kommt. Ich sah ihn förmlich vor mir. Nicht umsonst wird Gondar auch das Camelot Afrikas genannt. Schon zwei Mal hatte mich Girum, ein Freund und Touristenführer, durch die prächtige Schlossanlage begleitet, ein anderes Mal besuchten wir das Schloss von Königin Mentewab oder, besser, das, was noch davon übrig ist. Die Ruinen könnten genauso gut in Rom oder Pompeij stehen, was sie aber dem Abendland voraushaben, ist die grandiose Aussicht auf die sanften Hügelketten des äthiopischen Hochlandes.

Das Beste sollte aber noch kommen: Mit Staunen folgte ich einem Priester, der mich von einer zentral gelegenen Kirche über eine enge Treppe in das darunterliegende Gewölbe begleitete.

»Was kommt denn jetzt?«, fragte ich Girum noch, als ich plötzlich vor einem kleinen Glassarg stand. Darin erkannte ich im schummrigen Licht drei Skelette.

»Das ist Queen Mentewab«, erklärte der Priester. »Und daneben liegen ihr Sohn und ihr Enkel.«

Wow! Seit zweihundert Jahren werden die Überreste der Königin hier aufbewahrt, vor den Augen der Welt versteckt und gut geschützt wie ein unaussprechliches Geheimnis. Anders als in Rom, wo in den bedeutenden Kirchen die einbalsamierten Körper vieler Päpste für die Katholiken und Touristenströme zur Schau gestellt werden, ist man hier ganz allein, hat diesen Ort ganz für sich.

Aber mein Lieblingsort in Gondar ist trotz all der kulturellen Vielfalt doch ein anderer, und zwar die Kirche Debre Birhan Selassie. Dutzende Engel blicken dort im typischen Malstil des Landes aus riesigen schwarzen Augen auf die Gläubigen herab. Auf den kunstvoll bemalten Wänden sind seit Jahrhunderten Szenen aus dem Leben Christi und der Heiligen dargestellt. Die kleine Kirche, die inmitten der großen Kultur Äthiopiens wie ein winziges Juwel alle Angriffe der Zeit und der Moslems überstanden hat, ist ein Ort der Stille, ein Ort der Einkehr, eine Oase inmitten des bunten Treibens der ehemaligen Hauptstadt. Die Legende besagt, dass Derwische im späten 19. Jahrhundert versuchten, das Gotteshaus zu zerstören – glücklicherweise vergebens, denn sie sollen von einem immensen Bienenschwarm vertrieben worden sein, der das Kirchlein vor dem Untergang bewahrte.

An der Hotelbar geriet ich dann am Abend in eine ausufernde Diskussion mit einem deutschen Touristenpaar.

Die Frau, etwa Mitte fünfzig, fragte interessiert, was ich in Äthiopien mache. Ich erzählte von der Organisation und bemerkte, dass sie leise zu lachen begann.

»Unternehmertum in Äthiopien? Das klappt doch nie!«, rief sie im Brustton der Überzeugung.

Ich fragte höflich nach, woher sie das denn wisse, ob sie vielleicht Expertin auf dem Gebiet sei.

»Nein, wir sind nur zwei Wochen mit einer Reisegruppe hier«, entgegnete sie. »Aber das sind doch Afrikaner, und wir sollten alles so belassen, wie es ist. Hier hat sich seit Urzeiten nichts verändert, und das muss es ja auch nicht.«

Ich sah sie entgeistert an.

»Sie meinen, die Äthiopier sollten lieber weiter in Armut leben und unter einem Baum sitzend auf Hilfe warten, statt das Schicksal ihres Landes selbst in die Hand zu nehmen?«

»Ja, die sollen so bleiben, wie sie sind. Es ist doch alles so pittoresk! Außerdem sind Afrikaner faul, die werden es nie schaffen, eine Firma zu leiten.«

Was macht man in so einer Situation? Ich fühlte die Wut in mir hochsprudeln wie vergifteten Prosecco. Aber ich nahm mich zurück. Manche Diskussionen sind unnötig, weil die Menschen in so alten Vorstellungen verwurzelt sind, dass ein abendliches Gespräch bestimmt nichts ändern wird.

»Wenn Sie meinen«, sagte ich nur. »Da gehen unsere Meinungen wohl auseinander.«

Damit verabschiedete ich mich, ging hinaus in den Garten und dachte an Tadela. Es war so schön gewesen, den Nachmittag mit ihr zu verbringen und zwischen Luftballons und Seifenblasen ihrem kindlichen Lachen zu lauschen. Irgendwo da unten war sie, und ich wünschte ihr süße Träume. Während ich auf das abendliche Gondar hinunterblickte, kam der Ritter wieder aus der Burg. Er zog mich auf sein Pferd, und als wir in der Dunkelheit davonritten und die warme Nachtluft durch mein Haar wehte, ließ ich den Ärger einfach hinter mir.

Am Morgen setzte ich mich mit Jenna in den Garten ihres *Compounds*. Ihre Mitarbeiterin Martha brachte frisch aufgebrühten Kaffee heraus, während mir der große schwarze Mischlingshund Bobby um die Beine scharwenzelte.

Assefa, Jennas rechte Hand, schaute ebenfalls vorbei. Ich kannte ihn bereits gut und mochte ihn sehr. Wie aufopfernd er sich um die Kinder kümmerte, nach allem, was er selbst im Leben durchgemacht hatte, erfüllte mich mit Bewunderung. Assefa hat über zwölf Jahre seines Lebens im Gefängnis verbracht, ohne Prozess, ohne Urteil. Er war ein Schulinspekteur, als das Derg-Regime an die Macht kam und ihn zwang, seinen Beruf auch unter ihrer Führung weiter auszuüben. Als Oberst Mengistu schließlich gestürzt wurde und aus dem Land floh, ließ die heutige Regierung alle verhaften, die ihrer Meinung nach für die Derg gearbeitet hatten. Dazu gehörte auch Assefa. Der große Mann mit den grau melierten Haaren hätte nicht einmal einer Fliege etwas zuleide tun können. Er hatte nur das Pech, zur falschen Zeit am falschen Ort zu sein und sich der kommunistischen Schreckensherrschaft beugen zu müssen.

In all den Jahren im Gefängnis stand Assefa seine Frau zur Seite, besuchte ihn, baute ihn auf. Die beiden führen eine wunderbare Ehe, die Art, wie er über sie spricht, zeugt von tiefer Liebe, Respekt und Achtung. Jetzt, mit über fünfzig Jahren, hat er sich seinen größten Traum erfüllt: Er hat noch einmal die Schulbank gedrückt und mittlerweile einen Universitätsabschluss im Fach Management in der Tasche. Dennoch arbeitet er weiterhin für Jenna.

Als ich ihn einmal darauf ansprach, meinte er: »Ich kann die Kinder und ihre Familien nicht im Stich lassen. Nein, das könnte ich nicht. Wir müssen ihnen doch helfen, wer soll es denn sonst tun?«

Während ich unter einem Sonnenschirm an meinem Kaffee nippte, begann Jenna zu erzählen. Von ihrer Arbeit, vom täglichen Kampf gegen die Armut, von der hohen AIDS-Rate und den zahlreichen traditionellen Praktiken, die in Äthiopien – wie in so vielen anderen Ländern Afrikas – noch immer gang und gäbe sind. Sie hatte Tränen in den Augen, als sie mir den Tod eines gerade einmal acht Wochen alten Jungen schilderte, dessen Familie sie seit Jahren unterstützte.

»Weißt du, sie haben ihm sein Zäpfchen aus dem Rachen schneiden wollen«, setzte sie an. »Natürlich gibt es dafür keine sauberen Geräte, nur verschmutzte Klingen oder Messer. Irgendwas ist aber schiefgelaufen. Sie konnten die Blutung nicht stillen, und obwohl sie den Kleinen noch schnell ins Krankenhaus gefahren haben, ist er kurz darauf gestorben.«

»Warum haben sie das denn getan? Ich meine, ihm das Zäpfchen rausgeschnitten?«, wollte ich wissen.

»Es ist Tradition. Viele Äthiopier glauben, dass das Kind an dem Zäpfchen ersticken könnte. Es ist einfach schrecklich. Wir versuchen alles, um die Frauen über die Risiken dieser Riten aufzuklären, aber es ist verdammt harte Arbeit. Die machen diese Dinge schon so lange hier, dass sie sich natürlich nicht von Weißen sagen lassen wollen, dass sie damit aufhören müssen. Deshalb sind es auch meine äthiopischen Mitarbeiter, die die Zusammenkünfte leiten und mit viel Geduld und Verständnis versuchen, etwas bei den Eltern zu bewirken.«

Ich musste an Tadela denken. Ob sie ihr wohl das Gleiche angetan hatten? Ich fragte Jenna geradeheraus.

»Ich weiß es nicht, Carola. Aber es kann gut sein. Ihre Mutter ist ja geistig etwas zurückgeblieben, und sie ist sehr leicht beeinflussbar. Wenn eine der älteren Frauen ihr gesagt hat, dass sie so was mit ihren Töchtern machen lassen muss, dann ist sie dem bestimmt nachgekommen – allein schon, um dazuzugehören und nicht ausgeschlossen zu werden. Tadela hat sie ja zum Beispiel auch zwei Milchzähne herausreißen lassen, also kennt sie die Praktiken.«

Ich hatte natürlich bemerkt, dass Tadela unten jeweils neben den vier mittleren Zähnen einer an jeder Seite fehlte. Aber ich hatte in meiner europäischen Naivität geglaubt, sie müssten ihr wohl ausgefallen oder gar nicht erst gewachsen sein. Ich war geschockt. Jenna sah mich mit ihren liebevollen Augen an.

»Angeblich soll das helfen, das Kind vor Durchfall und anderen Krankheiten zu schützen.«

»Das Herausreißen von Milchzähnen soll gegen Durchfall helfen? Wo besteht denn da der Zusammenhang? Das trägt doch höchstens dazu bei, dass die nachwachsenden Zähne später total schief und krumm sind!«

Jenna lächelte sanft. »Ich weiß, für uns ist das sehr schwer zu verstehen. Aber das sind jahrhundertealte Praktiken, und die Leute glauben wirklich daran.«

»Gibt es noch andere solcher Riten?«, wollte ich an Tadela denkend wissen.

»Ja, jede Menge. Zum Beispiel werden die Augenlider bis hinauf zu den Augenbrauen mit einem Messer eingeritzt. Das verbessert angeblich die Sehkraft oder hilft, Augenkrankheiten zu bekämpfen.«

Ich hatte bereits mehrmals Äthiopier mit deutlich sichtbaren Narben über den Augen gesehen und mich immer gefragt, wo die wohl herkamen.

»Aber auch dabei gibt es oft Komplikationen«, sagte Jenna. »Einige Kinder hier in Gondar sind bei dem Eingriff erblindet, weil zu tief geschnitten wurde. Furchtbar, nicht?«

Das musste ich erst einmal verdauen. Ich entschuldigte mich kurz, ging ins Haus und starrte vor mich hin. Wie konnte das sein? Wir befanden uns im dritten Jahrtausend, und während im Westen das Internet, iPods und Digitalfernsehen ihren Einzug gehalten hatten, war Äthiopien scheinbar vor Tausenden von Jahren stehen geblieben – zumindest was diese so genannten Harmful Traditional Practices betraf.

Selten zuvor hatte ich die Kluft zwischen den beiden Welten so klar gespürt wie in diesem Moment. Wir waren nicht nur durch Ozeane und Wüsten getrennt, sondern auch durch die Zeit, die in Teilen Afrikas stehen geblieben und in Europa unaufhaltsam fortgeschritten war. Veränderung kann aber nur von innen kommen. Deshalb fand ich Jennas Ansatz sehr gut, die Aufklärungsarbeit von Äthiopiern leisten zu lassen. Diese hatten wiederum durch ihre Arbeit mit der mutigen Britin gelernt, dass solche Praktiken Leben zerstören können – und hatten nun den festen Vorsatz, etwas zum Besseren zu verändern.

Als ich wieder in den Garten kam, trank Jenna gerade ihre zweite Tasse *bunna*.

»Soll ich weitererzählen?«, fragte sie vorsichtig. »Das Schlimmste kommt nämlich noch.«

Ich ahnte, was kam. »Du meinst FGM, nicht wahr?«

»Ja.«

Female Genital Mutilation, weibliche Genitalverstümmelung. Ich wusste seit langem, dass die Beschneidung von Frauen vor allem in den islamischen Ländern Ostafrikas weit verbreitet war. Schon Jahre zuvor hatte ich Waris Diries Bestseller *Wüstenblume* gelesen, einige Sätze waren mir seither nicht mehr aus dem Kopf gegangen.

Es gibt keine Worte, die den Schmerz beschreiben könnten, schreibt die Somalierin über die Infibulation. *Es ist, als ob dir jemand ein Stück Fleisch aus dem Oberschenkel reißt oder dir den Arm abschneidet, nur dass es sich dabei um die empfindsamsten Teile deines Körpers handelt.*

Und diese Schmerzen halten ein Leben lang an, bei jedem Wasserlassen und bei jeder Menstruation, ganz zu schweigen von Schwangerschaften und Geburt, die viele beschnittene Frauen nicht überleben.

Da Äthiopien immer noch ein größtenteils orthodoxes Land ist, obwohl der Islam auf dem Vormarsch ist, hatte ich mir zumindest im christlichen Gondar nie wirklich Gedanken über FGM gemacht. Das sollte sich nun ändern.

»Die Genitalverstümmelung wird von Angehörigen aller Religionen in Äthiopien praktiziert, das hat nichts mit dem Islam zu tun, sondern ausschließlich mit Sitten und Gebräuchen. 2005 ergab eine Erhebung, dass 74 Prozent der weiblichen Bevölkerung in Äthiopien von FGM betroffen ist. Nur im äußersten Süden wird das bei einigen ethnischen Gruppen gar nicht praktiziert.«

Ich brauchte mehr Kaffee – oder etwas Stärkeres.

»Hast du ein Bier?«

»Klar, geh in die Küche, im Kühlschrank sind ein paar Dashen.«

Gut, Dashen war mein Lieblingsbier, und zudem wurde es in Gondar produziert. Ich nahm einen tiefen Schluck und bedeutete Jenna weiterzuerzählen.

»Besonders schlimm ist es im Osten, in den Regionen Somali, Afar und Dire Dawa, da sind nahezu alle Frauen beschnitten. Der Eingriff wird da meist vorgenommen, wenn die Mädchen zwischen sieben und neun Jahre alt sind. Aber auch hier in Amhara wird beschnitten, und zwar – ebenso wie in der Region Tigray – häufig bereits im ersten Lebensjahr.«

Ich nahm noch einen Schluck. »Sag mal, wird denn immer Infibulation praktiziert, oder gibt es ein paar abgeschwächte Formen?«, wollte ich wissen.

Die Infibulation, auch Pharaonische Beschneidung genannt, wird weithin als die schlimmste Form von FGM betrachtet. Dabei werden die ganzen oder Teile der äußeren Genitalien weggeschnitten. Anschließend werden die verbleibenden Hautfetzen mit groben Materialien wie etwa Dornen zusammengenäht, so dass die Haut über der Vaginalöffnung und dem Ausgang der Harnröhre bis auf eine winzige Öffnung zuwächst und vernarbt. Nach der »Operation« werden die Mädchen oft durch Zusammenbinden der Beine wochenlang immobilisiert.

»Nein, es gibt auch andere Formen in Äthiopien. Ich habe zuletzt noch gelesen, dass bei 50 Prozent aller betroffenen Frauen im Land der Typ 1 praktiziert wurde, das heißt, ihnen wurden Teile der Klitoris entfernt. In den meisten anderen Fällen werden die Klitoris und die kleinen

Schamlippen ganz oder teilweise weggeschnitten. Die Infibulation gibt es nur bei wenigen Volksstämmen in Äthiopien, und auch da sind die Zahlen rückläufig.«

Ich fragte Jenna nach den Gründen, die für FGM angeführt werden.

»Nun, du weißt ja, wie es in Äthiopien ist. Das Land ist patriarchalisch angelegt, und Frauen werden überall benachteiligt. Da erstaunt es natürlich, dass es Frauen sind, die die Operationen durchführen. Aber sie folgen letztlich auch nur dem, was ihnen immer erzählt wurde: dass der weibliche Sexualdrang nämlich unter Kontrolle gehalten werden muss und dass nicht beschnittene Frauen unhygienisch und unästhetisch sind. Und dann spielt natürlich die Angst vor sozialer Ausgrenzung eine Rolle. Nicht beschnittene Frauen haben es in weiten Landesteilen schwer, einen Ehemann zu finden.«

Später ergaben meine Recherchen, dass die äthiopische Regierung bereits 2004 ein Gesetz gegen FGM verabschiedet hat, jedoch trägt es bisher wenig Früchte. Auch das 1987 gegründete NCTPE, das Nationale Komitee für traditionelle Praktiken in Äthiopien, versucht, zur Überwindung der bestialischen Riten beizutragen, stellt Informationen zur Verfügung und leistet Aufklärungsarbeit.

Die wahren Helden in diesem Kampf sind aber andere. So etwa Fatadin, der im Trainingszentrum unserer Organisation in Harar Englisch unterrichtete.

Es war uns bei der Gründung bereits ein Anliegen gewesen, den Schülern in unseren Zentren nicht nur Businesswissen beizubringen, sondern auch AIDS- und FGM-Aufklärung zu leisten. Vor allem in Bahir Dar hatten wir örtliche Experten engagiert, die Wochenendkurse leiteten. In dem christlich-orthodoxen Städtchen war es jedoch schwierig, mit den jungen Leuten über solch sensible Themen zu reden. Bahir Dar ist sehr konservativ geprägt und schon bei der Erwähnung des Wortes »Sex« laufen vor allem die Mädchen sofort rot an. Dennoch hoffe ich, dass unsere Arbeit etwas bewirken kann und sich ein langsamer Wandel in den Köpfen in Bezug auf die traditionellen Praktiken einstellt.

In Harar hingegen hatten wir mit solchen Kursen noch gar nicht begonnen, da wir dort mit noch größeren Schwierigkeiten rechneten, ist die Stadt doch größtenteils muslimisch.

Eines Nachmittags saßen Fatadin und ich nun in der Hütte von zwei unserer Studentinnen. Sie hatten beide keine Eltern mehr und lebten dort gemeinsam. Wir sprachen über dies und das und tranken heißen Tee. Plötzlich sprach Fatadin das Thema FGM an. Ich schaute ihn überrascht an und rechnete mit einer ähnlich schamvollen Reaktion der beiden Mädchen wie in Bahir Dar. Nichts dergleichen geschah. Mit offenem, stolzem Blick sahen sie mich an.

Hayat, eine hübsche junge Frau mit gelbem Kopftuch, setzte an: »Wenn ich später Töchter haben sollte, werde ich diese Praktiken niemals an ihnen vollziehen lassen. Es ist falsch, an so alten Traditionen festzuhalten, nur weil man das immer schon getan hat.«

Ich war sprachlos. Fragend blickte ich zu Neima, Hayats Freundin, die gerade unsere Tassen auffüllte. »Ich denke genauso. Wir haben im Unterricht mit Fatadin viel über das Thema gesprochen. Ich würde das meinen Kindern nie antun.«

Ich wagte die Frage, ob sie beide selbst beschnitten seien. Die beiden Mädchen nickten stumm. Gerade einmal achtzehn Jahre waren sie alt, und es tat mir unendlich weh, zu wissen, dass sie nie ein normales Sexualleben führen würden, dass sie bei späteren Geburten entsetzliche Schmerzen haben und sie schlicht für ihr ganzes Leben gezeichnet sein würden. Aber dies waren zwei moderne junge Frauen, die Computer bedienen konnten, im Internet surften und die Gründung ihrer eigenen Firmen planten – und sie würden eine Änderung in der Gesellschaft ihrer Heimatstadt bewirken. Denn wenn sie es schafften, so unkompliziert vor mir und ihrem Lehrer, vor ihren Freundinnen und männlichen Klassenkameraden über dieses so sensible Thema zu reden, dann würden sie sich auch gegen den Druck älterer Verwandter und Bekannter durchsetzen.

Ich sagte ihnen, wie stolz ich auf sie sei, und dankte Fatadin für seine Initiative, auch solche Dinge im Unterricht anzusprechen, obwohl es nicht auf seinem Lehrplan stand.

»Wir reden über alles«, sagte er, »auch über AIDS und Verhütung.«

Ja, Äthiopien ist biblisch, das ist die eine Seite. Aber dann sitzt sie irgendwann vor dir, die neue Generation. Aufgeschlossene junge Menschen, die sich Gedanken machen und ihr Land zum Besseren wenden möchten. Jugendliche, die über ihren eigenen, jahrhundertealten Schatten springen, das Dunkel hinter sich lassen und sich der Sonnenseite des Lebens zuwenden. Und die Kraft dazu, die haben sie ganz allein gefunden, sie lag immer in ihnen, musste nur durch einen innovativen Pädagogen wie Fatadin ans Tageslicht geholt werden.

Einige Wochen später war ich wieder in Gondar. Und ich hatte eine Entscheidung getroffen: Ich wollte Tadelas Mutter geradeheraus fragen, was sie mit ihren Töchtern bezüglich traditioneller Praktiken weiter vorhatte. Mit einem von Jennas Mitarbeitern ging ich in ihre Hütte, spielte eine Weile mit den Mädchen, stellte zunächst Fragen über dies und das und sprach dann das Thema an, das mir auf den Nägeln brannte. Huluager reagierte überraschend ehrlich.

»Tadela und Tigist habe ich die Zäpfchen herausschneiden lassen, aber bei der kleinen Birtukan werde ich das nicht mehr tun«, erklärte sie.

Ich hatte es ja befürchtet, aber gut, was geschehen ist, ist geschehen. Ich bohrte weiter nach.

»Und was ist mit Genitalbeschneidung?«

Sie kratzte sich über den kahlgeschorenen Schädel.

»Das werde ich nicht tun.«

Ich war baff und auch ungläubig. Ich wusste nicht, wie sehr ich Huluager in diesem Punkt vertrauen konnte, dazu kannte ich sie einfach nicht gut genug.

»Huluager«, sagte ich, »das ist wunderbar. Denn diese Praktiken sind sehr schädlich.«

Sie nickte.

»Bitte versprich mir, dass du das, was du gerade gesagt hast, auch einhältst.«

Sie nickte erneut.

»Denn wenn ich irgendwann herausfinden sollte, dass du deine Töchter beschnitten hast, muss ich leider meine Hilfe für euch einstellen. Dann kann ich dir kein Geld mehr geben.«

Es tat mir weh, solche Drohungen auszusprechen, aber Jenna selbst hatte mir dazu geraten. Ich kann nur hoffen, dass Huluager verstanden hat. Ich kann nur hoffen, dass Tigist, Tadela und Birtukan ein Leben ohne körperliche Schmerzen führen können, oder jedenfalls ohne körperliche Schmerzen, die ihnen bewusst angetan werden. Und dass sie nie mit Tätowierungen im Gesicht »verschönt« werden. Denn auch dies ist eine gängige Praxis am Horn von Afrika.

»Zu Kaiserzeiten konnten sich das nur reiche Leute leisten, das war teuer und ein Zeichen für Wohlstand«, erklärte mir Brooke einmal, als wir die Bole Road entlangfuhren und ich sie nach den zahlreichen tätowierten Frauen fragte, die am Straßenrand an uns vorbeizogen.

»Und heute?«

»Heute machen das nur noch Leute auf dem Land. Weil es als schön und Zeichen für Wohlstand gilt. All diese Frauen, die du siehst, stammen nicht aus Addis, sondern aus kleinen Dörfern.«

»Und wie werden die Tattoos gemacht?«

»Nadeln werden im Feuer erhitzt und mit schwarzem Rauch gefärbt. Früher benutzte man Holzkohle. Damit werden unter der Haut die Muster gezogen. Viele Äthiopierinnen tragen die Tätowierungen am Hals, quasi wie eine ewige Kette oder ein Halsband. In Tigray im äußersten Norden werden Kreuze auf die Stirn tätowiert als Zeichen für Gläubigkeit. Und manche Frauen haben sogar Tätowierungen auf dem Zahnfleisch, weil durch die dunkle Farbe die Zähne weißer wirken. Außerdem soll das Zahnfleischbluten vorbeugen.«

»Wie alt sind die Frauen, wenn das gemacht wird?«

»Meistens so zwischen zwölf und vierzehn.«

Zwischen zwölf und vierzehn. Viel zu jung, dachte ich,

um solch eine dauernde »Verzierung« zu erhalten. Schließlich sind Tattoos in der westlichen Welt aus gutem Grund erst ab einem bestimmten Alter oder mit der Einverständniserklärung der Eltern erlaubt. Mir kam eine Studentin aus Bahir Dar in den Sinn. Nie habe ich sie ohne Halstuch gesehen. Als ich andere Studentinnen einmal danach fragte, sagten sie: »Sie ist tätowiert und schämt sich dafür.«

Auch Huluager ist im Gesicht tätowiert. Wird sie ihren Kindern diese »Brandmarkung« ersparen? Das frage ich mich oft. Aber was kann ich schon tun?

Shiferaw und das Meer

Als ich wieder in Addis Abeba war, bekam ich eine SMS.

Bist du o.k.? Geht es dir gut? Ich würde gerne bei dir sein, um dir in diesem schweren Moment beizustehen und den Schmerz mit dir zu teilen. Vergiss nie: Das Leben ist kurz! Sei weise und klug, dann wird alles gut. Ich umarme dich. Shif

Ich musste schlucken. Wieso fand er immer die richtigen Worte?

Shiferaw oder kurz »Shif« ist ein Bergführer. Er ist auch der Besitzer des ersten Internetcafés in seinem Heimatdorf Debark, am Fuße der majestätischen Simien Mountains. Vor einigen Monaten hat er damit begonnen, den Menschen in dieser abgelegenen Region Computerkurse zu geben.

Shif kennenzulernen war wie eine Offenbarung. Wie so viele andere Äthiopier schien er sich mit seinem Leben abgefunden zu haben. Seit Jahren führte er Kunden in die Berge, in der Trockenzeit war er teilweise wochenlang auf den Trekkingpfaden in 3000 bis 4000 Metern über dem Meeresspiegel unterwegs. Das zehrt. Shif ist über eins neunzig groß und so dünn, dass ich mich oft fragte, wie er diese körperlichen Strapazen durchhielt. Er konnte gar nicht so viele Kalorien zu sich nehmen, wie er für seinen anstrengenden Job gebraucht hätte. Aber er war ehrgeizig und mit Mitte zwanzig, als ich ihn kennenlernte, bereits Chef der örtlichen Bergführervereinigung.

Shif weiß alles über die Berge. Er scheint jeden Winkel des 179 Quadratkilometer großen Gebietes zu kennen, jede Pflanze, jeden Pfad, jede Gefahr und jeden atemberaubenden Aussichtspunkt. Und davon – von den Gefahren wie auch von den Aussichtspunkten – gibt es viele. Am schönsten und eloquentesten hat 1925 die Afrikareisende Rosita Forbes die Simien Mountains beschrieben. Aus dem Englischen übersetzt lauten ihre Beschreibungen etwa so:

Die herrlichste aller abessinischen Landschaften öffnete sich vor uns, als wir durch eine Felsschlucht voller wirrer Amethysten blickten … Vor Tausenden von Jahren, als die alten Götter Äthiopien regierten, müssen sie hier mit diesen grandiosen Klippen Schach gespielt haben. Wir sahen aus Lapislazuli geschneiderte Bischofsmitren, Schlösser, deren Türme im Rubinrot des nahenden Sonnenuntergangs schimmerten, einen smaragdgrünen Ritter an der Stelle, an der der Wald in den Felsen kroch, und in weiter Ferne einen König, der mit Saphiren gekrönt war und von einer Reihe Bauern bewacht wurde. Als die Götter ihr Spiel gegen Schild und Rüstung eintauschten, um die neuen Männer zu bekämpfen, die an ihren Toren tobten, haben sie die Figuren des Schachbretts in Berge verwandelt. In den Simiens stehen sie noch heute wie verzaubert, bis die Welt eines Tages wieder heidnisch sein wird und die Titanen und die Erdgötter sich aus der Wolkenbank herunterlehnen, um einen Stern oder zwei auf ihr Spiel zu verwetten.

Damals muss die spektakuläre Landschaft noch unberührter als heute gewesen sein. Und natürlich waren die Simien

Mountains und ihre grünen, canyonartigen Täler zu den Zeiten der berühmten Afrikaerkunder nicht einmal ein Nationalpark – zu einem solchen wurden sie erst 1959 erklärt. Um die hier lebenden endemischen Tiere und Pflanzen zu schützen, wurde das Gebirge 1978 in die Liste des UNESCO-Weltnaturerbes aufgenommen, aber seit 1996 steht es leider dennoch auf der roten Liste des gefährdeten Welterbes. Denn trotz aller Bemühungen ist die Population des nur an diesem Ort der Welt lebenden Walia Ibex, des äthiopischen Steinbocks, weiter geschrumpft, und auch der äthiopische Wolf hat sich rar gemacht. In Massen gibt es hingegen noch die Gelada Baboons. Mit ihrem wilden Haarwuchs sehen sie aus, als hätten sie eine Perücke auf dem Kopf. Ihr auffälligstes Merkmal ist ein sanduhrförmiger Fleck auf der Brust, der in der Paarungszeit knallrot wird. Die Geladas sind die Nachfahren einer Spezies, die einst über den ganzen afrikanischen Kontinent verstreut war, und sie sind die einzige weidende Affenart der Welt. Einige Male fanden wir uns inmitten einer Gruppe von mehreren Hundert Primaten wieder, was bezaubernd war, wenn die Tiere gerade friedlich grasten und kaum Notiz von uns zu nehmen schienen. Wenn aber mehrere aufgebrachte Jünglinge lauthals um ihren Harem stritten, dann konnten wir nicht schnell genug das Weite suchen. Dann lief die ganze Sippe unter lautem Geschrei wild durcheinander, und ich würde niemandem empfehlen, einen solchen Rivalenkampf vom Zentrum aus zu verfolgen.

Das Geschrei der Gelada Baboons ist ganz außergewöhnlich und klingt wie kaum ein anderer Laut in der Tierwelt. Die Affen waren einer der Hauptgründe, warum ich unbedingt in die Simiens wollte. Ich bin ein großer Primatenfan und lasse keine Gelegenheit aus, die Tiere in ihrem natürlichen Lebensraum aus der Nähe zu sehen. Zweimal bin ich eigens nach Indonesien gereist, um Orang-Utans in ihrem heimischen Dschungel zu beobachten. Auch das waren absolut unvergessliche Erfahrungen. Die Natur und die Tiere – vor allem solche, die uns so ähnlich sind wie Primaten – rücken vieles ins richtige Licht. Alles, was sie tun, ist instinktiv. Alles ist auf das Überleben ausgerichtet. Nie ist dabei jedoch Bösartigkeit im Spiel, weshalb es uns Menschen so leicht fällt, sie auszurotten. Tiere kennen von Natur aus keine Profitgier, keine Gefangenschaft, keine sinnlose Gewalt. Deshalb können sie mit uns Menschen nicht umgehen. Deshalb versuchen sie oft nicht einmal, sich in Sicherheit zu bringen. Mit unserer Bösartigkeit hatten sie nicht gerechnet.

Alessio und ich besuchten die Simiens bereits bei unserer ersten Äthiopienreise, und wir waren ein Jahr später noch einmal dorthin zurückgekehrt. In dieser grandiosen Berglandschaft war Shif der beste Wandergefährte, den ich mir vorstellen kann. Jedoch waren wir bei den Trekkingtouren nicht mit ihm allein, denn es ist Vorschrift, einen bewaffneten Scout in diese abgelegene Region mitzunehmen. Zudem waren jeweils ein Koch, zwei störrische Maultiere – die die Vorräte schleppten – und ein Maultierführer mit von der Partie.

Um zu den Simiens zu gelangen, muss man zunächst einmal die lange, beschwerliche Straße von Gondar nach Debark einschlagen. Debark ist ein lebendiges Örtchen, das vom Tourismus lebt – und dennoch über kein einziges brauchbares Hotel verfügt. Alessio und ich waren beide keine großen Fans dieses seltsamen Dorfes, dessen einziger Existenzgrund es zu sein scheint, das Tor zu den Simien Mountains zu sein. Schon bei unserer ersten Wanderung hatten wir kurzerhand den Text des Sinatra-Klassikers *New York, New York* umgedichtet und sangen lauthals: *If I can make it there, I'll make it anywhere, it's up to you – Debaaark, Debaaark!*«, was Shif und den Rest unseres Trüppchens zum Kichern brachte, obwohl sie das Lied nicht kannten.

In der schweren Trennungsphase von Alessio erinnerte ich mich oft an diese erste Reise in die äthiopische Bergwelt. Hatte er denn alles vergessen? Wie wir eng umschlungen im Zelt der klirrenden Kälte getrotzt hatten? Wie wir beim Abendessen in der weiten Hochebene von Sankaber den afrikanischen Sonnenuntergang beobachtet und später in der Nacht am Lagerfeuer mit den Scouts, dem Maultierführer, Shif und zwei anderen Ausflüglern Lieder gesungen und St.-George-Bier getrunken hatten? Wie wir beim Anbrechen des neuen Tages auf den Felsen spazieren gegangen waren und uns in der schönsten aller Landschaften geküsst und von der Zukunft geträumt hatten? War denn all dies nur für mich so schön gewesen? Hatte er etwa schon damals Zweifel gehabt? War denn alles eine Lüge gewesen?

Erinnerungen sind hartnäckig. Sie rufen uns jedes Mal dann, wenn wir gerade wieder aufgestanden sind und den Kopf erhoben haben, die Vergänglichkeit aller Dinge ins Gedächtnis, der guten und der schlechten. Aber die unangenehmen Dinge scheinen sich zu verflüchtigen, wir können sie irgendwann abhaken, als wäre in unsere Herzen und in unseren Verstand ein Selbstschutz eingebaut. Die schönen Erinnerungen hingegen bleiben und werden höchstens mit der Zeit noch schöner. Bei mir ist das jedenfalls so.

Alessio hingegen nickte immer ganz überrascht, wenn ich ihm von den wundervollen Seiten unserer Liebesgeschichte erzählte, wenn ich ihm Momente und Tage des Glücks in Erinnerung rief.

»Ja, das war wirklich schön«, sagte er dann nachdenklich, als müsste er die Erinnerung aus einer verborgenen Ecke seines Gehirns hervorkramen, in der er sie begraben hatte.

Vielleicht funktioniert sein Kopf einfach anders als meiner. Vielleicht ist dies die einfache Wahrheit. Vielleicht bleiben ihm die schlimmen Erinnerungen erhalten, während alle Schönheit langsam verblasst. Auch dies ist eine Art Selbstschutz, denke ich. Wenn in seiner Erinnerung die schlimmen Momente überwogen, dann war es nur konsequent, aus dieser Beziehung auszubrechen. Aber wie kann es sein, dass zwei Menschen, die sich einmal so nah waren, die Realität so völlig unterschiedlich wahrgenommen haben? Dass der eine nur Schmerz spürte, während der andere vor Freude unter dem afrikanischen Himmel tanzte und dabei dachte, es wäre ein Paartanz und kein Solo-Ballett?

Shif war zunächst ganz zufällig unser Guide, er wurde uns am Eingang des Parks zugeteilt. Aber wir mochten ihn gleich – er war aufgeweckt, intelligent und voller Pläne und Ideen. So wurde er der erste »Unternehmer« unserer NGO, indem wir ihm das Startkapital gaben, um in seinem Heimatort das kleine Internetcafé und Telefoncenter aufzubauen. Der Plan war niet- und nagelfest, mussten die Menschen aus den Bergen doch zuvor in tagelangen Fußmärschen bis Gondar laufen, wenn sie Verwandte per Telefon kontaktieren wollten. Er suchte sich mehrere Angestellte für den Laden, während er selbst weiter Urlauber in die Simiens führte.

Welch ein großartiger Freund Shif mit der Zeit werden würde und wie viele unvergessliche Erlebnisse wir noch teilen würden, das konnten wir damals nicht ahnen.

Irgendwann hat Shif sich verliebt. In eine deutsche Touristin. Er erzählte uns ganz aufgeregt von dieser hübschen Blondine, die sein Herz im Sturm erobert hatte. Sie hatte einen gut bezahlten Posten, lebte in London, und kam ihn immer wieder besuchen. Völlig überraschend, ohne Vorankündigung. Dann kehrte er nichtsahnend mit seiner Gruppe aus den Bergen zurück ins Hotel in Gondar – und da saß sie und wartete auf ihn. Welch wunderschöne, romantische Momente die beiden zusammen erlebt haben müssen!

Shif war wie ausgewechselt, sein ganzes Gesicht strahlte, und ich war glücklich für ihn.

Dann bot seine Freundin ihm an, für einige Zeit zu ihr nach England zu ziehen. Er könne dort sein Englisch perfektionieren und europäische Lebensart kennenlernen, sagte sie. Shif war Feuer und Flamme. Es dauerte zwar mehrere Monate, bis er endlich und nach vielen Zusagen und Unterschriften seiner Freundin ein Visum erhielt, aber schließlich hielt er es stolz in den Händen. Dies alles geschah im Frühling vor unserem Aufbruch nach Äthiopien.

Irgendwann schrieb er Alessio und mir eine E-Mail, in der er uns überglücklich mitteilte, dass er auch ein Visum für Italien bekommen habe und seinen Geburtstag zusammen mit seiner Freundin bei uns in Rom feiern wolle.

Ich fieberte dem Tag entgegen! Shif in Rom! Der fesche

junge Mann aus den äthiopischen Bergen in der Ewigen Stadt! Das war fast zu skurril, als dass ich es mir bildlich vorstellen konnte.

Aber dann war der Tag gekommen. Alessio und ich waren frühzeitig zu unserem Treffpunkt losmarschiert und warteten hoch über dem Tiber auf der Ponte Sisto, die Trastevere mit dem Zentrum Roms verbindet. Zehn Minuten später spazierte er Hand in Hand mit seiner Freundin Nina auf uns zu. Er war todschick gekleidet, mit neuer Jeans, elegantem Hemd und Sneakers. Wir umarmten uns lange und mussten immer wieder lachen, weil wir es nicht fassen konnten, dass Shif tatsächlich da war. Wir setzten uns in ein Café, luden die beiden in unsere Wohnung zum Essen ein und planten die drei Tage, die wir miteinander verbringen würden.

»Was haltet ihr davon, wenn wir morgen ans Meer fahren und da gemütlich essen gehen?«, fragte ich.

»Ans Meer?«

Shif war baff.

»Ist das denn so nah?«

»Aber ja doch, mit dem Zug dauert das gerade einmal vierzig Minuten. Na, wie sieht's aus? Habt ihr Lust?«

Er nickte, und sein Gesicht leuchtete. Auch Nina war begeistert von der Idee. Dann erst erfasste ich die ganze Tragweite unseres Plans.

»Shif, warst du schon mal am Meer?«

Ich hatte es kaum ausgesprochen, da war mir auch schon klar, wie dumm diese Frage war.

»Nein, noch nie«, sagte er leise.

Er kannte die Berge wie seine Westentasche, er kannte jeden Blumenstängel und jedes Insekt in den Simien

Mountains, er kannte jeden Winkel seiner Heimatstadt Debark, und auch in Addis Abeba fand er sich mittlerweile gut zurecht. Aber einen Ozean hatte er noch nie gesehen, gefühlt, geschmeckt.

Am nächsten Morgen fuhren wir früh los. An der Stazione Ostiense nahmen wir den Zug nach Ostia. Unterwegs erzählte mir Shif, der mittlerweile seit drei Wochen in Europa war und insgesamt sechs Monate in England bleiben wollte, wie sehr er bereits jetzt seine Familie vermisste. Nina sprach angeregt mit Alessio, also konnte er unbefangen reden.

»Ich weiß, wie wichtig dir deine Familie ist«, meinte ich. »Das ist ja das Wunderbare in Äthiopien, dass ihr als Familie so eng zusammenhaltet. Aber sieh deine Zeit hier doch einfach als Chance, neue Lebenserfahrungen zu sammeln. Dann wirst du ja nach Äthiopien zurückkehren und kannst Vergleiche ziehen, welcher Ort dir letztlich besser gefällt.«

»Ich mag London, versteh mich nicht falsch«, sagte er. »Aber ich komme mit dieser ganzen Hektik nicht klar. Alle Leute scheinen zu rennen, nicht zu gehen. Sie laufen so schnell und gestresst durch die Gegend, dass sie das Leben gar nicht zu genießen scheinen.«

»Da hast du recht«, stimmte ich zu.

»Das ist genau das, was auch ich in Äthiopien so liebe. Zeit zu haben, einfach zusammenzusitzen, zu reden, langsam zu gehen, den Ort zu spüren.«

Shif nickte stumm.

»Aber mit Nina ist alles gut?«, fragte ich so leise wie möglich.

»Ja, schon.« Er zögerte.

»Was ist los?«, wollte ich wissen.

»Nun ja, sie arbeitet den ganzen Tag. Und ich schaue mir unterdessen die Stadt an und warte dann auf sie. Aber wenn sie endlich nach Hause kommt, ist sie müde und genervt. Ich weiß nicht, was ich tun soll.«

»Shif, such dir eigene Freunde, beleg einen Englischkurs, such dir einen Job. Mach das Beste aus dieser Zeit, und versuch, Verständnis für Nina zu haben. Sie hat einen anstrengenden Job. Aber ich bin sicher, dass sie dich wirklich mag. Sonst hätte sie nicht so viel auf sich genommen, um dich nach England zu holen.«

»Ja, ich weiß. Danke für den Rat. Ich habe mich schon nach Kursen erkundigt und werde mich nächste Woche einschreiben.«

»Good boy!«, grinste ich.

Langsam fuhr der Zug im Bahnhof von Ostia ein. Es war ein herrlicher Apriltag, die Sonne strahlte vom dunkelblauen Himmel. Wir überquerten die Hauptstraße und erreichten den Strand.

Nina nahm mich beiseite und meinte: »Du kannst dir nicht vorstellen, wie seltsam und witzig das manchmal ist, Shif Europa zu erklären.«

»Was meinst du?«

»Nun ja, er hatte noch nie einen Zug gesehen, hatte noch nie auf einer Rolltreppe gestanden. Das ist, als würde man einem Kind die Welt erklären.«

Daran hatte ich noch gar nicht gedacht.

»Aber das Witzigste war, als wir letzte Woche plötzlich Hunger bekamen und ich an einem Stand zwei Hot Dogs kaufte.« Sie begann zu kichern und strich sich dabei kess eine Haarsträhne aus dem Gesicht. »Da fragte er mich, was das sei, und ich sagte ›Hot Dogs‹, und er schüttelte sich vor Ekel und meinte, einen Hund würde er nicht essen!«

Da mussten wir beide losprusten.

Shif und Alessio waren vorausgegangen, aber ich beeilte mich, sie einzuholen. Diesen besonderen Augenblick in Shifs Leben, in dem er zum ersten Mal das Meer sah, wollte ich nicht verpassen.

Er war sprachlos. Sagte gar nichts mehr. Dann zog er sich schnell Schuhe und Strümpfe aus und rannte los, Richtung Meer.

»Das Wasser ist eiskalt, Shif! Es ist erst April!«, rief ich ihm hinterher.

Aber ihm schien das egal zu sein. Im Laufen drehte er sich um und lachte nur laut.

Das Wasser war ganz ruhig und plätscherte leise ans Ufer. Am Horizont zogen ein paar Segelboote und Schiffe vorbei. Shif krempelte sich noch schnell die Jeans hoch, dann stand er knietief im Mittelmeer. Mit den Händen ließ er immer und immer wieder das Wasser hochspritzen.

Wenn man Glück in ein Bild fassen und festhalten könnte, dann hätte ich Shif in diesem Moment malen wollen. Wie traurig es ist, dass wir in unserer Welt des Überflusses solche Momente nicht mehr erleben können, dachte ich. Dieser hochgewachsene junge Mann war sechsundzwanzig, aber er erlebte dies alles hier zum ersten Mal. Das Gefühl des Sandes unter den nackten Füßen, das kühle Salzwasser auf der Haut, Spaghetti mit Frutti di Mare, Pinot Grigio. Was würde ich dafür geben, auch noch einmal all die Dinge, die für mich Alltäglichkeit geworden sind, mit großen Kulleraugen betrachten zu können. Das Staunen zu spüren, die Wunder dieser Welt tief in mir zu fühlen.

Aber was sage ich da? Durch meine Reisen habe ich erfahren dürfen, dass es immer noch Dinge gibt, die ich nicht kenne, die mich erfüllen und bereichern. Volksstämme, Tiere, Pflanzen. Auch ich war schon Anfang zwanzig, als ich zum ersten Mal eine Wüste betrat und Mitte zwanzig, als ich endlich einen Dschungel durchstreifte. Das Gefühl des ersten Mals ist wundervoll und glückbringend, und ich hoffe, dass es in meinem Leben immer wieder Orte und Herausforderungen geben wird, die mir ungekannte und ungeahnte Erfahrungen schenken.

Ich beobachtete Shif lange, ich freute mich unendlich für ihn. Niemand aus seiner Familie war je am Meer gewesen, er würde so vieles zu erzählen haben! Erst nach einer guten halben Stunde spazierte er gut gelaunt ans Ufer. Seine Füße waren fast blau vom kalten Wasser, aber es war ihm egal.

Noch heute denke ich an diesen Tag zurück, jedes Mal, wenn ich Shif schreibe oder mit ihm am Telefon rede. Mittlerweile spricht er fast akzentfreies British English, er ist selbstbewusst geworden, ein starker junger Mann mit europäischer Lebenserfahrung – auch wenn seine Liebesgeschichte mit Nina schon lange der Vergangenheit angehört.

Vor die Wahl gestellt, hat er sich für Äthiopien entschieden. Ich hatte keinen Zweifel. Shif *ist* Äthiopien, er verkörpert für mich alles Schöne in diesem Land. Und er ist einer meiner besten Freunde, auch aus der Entfernung. Er hat mir oft geholfen, hat zugehört, wenn es mir schlecht ging, und geschwiegen, wenn ich reden musste.

Manchmal hatte ich das Gefühl, dass er fast so unter meiner Trennung von Alessio litt wie ich selbst. Genau wie Abba Abebe, Solomon und all die anderen, hatte er uns als

Paar kennengelernt. Der eine ohne die andere war für meine Freunde hier undenkbar. Und so war es vor allem Shif, der in der schlimmsten Zeit immer wieder mit Alessio redete, der ihm unbequeme Fragen stellte und ihm sagte, dass es ein Fehler sei, diese Beziehung aufzugeben. Als mich selbst die Hoffnung verließ, klammerte ich mich an Shifs Hoffnung. Er war überzeugt, dass am Ende alles gut werden würde und es sich nur um eine schlechte Phase Alessios handle.

Mit den Tagen und Wochen begriff auch er, dass er sich getäuscht hatte. Aber er war weise genug, nie Partei zu ergreifen. Er war weise genug, uns irgendwann als zwei eigenständige Individuen wahrzunehmen. Er war weise genug, uns beiden ein guter Freund zu bleiben.

Ich freue mich unbändig darauf, ihn wiederzusehen. Irgendwann, irgendwo. In den Bergen, am Meer. Letztlich ist es doch egal. Was zählt, ist, dass wir ein Teil vom Leben des anderen geworden sind, trotz unserer Unterschiede und obwohl wir aus verschiedenen Welten stammen.

Ans Ende der Welt und zurück

Irgendwann fasste ich einen Entschluss. Es ging einfach nicht mehr. Ich konnte nicht weiter mit Alessio unter einem Dach leben und mich diesem täglichen Gefühlschaos aussetzen. Ich musste weg, zumindest für eine Weile. Um nicht durchzudrehen. Um mich selbst zu heilen.

Seit vielen Jahren schon hatte ich einen Traum. Einen Traum, von dem ich nicht wusste, ob ich ihn je verwirklichen würde, aber der mich in traurigen Momenten meines Lebens stets aufgemuntert und mir neue Hoffnung gegeben hatte. Ich glaube, wir alle brauchen einen solchen Traum, eine Fantasie, die uns aus den Tiefen unseres Ichs an die Oberfläche zieht, wenn alles um uns herum einem Abgrund entgegenzusteuern scheint. Einen glücklichen Peter-Pan-Gedanken, der uns Flügel verleiht und uns wie durch Zauberhand mit viel Feenstaub unseren Optimismus zurückgibt.

Früher, in meiner Jugend, war das bei mir eine Nacht am Lagerfeuer mit Indianern gewesen, irgendwo auf einer Wiese am Fuße der Rocky Mountains. Ein ziemlich utopischer Traum, ich weiß. Aber damals schien noch alles möglich, und so wollte ich ihren Geschichten lauschen, etwas von ihrer Weisheit erfahren und – warum nicht? – einen guten Zug aus einer dampfenden Friedenspfeife nehmen. Immer wenn ich verzweifelt war, mich eingeengt fühlte und nicht mehr weiterwusste, kam diese Idee zurück zu mir:

Irgendwann, ja, irgendwann werde ich es tun! Ich werde dort mit den Sioux oder den Apachen oder den Cheyenne sitzen und ihren Geschichten lauschen, die Wahrheit über Sitting Bull und Geronimo erfahren und unter dem weiten nordamerikanischen Himmel all meine Sinne für diese faszinierende Kultur öffnen, sagte ich mir. Ich sah den Ort, dieses von Bergen umgebene weite, saftige Feld genau vor mir, ich würde ihn noch heute jederzeit erkennen, wenn ich ihn irgendwann finden würde. Irgendwo in mir wusste ich aber wohl immer, dass manche Träume einfach zu verrückt sind, um sie zu verwirklichen. Und so änderte sich mein Traum mit der Zeit. Er änderte sich, als ich Australien für mich entdeckte und – wie zuvor bereits erwähnt – Bekanntschaft mit der Kultur der dortigen Ureinwohner, der Aborigines, machte. Das ist jetzt gut zehn Jahre her.

Ich bin mehrmals nach Down Under gefahren, habe den Kontinent durchstreift, bin den Stuart Highway von Alice Springs nach Darwin heraufgefahren und die herrliche Ostküste von Sydney bis ins tropische Cairns. Aber es war immer jemand dabei – mal eine Freundin, mal ein Freund. Ich war nie allein. Auch mit Alessio hatte ich die Terra Australis bereist und im Northern Territory den Kakadu National Park und das wunderbare Katherine Gorge besucht. Aber ich war nie länger als ein paar Urlaubswochen in Australien, und das war einfach nicht genug. Seit Jahren hatte ich davon geträumt, mehr Zeit zu haben und einmal, ein einziges Mal im Leben, länger zu verweilen. Und ich wollte diese Reise allein antreten, wollte mich der Natur und Kultur der Aborigines ganz hingeben und Dinge über mich erfahren, die ich noch nicht kannte.

Dann war mir irgendwie Afrika dazwischengekommen.

Und ich war glücklich darüber, wollte ich doch so sehr nach Äthiopien. Australien war erst einmal in einer der hinteren Schubladen meines Gehirns verschwunden.

Aber jetzt, in dieser verzwickten, undurchschaubaren, schmerzenden Situation, kam mein Peter-Pan-Gedanke wie ein Wirbelsturm zu mir zurück.

Flucht, dachte ich nur. Aber Flucht nach vorne!

Nach Deutschland oder Rom zurückzugehen war keine Lösung, das hätte mich nur traurig gemacht und auf meinem Weg keinen Schritt vorangebracht.

Alessio war wieder frei, aber das Zusammenleben mit ihm wurde mir zeitweise unerträglich. Wir lebten im gleichen Haus und schliefen in getrennten Zimmern. Wir trafen uns zum Frühstück wie zwei alte Bekannte, wie Freunde – aber diese Art von Freundschaft zu einem Menschen, den ich immer noch liebte, verlangte mir eine fast übermenschliche Kraft ab. Es war wie eine Beerdigung, die nie zu enden schien, als stünde ich vor dem Grab unserer Beziehung und schaffte es nicht, Erde auf den Sarg zu schütten.

Irgendwann wachte ich auf und wusste, was ich tun musste. Jetzt oder nie. Mir war klar, dass mich alle für verrückt halten würden, aber daran hatte ich mich im Laufe der Jahre bereits gewöhnt. Also rief ich einen meiner Lieblingstaxifahrer, Terefe, an und ließ mich von ihm ins Sheraton fahren, wo ich mich im schmucken Reisebüro beim netten Semon nach Flugmöglichkeiten ins weit entfernte Sydney informierte. Gut, es war nicht billig. Und eigentlich angesichts meiner finanziellen Lage geradezu absurd. Aber das Geld, das ich bei der GTZ verdient habe, kann ich in diesem Moment meines Lebens kaum besser anlegen, sagte ich mir. Es würde locker für ein paar Wochen in Australien reichen. Also zögerte ich nicht lange und buchte meine Flucht.

Als ich das Ticket in den Händen hielt, spürte ich zwar noch nicht die Freude, die man erwartet, wenn sich ein lang gehegter Traum erfüllt. Aber das sollte sich im Laufe der Zeit ändern. Ich werde nie vergessen, wie Kaylois mir eine SMS schickte, als ich zwei Wochen später auf dem Bole Airport saß und Angst vor meiner eigenen Courage bekam.

Träume haben eine seltsame Art, sich genau so zu erfüllen, wie du es willst – und zwar auf eine Weise, die du nie erwartet hättest. Sei offen für Veränderung, schrieb sie.

Ich dachte lange über diese Worte nach und wusste nicht, ob ich mich über sie freuen oder Angst bekommen sollte. Aber meine wunderbare Freundin sollte recht behalten, im positivsten Sinne.

Alessio hatte – wie nicht anders zu erwarten – mit Erleichterung und einer gewissen Freude auf mein Vorhaben reagiert. Ich glaube, er wollte nur noch allein sein, sich frei fühlen und nicht mehr auf die Straße laufen müssen, wenn er mit seiner neuen Freundin telefonierte.

»Dann habe ich endlich Zeit zum Nachdenken«, sagte er.

Seltsam, dachte ich, und ich habe geglaubt, dazu hättest du im Gefängnis reichlich Gelegenheit gehabt. Aber ich schwieg. Es war mir auch egal. Für mich bedeutete die Australien-Reise, dass *ich* endlich Zeit zum Nachdenken finden würde. Und das war alles, was zählte.

Ich flog also ins brütend heiße Dubai, wo ich eine Nacht verbrachte, und dann weiter in meine Traumstadt Sydney.

Mit jeder Flugmeile fielen Lasten, ganze Klötze an emotionalem Ballast von mir ab. Ich schwebte einer wochenlangen psychischen Freiheit entgegen – wie ein Vogel, der aus einem beengenden Nest voller Dornen ausbricht, seine Wunden leckt und endlich wieder seine Flügel aufspannt. Ich war zwar noch weit von diesem Punkt entfernt, aber ich spürte doch bereits, wie die Flügel zu wachsen begannen.

Ich wollte herausfinden, was die vergangenen Monate zu bedeuten hatten, für meine Gegenwart und für meine Zukunft. Ich nahm mir vor, die Fehler in mir aufzudecken, die mich in diese Lage gebracht hatten. Selbstkritisch wollte ich an diese Reise nach innen herangehen und viel Zeit allein verbringen. An einem Ort, den ich kannte und liebte und der mir emotionale Sicherheit bot, weil sich an ihm ein großer Traum erfüllte.

Ich buchte mich zunächst in einem Backpacker in Potts Point ein, einem Stadtteil Sydneys, den ich sehr mag. Und das war eine gute Entscheidung, weil ich dort auf Leute stieß, die alle auf der Suche nach irgendetwas nach Australien gekommen waren, Leute, mit denen ich reden und schweigen und – warum nicht? – auch großen Spaß in Sydneys vergnüglichem Nachtleben haben konnte. Nach fünf Tagen mietete ich mir eine kleine Wohnung – auch das war Teil meines Traums gewesen: herauszufinden, wie es sich anfühlte, wirklich in Sydney zu *leben* und nicht nur als Touristin zu kommen. Den Kontakt mit meinen neuen Freunden ließ ich aber nie abbrechen. Abends war ich Stammgast im Backpacker, nahm an sämtlichen Barbecues teil und trank auch mal gerne ein Glas australischen Rotweins zu viel, um mich für einige Stunden von der beschwerlichen Reise nach innen zu befreien.

Die Tage allerdings verbrachte ich meist allein. Ich spazierte kreuz und quer durch die Stadt, stundenlang, vom schicken Darling Harbour nach The Rocks, von der St. Mary's Cathedral zum Circular Quay. Viele Stunden verbrachte ich am famosen Bondi Beach, wo ich die Surfer bewunderte und in Manly traf ich mich zu einem Glas Weißwein mit Robin, einem Australier, den ich ein Jahr zuvor in Addis Abeba kennengelernt hatte. Er war mein Stück Afrika am anderen Ende der Welt. Robin liebte Äthiopien, und heute lebt er dort. Es waren auch die Gespräche mit ihm, die mir zeigten, wie sehr mein Herz an Äthiopien hing. Mit Begeisterung und Herzklopfen sprach ich von Bahir Dar, Tadela und all den Menschen und Dingen, die ich dort liebte. Das musste doch etwas zu bedeuten haben.

Meine Wege und Tage des Alleinseins starteten und endeten meist in den Royal Botanical Gardens, inmitten der grandiosen australischen Natur, wo ich mich mal an einen Baum lehnte und stundenlang aufs Wasser starrte und manchmal einfach nur Streifzüge vorbei an exotischen Blumen und unter den mit Tausenden Flying Foxes – den großen australischen Fledermäusen – behängten Bäumen unternahm. Jeden Tag schrieb ich in mein Moleskine, ich brachte alles zu Papier, was mir in den Sinn kam – um nur ja keinen Augenblick zu vergessen.

Einmal fing es an zu regnen. Noch jetzt spüre ich diesen zarten, weichen Regen auf meiner Haut. Ich blickte in den Himmel und ließ mein Gesicht von dem herrlichen Nass benetzen. Dann entdeckte ich einen ganz außergewöhnlichen Baum, dessen zierliche Äste sich Richtung Erde neigten. Fast wie eine dieser runden afrikanischen Hütten sah er aus. Ich fand einen Weg durch das Geäst und suchte dort Schutz. Kein Tropfen drang durch die dichten Zweige, ich war behütet und sicher.

Auf einmal begann ich zu weinen, leise liefen mir Tränen über das Gesicht. Da wurde mir bewusst, dass ich zum ersten Mal seit langer Zeit nicht aus Verzweiflung weinte, sondern vor lauter Glück. Es war der perfekte Moment unter einem perfekten Baum in einem perfekten Garten. Ich war frei. Niemand beobachtete mich – und selbst wenn, es war egal. Ich kannte diese Leute nicht. Sollten doch alle denken, ich sei etwas seltsam, es scherte mich nicht. Ich tat, was ich wollte und was gut für mich war: die Dinge zulassen, alle Gefühle zulassen, noch einmal die ganzen Schmerzen durchleben und dann die Freude wiederfinden.

Es mag sonderbar erscheinen, ans andere Ende der Welt zu fahren, um einen Ort und meine Gefühle für ihn zu analysieren. Aber für mich war es der einzige Weg. Ich musste Äthiopien von außen betrachten, musste herausfinden, was dieses erstaunliche Land wirklich für mich bedeutete. War Afrika mein Schicksal, mein Bestimmungsort? Oder hatte ich Äthiopien nur gewählt, weil ich Alessio liebte? Liebte ich das Land noch, nachdem die Liebe zu Alessio nun der Vergangenheit angehörte? Oder würde ich für immer Groll gegen es hegen, weil meine Liebe dort auf so unvorhersehbare Weise gestorben war? Konnte ich eins vom anderen trennen?

Ich fand die Antworten nicht gleich. Nein, es dauerte sogar sehr lange. Ein schleppender Prozess war es, der mich der Wahrheit entgegenführte.

Nach zweieinhalb Wochen beschloss ich, dass ich auf die Straße hinausmusste, auf den Highway. *On the road* wollte ich sein und in den endlosen Weiten des Kontinents Kraft tanken. In Charmaine, einer netten, unkomplizierten neuen Freundin aus England, fand ich die ideale Reisegefährtin. Wir mieteten uns einen kleinen Camper und nahmen die Küstenstraße. Mein Ziel war Cape Tribulation, der einzige Ort der Welt, an dem zwei von der UNESCO zum Weltnaturerbe erklärte Orte aufeinandertreffen: der älteste Regenwald der Welt und das Barrier Reef.

Everything happens for a reason, alles passiert aus einem Grund, sagte ein amerikanischer Freund kürzlich zu mir. Er hat recht.

Wenige Tage nach dem Antritt unserer Reise brach sich Charmaine auf Fraser Island den Fuß. Vor uns lagen noch rund 1700 Kilometer Strecke, die gleiche Entfernung wie Rom-London, um nur einmal die Entfernungen in Australien zu verdeutlichen, und von nun an musste ich den Hightop-Camper allein nach Norden steuern. Charmaine betätigte sich als unterhaltsame Beifahrerin, bemühte sich redlich, Landkarten zu lesen, Campingplätze an entlegenen Orten ausfindig zu machen und mich – wenn mich die Müdigkeit überkam – mit köstlichen Sandwiches wieder aufzupäppeln. Und sie erinnerte mich – als Engländerin in dieser Sache reichlich erfahren – stets daran, links in den Kreisverkehr einzufahren.

Ich fuhr und fuhr, unterbrochen von Tagen am Strand und Ausflügen zu herrlichen Inseln. Für mich war diese Tour eine beachtliche Leistung. Dazu muss ich anmerken, dass ich zwar prinzipiell gerne Auto fahre, jedoch nicht an Orten, die mir fremd sind – und schon gar nicht in einem unhandlichen Camper im Linksverkehr. Es machte mich stark und stolz, diesen wilden Kontinent im Alleingang zu durchfahren. Und auch die vielen Gespräche mit meiner neuen Freundin über mein Leben, ihr Leben, ihren Freund, Alessio, gaben mir Kraft. Wir gaben einander stets auch die Zeit, allein zu sein und nachzudenken – sie hatte schnell erkannt, wie wichtig diese Augenblicke für mich waren. Dann saß ich am Strand oder an einem Hafen und freute mich einfach über dieses unglaubliche Glück, einen Traum zu leben. Und ich dachte an Äthiopien. Immer mehr, immer häufiger.

Mit Alessio telefonierte ich ab und zu, er schien etwas fröhlicher zu sein, aber die Gespräche mit ihm brachten mich durcheinander und warfen mich jedes Mal um Längen zurück. Also beschloss ich, so wenig wie möglich mit ihm zu kommunizieren.

In Cairns angekommen, gaben wir unseren Camper zurück und buchten ein Zimmer in einem Backpacker. Mich lockte der Regenwald. Also ging ich am nächsten Morgen in den örtlichen Botanischen Garten. Es gibt dort einen Boardwalk mitten durch das modrig duftende Dickicht, der mir eine geradezu mystische Erfahrung schenkte. Er ist nicht besonders lang, vielleicht einen Kilometer, vielleicht auch weniger, aber er ist so wild und so exotisch, dass ich mich fühlte, als spazierte ich mutterseelenallen durch einen unendlichen Dschungel. Ich weiß nicht, wie oft ich den Weg hinauf- und wieder herunterlief. Ich konnte mich nicht losreißen von dem Gefühl, das mich erfasst hatte. Ich war eins mit den Lianen, den Baumriesen, den Gerüchen, den Farben und den Klängen des Urwalds. Ich fühlte mich beschützt, sicher, frei. Wälder haben manchmal diese Wirkung auf mich, ich werde zu einem Teil von ihnen und möchte mich am liebsten nicht mehr trennen.

Am Nachmittag lief ich allein durch die Stadt und entdeckte einen Markt, auf dem allerlei Kunsthandwerk angeboten wurde. Interessiert schaute ich mich um. An einem Stand boten zwei Aborigines – ein Mann und eine Frau – hübsche Bilder, bemalte Bumerangs und *didgeridoos* an.

Ich hatte diese Reise dazu nutzen wollen, noch mehr über die australischen Ureinwohner zu erfahren. Es war mir nicht gelungen. Stattdessen hatte ich viele traurige Gedanken, jedes Mal, wenn ich am Circular Quay entlangspazierte und unweit von Sydneys Opernhaus halb nackte, bunt angemalte Aborigines ihren *didgeridoos* wilde Klänge entlockten – sehr zur Freude zahlreicher Touristen, die wie in einem Zoo ihre Kameras zückten und dieses traurige Spektakel digital festhielten. Dachten sie denn wirklich, sie hätten hier etwas Wirkliches, Reales über diese faszinierende Kultur erfahren? Sahen sie denn nicht, welch schrecklicher Ausverkauf da stattfand, aus purer Verzweiflung, Geldnot und Hoffnungslosigkeit? Aber die Aborigines und das, was die australische Regierung ihnen in der Vergangenheit angetan hat, sind ein anderes Thema.

Ich begann dennoch, Vergleiche zu ziehen. Zwischen der so genannten Stolen Generation – Halbblut-Aborigines, die größtenteils aus Vergewaltigungen hervorgegangen waren, bis ins späte 20. Jahrhundert hinein ihren Familien entrissen und in Missionen unter dem so genannten Aboriginal Protection Act (1869) zu »guten Christen« erzogen wurden – und der Situation in Äthiopien. Sie war anders, kaum vergleichbar, völlig klar. Aber noch immer gab es Orte auf dieser Welt, an denen Eltern so arm und verzweifelt waren, dass sie ihre Kinder – heutzutage sogar freiwillig – hergaben, um ihnen ein besseres Leben zu ermöglichen. Auch

Tadelas Mutter hatte mich oft in diesen Gewissenskonflikt gebracht. Wie gesagt, was den Kindern früher in Australien passiert ist, ist wahrscheinlich noch viel schlimmer, denn sie wurden ihren Familien einfach fortgenommen, was eine unauslöschliche Spur der Verzweiflung für die Kinder und die Erwachsenen hinter sich herzog. Wohl deshalb gibt es bis heute keinen echten Seelenfrieden zwischen Schwarzen und Weißen in Australien.

Grenzenlose Ungerechtigkeit findet man noch heute überall auf der Welt. Und das ist in Äthiopien nicht anders. Wir müssen an der Wurzel beginnen, die Dinge zum Besseren zu wenden, sonst wird es nie eine gerechte Welt geben. Wir müssen Lebensumstände schaffen, die es allen Menschen erlauben, friedlich in ihre Familien eingebunden ein würdevolles Leben zu führen.

An diesem Nachmittag in Cairns also, während ich den unmittelbar neben der Lagune, einem riesigen kostenlosen Freibad direkt am weiten Ozean, gelegenen Markt ansteuerte und die beiden Aborigines entdeckte, kam mir all dies wieder in den Sinn. Irgendetwas zog mich magisch an, ich ging geradewegs auf ihren kleinen bunten Straßenstand zu. Garth und Estelle hießen sie. Niemand sonst schien sich für ihre Kunst zu interessieren, die meisten Leute kauften gleich nebenan wertvolle Opale oder teuren Schmuck. Ich unterhielt mich lange mit diesem entzückenden Pärchen. Garth fehlten die Vorderzähne, jedes Mal, wenn er mich freundlich anlächelte, blitzte das schwarze Loch in seinem Mund auf. Er gab mir bereitwillig Auskunft zu all meinen Fragen und war begeistert, als er bemerkte, dass ich einiges über Aborigines und die in den Siebzigerjahren entstandene Künstlerkolonie Papunya Tula, die traditionelle mit moderner Kunst verbindet, wusste. Ich hätte stundenlang dort bleiben mögen, die beiden faszinierten mich. Sie waren authentisch, anders als die bemalten Musiker am Circular Quay. Schließlich kaufte ich ein kleines Bild für Kaylois und zwei Music Sticks als Erinnerung für mich.

Damit erschöpfte sich bei dieser Reise mein Zusammentreffen mit Aborigines. Ich hatte zwar bereits zuvor einen Aboriginal Tour Operator angeschrieben, der personalisierte Trips in die nähere Umgebung von Sydney und tiefere Einblicke in die Kultur der Ureinwohner anbot – jedoch erhielt ich wenige Tage später eine E-Mail, in der man mir mitteilte, der Tourguide habe sich den Fuß verstaucht und könne in den nächsten Wochen keine Ausflüge leiten. Es hatte halt nicht sollen sein. *Everything happens for a reason.* Bei diesem Trip nach Australien sollte wohl meine innere Auseinandersetzung mit Äthiopien im Vordergrund stehen.

Und heute weiß ich, es war gut so.

Einen Tag später fuhr ich mit einer kleinen Gruppe Richtung Norden. Ziel: Cape Tribulation. Charmaine hatte sich entschieden, wegen ihres schmerzenden Fußes in Cairns zu bleiben. Auch das war gut so. An diesem Tag lernte ich zwei bemerkenswerte Frauen kennen, beide Australierinnen aus dem Süden des Landes. Die eine hatte sich gerade scheiden lassen nach einer schlimmen Ehe mit einem Mann, der ihr verboten hatte zu reisen. Jetzt tourte sie kreuz und quer durch ihr Heimatland, wie eine Verdurstende, die nach dem Wasser des Lebens sucht. Die andere hatte Krebs. Bereits zum zweiten Mal. Die Gespräche mit beiden rückten für mich einiges wieder in die richtige Perspektive. Bereits wenige Tage zuvor hatte ich mich auf den Whitsunday-Inseln mit einer Britin unterhalten, deren zwanzigjähriger Sohn ein Jahr zuvor in Australien bei einem Autounfall ums Leben gekommen war. Sie wandelte auf seinen Spuren, fuhr gemeinsam mit ihrer Schwester genau die Strecke ab, die der Sohn vor seinem Tod genommen hatte.

Etwas in mir sagte, dass ich diese Frauen treffen musste. Es hatte alles einen Grund. Es fügte sich zusammen wie ein Puzzle, wie das Mosaik am Deckengewölbe der Franziskus-Basilika in Assisi: Beim großen Erdbeben in Umbrien 1997 war es eingestürzt, teilweise millimeterkleine Partikel des wertvollen Kunstwerks waren damals über den Boden verstreut gewesen. Aber in Sisyphosarbeit hatten Experten das Mosaik im Laufe der Jahre wieder zusammengesetzt, und heute scheinen die Spuren des verheerenden Bebens fast ausgelöscht – nur einige weiße Flecken an der Decke erinnern noch an die Katastrophe.

So ähnlich fühlte ich mich. Ich war von einem emotionalen Erdbeben in meinen Grundfesten erschüttert worden, ich war völlig abgestürzt und sah mich selbst, sah meine eigenen sonst so bunten Farben zerstreut und kaputt wie Schutt auf dem Boden liegen. Jetzt aber hatte sich das Mosaik meines Lebens wieder zusammengefügt. Und ich war unendlich dankbar.

Worüber beschwerte ich mich eigentlich? Ich war gesund, ich hatte keinen geliebten Menschen bei einem Unfall für immer verloren, ich war frei, ich hatte mir nie etwas verbieten lassen. Auch Alessio schien mir nicht mehr ein ganz so verwunderlicher Mensch zu sein wie noch Tage zuvor. Immerhin liebte er das Reisen genau wie ich. Meinen Durst nach fremden Orten hatte er nie eingeschränkt – ganz im Gegenteil. Wir hatten gemeinsam geträumt, und jetzt träumte ich eben allein. Oder besser noch: Ich lebte meinen Traum. Ich habe selten zuvor eine solche Zuversicht gespürt. Ich fühlte mich geliebt. Von meinen wunderbaren alten und neuen Freunden und von einem göttlichen Wesen, das meine Wege lenkte.

Wir streiften durch den Urwald in Mossman Gorge, beobachteten Krokodile auf dem Daintree River und leckten am Hinterteil riesiger Ameisen. Es schmeckte zitronig. Und das war es auch – die Aborigines essen die Tiere wegen ihres reichen Gehalts an Vitamin C.

Und dann, irgendwann, lag das Kap vor uns. Ich stand am Strand und blickte auf die Spitze der Küste. Cape Tribulation eben. Das Ziel meiner Reise. Ich war angekommen. Ich war so weit weg von allem und doch zu Hause. 3000 Kilometer waren Charmaine und ich gefahren, immer weiter fort, immer geradeaus. Auch dies schien sich perfekt zu fügen, diese Geradlinigkeit der Küstenstrecke spiegelte meinen eigenen inneren Weg wider. Keine Kurven mehr, keine Abzweigungen, sondern einem Ziel entgegen.

Ich war weit gekommen, und ich hatte alles durchlebt, was ich durchleben musste. Ich hatte den Groll gegen Alessio von mir geworfen, hatte geweint und gelacht während dieser Reise, ich hatte Gefühle zugelassen, vor denen ich zuvor geradezu panische Angst gehabt hatte. Ich war wieder bei mir selbst. Stark und selbstbewusst. Es war Zeit zurückzukehren. Ich blickte noch einmal auf die herrliche Landschaft, die da vor mir lag, dann drehte ich mich um – und freute mich unbändig auf Äthiopien.

Von diesem Moment an wusste ich, was ich tun musste. Ich hatte endlich erkannt, dass ich das Land und Alessio voneinander trennen konnte und dass die Liebe zum einen nicht erlöschen musste, wenn der andere aus meinem Leben trat. Nicht umsonst war Rainer Maria Rilkes Gedicht *Alles ist eins* mein Wegbegleiter auf diesem Trip gewesen.

Meine Seele spürt,
dass wir am Tore tasten.
Und sie fragt dich im Rasten:
Hast Du mich hergeführt?

Und du lächelst darauf
so herrlich und heiter
und bald wandern wir weiter:
Tore gehn auf …

Ich hatte am Tor getastet, jemand hatte mich dorthin geführt, und jetzt stand mein Tor nach Äthiopien endlich weit offen. Es war meine eigene Entscheidung. Irgendetwas in diesem Universum gab mir zu verstehen, dass ich auf meinem Weg weiterwandern musste. Es war ein guter Weg.

Als die ersten Hügelketten Äthiopiens im warmen Morgenlicht unter dem Flugzeug auftauchten, spürte ich ein solches Glück, dass ich hätte schreien können. Es fühlte sich an wie Heimat. Wie eine große Heimkehr. Und große Aufgaben lagen vor mir.

Heimkehr

Alessio holte mich vom Flughafen ab. Auch er hatte einiges verstanden, das merkte ich sofort. Er schien stärker, ruhiger. Wir umarmten uns kurz, dann begann ich zu erzählen. Nicht alles, aber einiges von dem, was mir widerfahren war. Er hörte aufmerksam zu. Sagte mir, dass es ihm besser gehe und dass er sich auf mich gefreut habe. Ich ließ es nicht mehr an mich heran.

Seine Bemühungen um mich dauerten knapp zwei Tage, dann fiel er in den alten Trott zurück. Mit der neuen Carola konnte er noch weniger umgehen als mit der alten. Mein neues Selbstbewusstsein, meine Pläne und Ziele verwirrten ihn. Er hatte wohl gedacht, ich hätte mich in Australien endgültig von Äthiopien und unserem Traum verabschiedet. Er hatte gedacht, ich würde nun abreisen, und er könnte das Abenteuer allein weiterleben.

Er hatte sich getäuscht.

Die große Freiheit

Haben Sie schon einmal daran gedacht, welches Wort Sie am besten beschreibt? Wenn Sie einen einzigen Begriff wählen müssten, der Ihren Charakter, Ihre Träume, Ihre Ziele, Ihr Dasein, Ihr ganzes Leben auf den Punkt bringt, welcher wäre das dann? Irgendwann habe ich mir diese Frage gestellt. Ich lag gerade in der Badewanne. Mit drei großen Fragezeichen im Kopf tauchte ich rücklings meinen Kopf in das schaumige Nass, und als ich nach zehn Sekunden wieder auftauchte und mir das Wasser aus den Augen rieb, wusste ich die Antwort. Freiheit. Mein Wort ist Freiheit.

Schon als Kind habe ich es nicht ertragen, Vorschriften befolgen zu müssen. Nun, das mag bei einem Kind noch normal sein. Als ich zum Teenager wurde, verstärkte sich meine Pflichtphobie, und es kam zu manchmal lautstarken Auseinandersetzungen mit meinen Eltern. Schon damals, mit vierzehn, fünfzehn, sechzehn Jahren, war ich mir sicher zu wissen, was gut für mich war und was nicht. In mir sträubte sich etwas dagegen, anderen zu erlauben, Entscheidungen für mich zu treffen. Sicher, in diesem Alter mag man wissen, was gut für einen ist – ob man als hormongesteuerter neugieriger Heranwachsender dem Wissen folgt, ist eine andere Geschichte.

Irgendwo hinter dem Horizont lag meine Freiheit, das wusste ich schon damals. Ich träumte davon auszureißen, nach New York zu gehen, mich im Big Apple unsterblich zu verlieben und auf alle hippen Partys zu gehen. Wenn ich doch erst volljährig wäre!

Dann kam der Tag. Meine Güte, was war ich für eine Rebellin! Meine Mutter hat aus lauter Verzweiflung und fehlgeschlagenen Versuchen, mich zur häuslichen Unterordnung zu bewegen, sicher so einige weiße Haare davongetragen.

Ich wurde also achtzehn, und an eben jenem Tag im April teilte ich meinen Eltern mit, ich würde in der Nacht erstmals nicht nach Hause kommen und bei meinem Freund schlafen. Schließlich sei ich volljährig und könne nun tun, was ich wolle. Ehe sie noch ihre offenen Münder schließen konnten, war ich schon mit meinem roten Polo davongerauscht. Und ich war frei!

Mit neunzehn zog ich von zu Hause aus, ging ins achtzig Kilometer entfernte Bonn und schrieb mich an der Uni für das Fach Romanistik ein. Na ja, sagen wir mal so: Dank der finanziellen Unterstützung meiner Eltern zog ich aus und ging ins achtzig Kilometer entfernte Bonn. Ich erinnere mich noch genau an den Moment, als ich meine schweren Taschen auf den Boden meiner ersten Studentenbude in Beuel stellte, die gelbe Kaffeemaschine auspackte, mir meinen ersten Kaffee aufbrühte und mir eine Zigarette anzündete. Was für ein Glücksgefühl mich da überkam! Trotz aller Ängste vor dem Studium – ich war frei! Ich war allein und frei!

Manchmal steckt die Freiheit in den ganz kleinen Dingen – es gehören nicht immer das weite Meer oder über eine blütengespickte Wiese galoppierende Pferde dazu. Freiheit ist ein Gefühl, das in uns liegt, und wenn wir realisieren, dass wir frei sind, kann uns die wohlige Glückseligkeit wie ein Sturm überkommen. Entscheidungen zu treffen, die wir für richtig halten, ohne ein Einverständnis zu brauchen, das ist Freiheit. An einer duftenden Blume zu schnuppern und den Tag zu vergessen, das ist Freiheit. Barfuß in den Regen zu laufen ist Freiheit, und abends im Pyjama stundenlang im eigenen Garten den afrikanischen Sternenhimmel zu betrachten ist Freiheit. Verrückt sein zu dürfen, teilweise absurd wirkende Dinge zu tun, ohne verurteilt zu werden, das ist meine Freiheit.

Allein zu sein ist schön und die ultimative Freiheit. Niemand sieht dich, kein *Big brother is watching you*. Und machen wir nicht alle verrückte Dinge, wenn wir allein sind? Wir können ungestört in der Nase bohren, bei offener Tür duschen, wild zu unserer Lieblingsmusik tanzen und lautstark mit einer Haarsprayflasche als Mikrofon vor dem Spiegel singen. Sogar Selbstgespräche sind drin – und oft aufschlussreicher und interessanter als das oberflächliche Geplänkel mit Bekannten beim abendlichen Bier.

Fragen Sie sich auch manchmal, wie Sie auf jemanden wirken würden, der als Spitzel eine Minikamera in Ihrer Wohnung installiert hat? Wie ein Verrückter? Oder sind Sie, auch wenn Sie sich allein in Ihren heimischen vier Wänden aufhalten, wie aus dem Ei gepellt, adrett und gesellschaftsfähig? Ich nicht. Das ist meine Freiheit.

Ich bin gern allein. Nicht, dass wir uns falsch verstehen. Ich bin dann gern allein, wenn ich mich dafür entscheide, allein zu sein. Erzwungenes Alleinsein wird leicht zur Einsamkeit. Auch das habe ich erlebt. Und da hört jede Freiheit auf.

Später, im Studium, verliebte ich mich unsterblich in

einen Italiener und beschloss, den Sommer mit ihm in Rom zu verbringen. Meinen Eltern sagte ich, ich müsse in den Semesterferien unbedingt elf Wochen in die Ewige Stadt, um mein Italienisch zu verbessern und mein Studium schnell abzuschließen. Aber meine Eltern sind ja nicht auf den Kopf gefallen – und mussten sich ein Grinsen verkneifen, denn nur wenige Tage zuvor hatte mein junger Römer mir einen großen Strauß roter Rosen nach Deutschland geschickt. Sie erlaubten und finanzierten mir meinen Italien(er)-Traum trotzdem. Denn sie wussten: Ich wäre sowieso gefahren. Wenn ich mir etwas vorgenommen habe, dann werde ich dickköpfig und tue es auch – komme, was wolle. Das Geld hätte ich irgendwie aufgetrieben. Dass diese Reise der Grundstein für mein späteres Leben in Rom werden sollte, das konnte damals noch keiner von uns ahnen.

Ich kam also an in meiner Traumstadt. Die Sonne strahlte, es war Juli und heiß. Ich hatte von Deutschland aus ein kleines Zimmer in einer WG gebucht, und wieder setzte ich meine schweren Taschen ab. Ich packte nicht aus, ich setzte mich auf mein Bett, nahm meinen Walkman aus dem Rucksack – Touchscreens, MP3-Player und iPods waren zu der Zeit tatsächlich noch nicht einmal in der Planungsphase – und spulte auf den Song *One* von U2 vor.

One love, One blood, One life. You got to do what you should, heißt es da.

Und ich wusste tief in mir, ich war dabei, das zu tun, was ich tun musste. Ein Leben, mein Leben, keine Kompromisse, dafür ist keine Zeit. Wenn wir unserem Herzen folgen, ist das wie eine Erlösung von den Qualen des Geistes. Unser Herz wird uns stets in die richtige Richtung treiben. Mögen unsere dem Gefühl folgenden Entscheidungen auch im ersten Moment übereilt erscheinen, so sind sie doch meist richtig. Ich glaube, wir würden viel im Leben verpassen, wenn wir allein dem Gehirn unser Leben anvertrauen würden.

Dieser Augenblick in Rom, er war sicher einer der glücklichsten meines Lebens und hat einen absoluten Ehrenplatz im geistigen Buch meiner Erinnerungen. Ich fühlte mich so unendlich leicht und war so froh. Elf Wochen lagen vor mir! Später an diesem Tag fuhr ich mit meinem hübschen gelockten Italiener auf dessen kleiner Vespa durch die römische Nacht, unsere Haare wehten im lauen Abendwind (eine Helmpflicht gab es in Italien damals noch nicht – und das ist ebenfalls Freiheit!), und ich konnte das alles kaum fassen. Jahre zuvor hatte ich das Jugendbuch *April entdeckt Rom* immer und immer wieder verschlungen, und jetzt lebte ich diesen Traum selbst. Ich war April. Gianni war mein Moondoggie, so der Spitzname des Freundes im Buch. Kitschiger geht's nicht mehr. Aber ich war dreiundzwanzig, verliebt und in Rom. Könnte ich die Zeit zurückdrehen, ich glaube, ich würde noch einmal in diesen Sommer reisen. In den Sommer der absoluten Freiheit.

Ich hatte auch Angst, natürlich. Denn eigentlich war ich mein Leben lang ein Angsthase. Habe ich das schon erwähnt? Mein ungezügelter Wille, immer etwas Neues zu tun und kein gewöhnliches, »normales« Leben zu leben, hat auch ganz viel mit der Überwindung von Ängsten zu tun. Immer wieder musste und wollte ich mir selbst beweisen, dass ich Dinge schaffen kann, die ich zuvor für unmöglich hielt. Das ist bis heute so. Aber handelte es sich in meiner Jugend um so banale Dinge wie Rückwärtseinparken oder das Benutzen öffentlicher Verkehrsmittel in einer fremden Stadt, so muss ich heute schon andere Kaliber auffahren – etwa einem Orang-Utan-Alpha-Männchen im Regenwald begegnen – um den Kick zu bekommen. Den Kick, den ich daraus ziehe, wieder eine Angst bezwungen und den inneren Schweinehund überwunden zu haben. Dieses Gefühl macht so lebendig! Und umso mehr, wenn man die Dinge, die Furcht bereiten, allein angeht.

Was hat das alles mit Äthiopien zu tun, fragen Sie? Sehr viel.

Im Laufe der Jahre wird es normal, für eine Firma und einen Chef zu arbeiten. Das ist halt so. Selbstständig machen sich nur die, die das Geld und den Mumm dazu haben. Dazu gehöre ich nicht. Aber vielleicht wurde meine zunehmende Unzufriedenheit gerade aus dieser Tatsache heraus geboren.

Alessio, der in England in seiner Marketingfirma sein eigener Chef war, zeigte mir erstmals, dass es auch anders geht. Er arbeitete viel und reiste viel – aber immer aus einer eigenen Entscheidung heraus. Ich hingegen musste morgens um sieben Uhr aus den Federn, Zeitungen kaufen, Pressestimmen machen und um neun Uhr im Büro aufmarschieren, wenn er noch gemütlich im Bett lag. Es ging mir nie darum, lange schlafen zu können oder faul zu Hause zu sitzen. Ich arbeite gern und bin eher ein Frühaufsteher. Aber ich mag keinen Zwang. Viel schöner ist es, selbst über sein Leben und den Tagesablauf entscheiden zu können.

Und das habe ich erstmals in Äthiopien gespürt.

Das Leben dort war so ganz anders als alles, was ich vorher gekannt hatte. Da war plötzlich diese vollkommene

Freiheit, das Dasein bis zum Äußersten zu genießen. Wenn ich morgens eine Stunde auf der Terrasse sitzen und die bunte Vogelwelt und die herrlichen Flame Trees mit ihren knallroten Blüten betrachten wollte, so konnte ich dies tun. Wenn ich abends lange mit meinen Freunden rausgehen oder am Wochenende an den Lake Langano, nach Bahir Dar oder Gondar fahren wollte, dann tat ich das einfach. Spontan. Eben, weil ich Lust dazu hatte. Und doch habe ich viel gearbeitet. Alles, was ich tat, geschah, weil ich es tun wollte – nicht, weil ich es musste. Ich war erfüllt, ganz bei mir, ich selbst. Frei.

Das Ende der Beziehung mit Alessio war eine Freiheit, die ich nicht gewollt und nicht eingeplant hatte. Aber mit der Zeit lernte ich, das Singledasein auch teilweise zu genießen.

Ich war allein, ja. Aber ich hatte Freunde in Äthiopien und wurde dank ihrer Freundschaft nicht einsam. Wenn ich einen Drink im Hilton nehmen wollte, dann war immer jemand zur Stelle, der sich mit mir traf. Wenn ich in die Edna Mall, das größte Kino von Addis, fahren wollte, war Terefe – mein treuer Taxifahrer – stets zur Stelle, um mich abzuholen. Und Kaylois stand meist schon vor dem Eingang und begrüßte mich mit ihrem herzlichen Lächeln. Und auch in Bahir Dar oder Gondar konnte ich auf die Gesellschaft der von mir geliebten Menschen zählen. Abba Abebe, Jenna, Assefa und Tadela – Tage und Abende mit ihnen zu verbringen, ist ein Geschenk, das ich stets im Herzen tragen werde.

Äthiopien hat mir eine Art von Freiheit vor Augen geführt, die ich in dieser Form nicht kannte. Das hat mich stärker gemacht. Ich habe viele Ängste überwunden, die ich vorher noch nicht angegangen war. Und zum ersten Mal kristallisierte sich mit den Wochen und Monaten etwas heraus, das mein Leben für immer begleiten wird: das Gefühl des Ichs. Äthiopien in all seiner Vielfältigkeit, das war ich. Mit Terefe im Taxi über Traditionen, Religion und heiliges Wasser zu diskutieren, das war ich. Im Hilton am Pool zu liegen und mit einer Achtjährigen aus Addis über die weite Welt zu fabulieren, das war ich. Mit Tadela und ihrer Familie in der Hütte zu hocken, mit Luftballons zu spielen und in dieser Leichtigkeit glücklich zu sein, das war ich. Mit Melkamsira, Aynalem, Alemyehu und Yirgalem über ihre Fortschritte in der Schule und ihre Zukunftspläne zu sprechen, das war ich. Zum ersten Mal fühlte ich mich unglaublich erwachsen – und doch als staunendes Kind angesichts der Exotik des Ortes. Ich war zu Hause. Gleichzeitig Rebellin in einem fremden Land und geliebt wie eine Einheimische. Niemand in Europa würde dies verstehen. Aber das war egal. Ich hatte neue Freunde, neue Menschen um mich herum, und ich tat, was ich tun wollte: Gutes und Sinnvolles, wenn man es so nennen mag. Ich war nicht mehr bereit für Kompromisse. Dies war die große Freiheit.

Banana Girls

Ich nenne sie einfach die Banana Girls. Ein niedlicher Name, nicht? Und so passend. Denn diese fünf Mädchen aus Bahir Dar haben tatsächlich mit Bananen – oder besser: den Blättern der Bananenstauden – ihr Leben verändert. Sie heißen Habtam, Sewnet, Emebit, Worke und Enqunehue.

Ich habe sie relativ zu Beginn meines Äthiopien-Jahres kennengelernt, kurz nach Weihnachten. Für die Festtage war ich für ein paar Tage nach Deutschland zu meiner Familie gefahren. Eine gute Freundin hatte, wie immer am zweiten Weihnachtstag, zu einem Fondue eingeladen. Es wurde ein schöner Abend – köstlicher Wein, gutes Essen, nette Gespräche. Als wir uns gegen Mitternacht verabschiedeten, nahm mich eine Freundin zur Seite.

»Ich habe mit meiner Familie viel über dich und euer Projekt gesprochen«, sagte sie. »Wir haben uns dann gedacht, dass wir ja wirklich schon alles haben, und eigentlich hat keiner zu Weihnachten Wünsche. Und deshalb haben wir uns entschieden, dir das Geld zu geben, was wir für Geschenke ausgegeben hätten.«

Ich war völlig überrascht.

»Echt?«

Ich kannte ihre Familie nicht einmal.

»Ja, wirklich. Hier sind ein paar Umschläge, einer von mir, einer von meinem Bruder und einer von meinen Eltern. Ich bin sicher, du wirst was Gutes damit tun.«

Ich freute mich unbändig. »Das werde ich. Danke!«

Als ich die Umschläge später öffnete, war ich noch überraschter. Stolze 550 Euro kamen da zum Vorschein, das ist in Äthiopien ein ganzer Haufen Geld. Damit kann man ein Projekt starten, etwas Neues, etwas Nachhaltiges, dachte ich mir. Ich war wirklich ergriffen von der offensichtlichen Nächstenliebe dieser Menschen. Ich war stolz, dass sie so viel Vertrauen in mich setzten, obwohl der Großteil der Familie mich noch nie gesehen hatte. Und ich war glücklich, dass der »Geist der Weihnacht« noch heute um sich greift, dass nicht alle im Konsum ertrinken und dabei vergessen, dass es in anderen Teilen der Welt so unendlich viel Elend und Kummer gibt.

Dann war das Chaos ausgebrochen. Und ich war unfähig gewesen, neue Projekte anzugehen.

Jetzt aber war ich bereit. Ich hatte mich in Australien so oft von außen betrachtet, und was ich da sah, war die Carola, die ich in Afrika sein wollte: eine, die zupackte, die Hilfe leistete, wo sie gebraucht wurde, ein lachender, glücklicher Mensch, der das Abenteuer Leben genießt. *Hand in Hand mit Afrika, mit den Menschen, lachend. Ich selbst.* So hatte ich es in Sydney in meinem Tagebuch beschrieben.

Ich begann endlich, mit der Spende meiner Freundin Pläne zu machen. Dazu brauchte ich Unterstützung und Rat, und wie immer war Abba Abebe derjenige, der die zündende Idee hatte. Ich hatte ihm schon eine Weile zuvor von der finanziellen Unterstützung erzählt. Nun rief ich ihn an.

»Hast du mal über ein Projekt nachgedacht, das wir mit dem Geld starten könnten?«, fragte ich.

»Ja, und ich glaube, ich weiß da was.«

Auf Abba war Verlass.

»Schieß los«, drängte ich neugierig.

»Was hältst du von einem Antiprostitutionsprojekt?«

»Wie meinst du das?«

»Ich kenne fünf Mädchen hier, die in der Nähe unseres Compounds leben. Sie sind alle so um die achtzehn Jahre alt, sind mit der Schule fertig und haben absolut keine Perspektive. Wenn wir nicht etwas für sie tun, werden sie auf der Straße landen.«

Ich hatte eine ganze Zeit gebraucht, um diese »sexuelle« Seite Äthiopiens zu sehen. Bei meinen ersten Reisen war mir nie aufgefallen, wie viele Prostituierte es hier gab. Eigentlich sollte das in einem so armen Land nicht überraschen, aber ich konnte es dennoch kaum glauben. Dies war doch *Äthiopien*! Das so christliche, so durch und durch religiöse Äthiopien! Bekannte hatten mir irgendwann die Augen für die traurige Wahrheit geöffnet. Und als sie einmal offen waren, sah ich tatsächlich überall leicht bekleidete Frauen am Straßenrand stehen. Da sie jedoch nicht in Lack und Leder gehüllt sind, sondern meist einfach Miniröcke und ein T-Shirt tragen, waren sie mir lange nicht aufgefallen.

Neben diesen »Bordsteinschwalben«, gibt es auch Edelnutten. Sie räkeln sich lässig an den Bars der Luxushotels und warten auf potenzielle weiße Kunden. Auch sie waren lange Zeit von mir unbemerkt geblieben. Seltsam eigentlich. Ich habe so lange in Rom gelebt, ich habe alles gesehen dort, Transvestiten, Transsexuelle, sechzigjährige Hausfrauen im roten Lederkostüm. Der Anblick von Prostitution war mir dort fast zur Gewohnheit geworden. Jeder nach seiner Fasson – Freiheit ist ein hohes Gut. Fast fünf Jahre lang lebte ich in Rom zusammen mit vier Schwulen, sie wurden meine besten Freunde, meine Familie, mein Zuhause, wir kochten und aßen zusammen, kostümierten uns wie Drag Queens und gingen gemeinsam aus. Und manchmal, wenn die Kasse knapp war, verwandelten sie sich abends in hinreißende Frauen in hohen Hacken und gingen auf den Strich.

Warum mich das Rotlichtmilieu in Addis so schockierte, kann ich eigentlich gar nicht sagen. Irgendwie nahm es diesem uralten Land etwas von seiner Reinheit, und all dies machte mich auch ärgerlich. Viele Äthiopierinnen sehen Männer aus dem Westen schlicht als Altersvorsorge. Auch Nichtprostituierte lassen oft ihren Charme spielen, um sich Drinks und Abendessen spendieren zu lassen und – in der Hoffnung, vielleicht schwanger zu werden – eine Nacht mit dem Auserwählten zu verbringen. Eine Bekannte berichtete mir von einem Gesetz, das angeblich besagt, dass Ausländer, die eine Äthiopierin geschwängert haben, das Land nicht verlassen dürfen, bis sie ihre neue »Familie« ausreichend finanziell versorgt haben. Ob das tatsächlich stimmt, konnte ich nicht ergründen. Solomon hatte nie davon gehört. Aber meine Bekannte versicherte mir glaubhaft, sie kenne mindestens zwei Fälle, bei denen 60 000 Dollar geflossen seien.

Die Damen gehen dabei mit einer Hartnäckigkeit und oftmals offener Eifersucht gegenüber weißen Frauen ans Werk, die mich überraschte. Sie kämpfen an den Theken der Nachtclubs und Hotels mit allen Mitteln darum, auf sich aufmerksam zu machen und eventuelle europäische Nebenbuhlerinnen auszustechen.

Dies sei aber nur am Rande erwähnt. Der Großteil der

Prostitution wird aus purer Verzweiflung geboren – und jedes Projekt, das dem Abhilfe schaffen konnte, war mir hoch willkommen.

»Was schlägst du vor?«, fragte ich Abba also.

»Wir haben vor einigen Jahren in Jimma im Süden eine Sache gestartet, die großen Erfolg hat. Mehrere junge Frauen haben dort gelernt, mit Bananenblättern Grußkarten herzustellen. Mittlerweile ist die Gruppe auf über zwanzig Frauen angewachsen, und die machen damit ganz gutes Geld. Was meinst du? Sollen wir so was auch mal in Bahir Dar probieren?«

Ich war sofort Feuer und Flamme. Es würde nicht sehr teuer sein, und vor allem förderte es die Kreativität und Handfertigkeit der Mädchen.

»Das klingt richtig erfolgversprechend«, sagte ich. »Pass auf, ich komme zu dir, und wir werden das Projekt angehen.«

»Prima, ich hole dich am Flughafen ab.«

Wenige Tage später saß ich wieder in einer Ethiopian-Airlines-Maschine nach Bahir Dar.

Am nächsten Morgen setzten wir uns in Abbas Wohnzimmer zusammen. Wir begannen, eine Liste zu erstellen: Scheren, Stifte, Bananenblätter in allen möglichen Farbnuancen, Klebstoff, dickes Papier, ein Drucker – viel mehr bedurfte es eigentlich nicht. Das Teuerste an der Sache war noch, zwei der erfahrenen Mädchen aus Jimma, die seit der ersten Stunde zu den dortigen Banana Girls gehört hatten, als Lehrerinnen nach Bahir Dar zu holen und ihnen für die Trainingsstunden ein kleines Gehalt zu bezahlen. Zudem schlug ich vor, das Anliegen unserer NGO mit diesem neuen Vorhaben zu verbinden, und fragte zwei unserer Studentinnen, ob sie bereit wären, den fünf Mädchen gut zwei Wochen lang etwas Computergrundwissen zu vermitteln. Schließlich wussten sie nicht einmal, wo an einem Computer der Knopf zum Einschalten war, ganz zu schweigen von MS Office und Druckern. Eine gewisse Schulung war aber nötig, um letztlich ein gutes, verkaufbares Produkt anzubieten.

Meseret und Birhan, die beiden dazu auserkorenen Studentinnen, waren begeistert, da auch sie bezahlt würden. Und ich war stolz, dass unsere Organisation sie in kürzester Zeit so weit ausgebildet hatte, dass sie nun andere junge Mädchen trainieren konnten.

Dann luden wir die Mädchen zu einem Treffen ein. Wir setzten uns in einen der strohgedeckten Tukuls, die das weite Grasland vor Abbas Compound zieren. Wie oft habe ich hier gestanden und über Schirmakazien hinweg den Horizont betrachtet, während sich die glutrote afrikanische Sonne der Erde entgegensenkte. Manchmal dachte ich in diesen Momenten, ich sei meiner persönlichen Vorstellung des Paradieses selten so nah gewesen. Der Ort strömte eine so herrliche Ruhe aus, ich fühlte mich sicher, als könne nichts und niemand mir etwas anhaben. Dies war das echte Afrika, das Afrika, nach dem ich gesucht hatte. Und es war das Afrika, das meinem Traum von der staubigen Ebene, den ich viele Jahre zuvor hatte, ziemlich nahe kam.

Die Mädchen wirkten schüchtern und unsicher. Ich begrüßte sie lächelnd und umarmte sie sanft. Alle waren sehr traditionell gekleidet, mit langen Röcken, die fast bis auf den Boden reichten. Aber ihre Kleider waren kaum mehr als Lumpen, waren teilweise zerrissen, die Plastiksandalen fielen fast auseinander. Ich wusste instinktiv, dass wir das Richtige taten. Wir müssten ihnen nur Mut machen und Hoffnung in ihr Leben bringen, und sie würden auftauen und großartige Leistungen vollbringen. Ich war mir ganz sicher. Der Gedanke, dass diese zierlichen, fast noch wie Kinder wirkenden Äthiopierinnen als Prostituierte hätten enden können, machte mich fast krank.

Abba Iyasu kam hinzu, blickte mich aufmunternd an und sagte: »Leg los! Ich übersetze!«

Ich war etwas verlegen, hatte ich doch gedacht, meine beiden Priester würden den Mädchen das Projekt erklären. Es ist jedes Mal ein seltsames Gefühl, wenn das passiert: Man schwankt irgendwo zwischen Freude und Unsicherheit, zwischen dem Gefühl, dass in dieser Welt etwas falsch läuft, und dem inneren Glück, etwas dagegen zu tun. Ich liebe es einfach, Projekte zu initiieren, aber sie dann selbst zu präsentieren, fällt mir schwer. Ich möchte nicht die *ferenji* sein, die Weiße, die den Äthiopiern sagt, wo es langgeht, die ihnen etwas aufzwingt, was sie vielleicht gar nicht möchten. Ich möchte nicht als die »Reiche« angesehen werden, die eine Lösung für alle Probleme bereithält. Viel lieber sehe ich mich als eine Mitarbeiterin in diesem gigantischen Projekt Äthiopien, als jemand, der gemeinsam mit den Betroffenen nach Wegen und Lösungen sucht.

Aber nun, an diesem heißen Tag in Bahir Dar, waren alle Augen auf mich gerichtet.

»Ich freue mich, dass ihr gekommen seid, und ich freue mich, euch kennenzulernen. Ich hoffe, dass wir in Zukunft viele Stunden zusammen verbringen und dass wir Freunde werden«, setzte ich an.

Iyasu übersetzte.

»*Au*«, ja, hauchten die Mädchen kaum hörbar.

Dann erzählte ich ihnen von der Spende meiner Freundin und von unserer Idee mit den Bananenkarten.

»Habt ihr Lust dazu? Möchtet ihr das versuchen?«, fragte ich.

»*Au.*«

Ich bat die fünf, nun selbst aktiv zu werden und sich nach Preisen für die benötigten Bananenblätter zu erkundigen. Ich wollte, dass sie dies von Anfang an als *ihr* Projekt betrachteten, dass sie sich eingebunden fühlten und schon jetzt als frisch gebackene Unternehmerinnen agierten. Das war natürlich völlig neu für sie. Selbst Initiative zu ergreifen und nicht nur passiv zu tun, was ihnen aufgetragen wird, war eine Erfahrung, die sie nicht kannten.

»Wo sollen wir denn nach den Blättern suchen?«, fragten sie Iyasu etwas verunsichert.

Er zählte ihnen mehrere Orte auf, an denen sie es versuchen sollten, und er bat sie, Preise zu vergleichen, diese aufzuschreiben und uns dann eine Liste zu zeigen. Die fünf sahen sich an und tuschelten leise. Dann ergriff Worke das Wort und fragte Iyasu leise etwas, wobei sie den Blick gesenkt hielt. Sie musste eine Frage gestellt haben, die ihr unangenehm war.

»Was ist los?« Ich sah Iyasu fragend an.

»Worke sagt, sie würden das gerne tun, aber sie hätten kein Geld, um zu den genannten Orten zu fahren, denn die liegen außerhalb der Stadt, und sie müssen den Bus nehmen.«

»Das verstehe ich natürlich. Wie viel würde es denn kosten, wenn zwei von euch losziehen und sich nach den Preisen erkundigen?«

Die Mädchen sprachen sich kurz miteinander ab.

»Wir würden etwa 100 Birr brauchen, um zu allen genannten Händlern zu fahren.«

Ich kramte in meiner Tasche und gab ihnen das Geld. »An 100 Birr soll es sicher nicht scheitern. Wenn ihr fleißig lernt und schöne Grußkarten produziert, werdet ihr dieses Geld um ein Vielfaches wieder einnehmen!«

Die Mädchen strahlten.

»Gut«, meinte ich, »dann ist das also abgemacht. Ihr fragt nach den Bananenblättern, Abba Iyasu und ich werden das übrige Material besorgen, und übernächste Woche kommen dann eure Lehrerinnen aus Jimma. Kommende Woche kommt ihr bitte jeden Tag in das Trainingszentrum unserer Organisation und nehmt an einem Computerkurs teil. Gefällt euch die Idee?«, hakte ich noch einmal nach.

Ich wollte sicher sein, dass die Mädchen dies wirklich wollten, dass sie mit Passion und Freude an die Sache herangehen würden.

»*Au*«, war ihre Antwort, aber dieses Mal lächelten sie dabei.

Und so geschah es. Alles verlief nach Plan. Meseret und Birhan leisteten gute Arbeit beim Computercrashkurs, dann kamen Helen und Wube aus Jimma. Die beiden waren bildhübsch und hatten sich ihre Haare aufwendig flechten lassen. Sie waren das beste Beispiel dafür, wie weit wir mit diesem Projekt kommen konnten – noch vor wenigen Jahren hatten sie selbst mit der Armut gekämpft. Nun stand ich zwei selbstbewussten Frauen gegenüber, die es kaum abwarten konnten, ihr mit der Zeit angehäuftes Wissen und Geschick weiterzuvermitteln.

Jeden Tag schaute ich kurz bei dem Training vorbei, ermunterte die Mädchen und war völlig überrascht, wie schnell sie Fortschritte machten. Die fünf waren mit ganzem Herzen bei der Sache, offensichtlich mochten sie diese handwerkliche und äußerst kreative Arbeit – und sie mochten auch ihre beiden Lehrerinnen, das war deutlich spürbar. Da war gleich ein gewisses Vertrauen vorhanden. Und ich beobachtete das Ganze glücklich und zufrieden, denn das war mit das Schönste, was in diesem Land passieren kann: Äthiopierinnen helfen Äthiopierinnen, Frauen helfen anderen Frauen, uneigennützig, engagiert. Ich war nur die, die das Ganze durch einen kleinen finanziellen Beitrag, durch die Spende einer Freundin, in Schwung gebracht hatte. Wie so oft funktionierte danach alles wie aus Zauberhand fast von allein.

Nach drei Wochen waren die Banana Girls so weit ausgebildet, dass sie von nun an allein ans Werk gehen konnten. Und das tun sie seither, jeden Tag, fleißig und mit Optimismus und Elan. Zu guter Letzt entwarf ich am Computer ein kleines Logo, das seither auf der Rückseite der Karten abgedruckt wird und das Projekt erklärt.

Das einzige Problem war die Frage, wo wir die Karten verkaufen sollten. In großen Hotels? In Souvenir-Shops? Wir überlegten hin und her, da kam uns ein Zufall zu Hilfe. Schon wenige Wochen nach der Anfangsschulung zogen wir durch einige gute Kontakte einen Auftrag der Vereinten Nationen an Land, und zwar für eine große Konferenz des Bevölkerungsfonds UNFPA. Die Organisatoren bestellten sage und schreibe dreihundertfünfzig Karten zu je 2 US-Dollar als Willkommensgruß für die Teilnehmer. Als Motiv wählten sie eine Kaffeezeremonie samt *bunna jebena* und Tässchen.

Die Banana Girls arbeiteten jeden Tag bis spät in die Nacht, aber sie schafften das geforderte Pensum. Wir alle waren sehr stolz auf sie. Damit hatten die Mädchen aus Bahir Dar erstmals eigenes Geld, das wir für sie auf einem neu eingerichteten Konto anlegten. Sie konnten ihr Glück kaum fassen. Aber sie hatten es sich ja redlich verdient.

Dann fuhr Abba Abebe für einige Wochen in die Vereinigten Staaten, um sein Neurologiestudium fortzusetzen. Er nahm Hunderte Karten mit nach Los Angeles und ließ sie von einer Bekannten in ihrem Geschäft verkaufen.

Als ich meine Banana Girls nach ein paar Monaten und kurz vor meiner Abreise noch einmal in Bahir Dar besuchte, standen mir fünf selbstbewusste junge Frauen gegenüber.

Und darum geht es ja, mehr noch als ums Geld. Dass junge Frauen in Äthiopien lernen, an sich zu glauben und an ihre Fähigkeit, sich selbst aus der Armut befreien zu können.

Kürzlich erzählte mir Abba Abebe am Telefon, dass die fünf mittlerweile rund 3000 Dollar – Tendenz steigend – auf ihrem Konto angehäuft haben, während sie gleichzeitig jeden Monat ein kleines Gehalt beziehen. Das ist mehr Geld, als die meisten Äthiopier in ihrem ganzen Leben sehen.

Ein bisschen Hilfe von außen schadet natürlich nicht. Sie hat uns alle nur enger zusammengeschweißt.

Melkamsira und Aynalem

Seien wir doch mal ehrlich: Die Welt wäre vermutlich ein viel friedlicherer, liebenswürdigerer Ort, wenn sie von weiblichen Wesen regiert würde. Es liegt im Normalfall nicht in unserer DNA, Kriege anzuzetteln oder Prügeleien anzufangen. Na ja, im Normalfall, denn es gibt auch viele Ausnahmen – gewalttätige oder von Eifersucht und Neid zerfressene Frauen, die die Regel bestätigen.

Man denke an Lorena Bobbit oder an Maria I., die im 16. Jahrhundert fast dreihundert Protestanten hinrichten ließ und treffend Bloody Mary genannt wird. Es hat zu allen Zeiten kriegerische, brutale Frauen gegeben, das ist klar. Aber generell, ja, generell ziehen wir Frauen gewaltfreie Lösungen vor, wenn es sich irgendwie machen lässt.

Das mag zum einen mit unseren rein physischen Möglichkeiten zusammenhängen. Was auch immer wir gegen einen Mann ausrichten wollen – wir müssen uns schon mächtig ins Zeug legen, um bei tätlichen Auseinandersetzungen die Oberhand zu gewinnen. Aber eine gewisse Friedfertigkeit liegt auch im weiblichen Charakter verankert, der meist nach Lösungen strebt, Mitgefühl kennt und Gerechtigkeit sucht.

Nehmen wir einmal das Beispiel Haiti. Nach dem verheerenden Erdbeben in dem Karibikstaat haben sich die Männer halb totgeprügelt, um an die von humanitären Organisationen eingeflogenen Hilfsgüter zu kommen. Klar, sie waren hungrig, verzweifelt, wollten ihren Familien Linderung bringen. Aber geht das nicht ohne Gewalt? Geht das nicht auf friedliche, einvernehmliche Art? Am Ende gingen die Ausschreitungen so weit, dass an zahlreichen Orten die Lebensmittel nur noch an Frauen ausgegeben wurden, um den tumultartigen Szenen vorzubeugen.

Andererseits haben es die Männer heute auch nicht leicht. Seit wir Frauen uns emanzipiert haben, wissen viele Kerle nicht mehr, wo ihnen der Kopf steht. Es scheint, als sei das uralte Rollenspiel völlig aus den Fugen geraten. Frauen laden Männer zu einem Date ein, wenn ihnen ein Typ gefällt, sie machen auch mal den ersten Schritt, wenn es um den obligatorischen Abschiedskuss geht oder werfen den für eine Nacht Auserwählten nach dem One-Night-Stand aus dem Haus, weil sie keine Lust haben, sein Gesicht am nächsten Morgen am Frühstückstisch zu sehen.

Das war doch früher einmal ganz anders, oder?

Es war das männliche Geschlecht, das die Regeln vorgab. Frauen mussten »rumgekriegt« werden, wurden mit teuren Essen, pfiffigen Sprüchen und heißen Liebesschwüren zum Sex überredet. Frauen waren das »schwache Geschlecht«, das dazu geboren worden war, sich an eine starke Schulter anzulehnen und einen Mann anzuhimmeln. Frauen blieben am heimischen Herd und versorgten die Kinder, Frauen wollten heiraten und suchten nach Sicherheit. Und heute?

Viele meiner Freundinnen, die alle um die vierzig sind, haben entweder nie geheiratet oder haben eine so böse Scheidung hinter sich, dass sie außer derben Schimpfworten kaum noch etwas für Männer übrig haben. Einige haben der Liebe eigenen Angaben zufolge bereits abgeschworen, zu oft wurden sie enttäuscht und verletzt. Das hindert sie aber nicht daran, doch insgeheim auf eine Zukunft mit Mr. Right oder Prince Charming zu hoffen.

Und alle – all diese starken, wunderbaren Frauen, die ich meine Freundinnen nennen darf – stehen mitten im Leben, haben Karriere gemacht und genügend Geld, um auch ohne Mann ein erfülltes Leben zu führen.

Vieles, nein, *alles* ändert sich, wenn wir uns verlieben. Wenn das Herz erwacht und neues Leben in uns pumpt, dann werden wir alle zahm wie ein Rehkitz. Dennoch hat sich an der alten Rollenverteilung vieles geändert.

In Europa, in Amerika. In Afrika aber, da sieht es anders aus.

Einmal war ich mit dem Bus von Addis nach Bahir Dar unterwegs, weil alle Flüge ausgebucht waren. Während der gut zehnstündigen Fahrt sieht man unglaublich schöne Landschaften, gelbe Blumenfelder, den Blauen Nil und strohgedeckte Tukuls. Und man sieht Frauen. Hart arbeitende Frauen. Frauen, die Tonschalen mit Rinderfladen auf dem Kopf tragen, und Frauen, die kiloweise Brennholz auf den gekrümmten Rücken geladen haben. Frauen, die Krüge voller Wasser auf dem Haupt balancieren, während sie ein Baby auf den Rücken gebunden haben und ein anderes an der Hand halten. Frauen, die barfuß über das glühend heiße Pflaster der Straßen laufen, in Lumpen, mager und ausgezehrt. Kilometerweit.

Oft sieht man Männer, die ohne jegliches Gepäck nebenher spazieren. Meist ist das so. Die Männer bearbeiten das Feld, laufen hinter den Ochsen her oder sitzen vor ihren Hütten, nichts tuend, Kaffee trinkend und Khat kauend.

Irgendwas läuft da doch falsch, oder?

Speziell in den vorwiegend muslimischen Gebieten, wie etwa in Harar und Babillé im Osten, hat man den Eindruck, dass ohne die Frauen dort überhaupt nichts funktionieren würde. Sie schleppen ihre Waren zum Markt, preisen sie an, verkaufen sie und kümmern sich ganz nebenbei noch um die Familie, kochen, putzen und waschen die Kleider im Fluss. Die Männer übernehmen die Rolle der wichtigsten Nebensache der Welt.

Besonders schockiert war ich, als ich vor Jahren zum ersten Mal an einer Baustelle im Norden Äthiopiens vorbeikam. Während die meisten männlichen Arbeiter im Schatten saßen und quatschten, schleppten die Frauen Zementblöcke und Steine auf einer Art Trage aus Tierhäuten, die durch kleine Baumstämme zu beiden Seiten zusammengehalten wird. Die Frauen plagten sich bei ihrer Arbeit dermaßen ab, dass mir ganz schwer ums Herz wurde. Und ich fragte mich: Ist es denn wirklich möglich, dass in diesem Teil der Welt das Rad noch nicht erfunden wurde? Wie viel einfacher wäre diese Arbeit, wenn die Frauen Schubkarren benutzen würden!

Aber sie beklagen sich nicht. Die Äthiopierinnen leben ihr Leben so, wie sie es immer gelebt haben: als hart arbeitende Mitglieder einer Gemeinschaft, in der es Sitte ist, dass die Frauen die Familie zusammenhalten und ihren Ehemännern den größten Teil der täglichen Mühen abnehmen.

Deshalb gibt es in Äthiopien auch immer mehr Projekte, bei denen ausschließlich Frauen gefördert werden. Sie sind verlässlicher als die Männer, in ihren Händen liegt die Zukunft des Landes. Wenn sie einen Mikrokredit bekommen, dann wissen sie etwas daraus zu machen, ob sie nun einen kleinen Laden oder Friseursalon eröffnen oder das Geld in andere nachhaltige Ideen stecken. Auf jeden Fall ist das Geld in ihren oft von der harten Arbeit gezeichneten Händen gut aufgehoben.

Auch in unserer Hilfsorganisation räumen wir weiblichen Studentinnen mehr Platz ein als ihren männlichen Kollegen. *65 percent girls*, lautet das Motto für unsere Klassen. Es ist wichtig, jungen Mädchen nach dem Ende ihrer Schullaufbahn eine Perspektive zu bieten, die über das Schleppen von Tonkrügen und Wasserkanistern hinausgeht.

Nicht alle unsere Studentinnen waren – wie wir feststellen mussten – dazu geeignet, Herrin über eine eigene Firma zu sein. Einige hatten einfach nicht den Ehrgeiz und Elan, so sehr wir uns auch bemühten, sie zu motivieren. Dennoch glaube ich, dass die Ausbildung in unseren Zentren ihnen neue Berufsmöglichkeiten eröffnet und ungekanntes Selbstbewusstsein geschenkt hat. Auch wenn sie kein eigenes Unternehmen gründen, werden sie doch alle Arbeit finden und genügend Geld verdienen, um ein würdevolles Leben zu führen.

Zwei Mädchen hingegen sind für mich der Inbegriff dessen, was wir versuchen, in Äthiopien zu erreichen. Wegen junger Frauen wie ihnen haben wir unser Projekt ins Leben gerufen. Melkamsira und Aynalem. Beide stammen aus ärmsten Verhältnissen, und beide haben ihre Chance auf ein besseres Leben genutzt.

Melkamsira habe ich bereits in einem früheren Kapitel erwähnt. Für mich ist sie mehr als nur eine ehemalige Studentin, sie ist eine Freundin. Heute leitet sie ein kleines Reiseunternehmen für ausländische Touristen. Hier ist ihre Geschichte.

Alessio und ich wollten wieder einmal Sponsoren durch das Land führen, um ihnen unsere Projekte vorzustellen. Wir planten Abstecher nach Bahir Dar, Gondar und Harar, um einen Eindruck von Land und Leuten zu vermitteln und sie so sehr für Äthiopien zu begeistern, dass sie uns unterstützen würden. Melkamsira hatte schon Monate vorher anklingen lassen, dass sie ihre Zukunft auf dem Tourismussektor sah.

»Warum lassen wir Melkamsira die Reise nicht organisieren?«, schlug ich Alessio vor. »Sie könnte doch die ganze Tour mit uns zusammen machen, als Reiseleiterin sozusagen. So sammelt sie nicht nur Erfahrung, sondern sieht auch die Orte, die sie später ihren Kunden anpreisen will.«

Er hielt dies gleich für eine gute Idee.

Melkamsira war zuvor nur ein Mal in Addis Abeba gewesen, weil ihre Schwester dort lebte. Andere Orte als ihre Heimatstadt Bahir Dar kannte sie nicht. Wir arbeiteten also einen Plan aus, steckten die Route fest und baten Melkamsira, mit den Hotels über einen Gruppenrabatt zu verhandeln. Den Teilnehmern der Reise schickten wir einen Kostenplan und fragten, ob sie damit einverstanden wären, etwas mehr zu zahlen, damit wir Melkamsira für ihre Arbeit entlohnen könnten. Dies würde dann das Startkapital für ihr kleines Unternehmen sein.

Die acht Sponsoren, die ihre Teilnahme zugesagt hatten, stimmten gleich zu. In den nächsten Wochen arbeitete ich mit Melkamsira an einer Webseite, und lange dachten wir über den Namen nach, den ihre Tour Agency bekommen sollte. Schließlich entschieden wir uns gemeinsam für den Namen *Masinko – Experience Ethiopia.* Die *masinko* ist ein traditionelles äthiopisches Streichinstrument, das in der

Musik des Landes immer präsent ist. Wer einmal in Äthiopien war, wird den Klang nicht vergessen. Aber dazu später mehr.

Unsere Gäste, die alle aus Großbritannien und den USA stammten, kamen also in Addis an, und wir zeigten ihnen zwei Tage lang die Stadt und besprachen die Einzelheiten des Trips. Ich rief unterdessen immer wieder Melkamsira an, die sich von einem Bekannten ein Handy geliehen hatte, um für uns erreichbar zu sein. Ich erklärte ihr, dass sie bitte einen kleinen Bus für uns organisieren und auf jeden Fall am Flughafen von Bahir Dar auf uns warten solle.

»Mach dir keine Sorgen. Ich werde da sein«, sagte sie.

»Melkamsira, das ist deine große Chance! Das weißt du, nicht?«

»Ja, ich freu mich so!«

Dennoch war ich im Flugzeug nervös. Ich kannte Äthiopien mittlerweile gut genug, um zu wissen, dass Pünktlichkeit nicht zu den Stärken der Afrikaner zählt. Außerdem war Melkamsira ja noch Studentin. Verlangte ich ihr zu viel ab? Würde sie der Aufgabe gewachsen sein?

Als wir mit unserem Gepäck aus dem Flughafengebäude in die gleißende Sonne traten, war meine Besorgnis mit einem Schlag wie weggeblasen.

Da stand sie, wunderschön in einem traditionellen hellen Gewand und mit streng nach hinten geflochtenen Haaren, und strahlte über das ganze Gesicht.

»*Hello! My name is Melkamsira Asmare and I will be your tour leader on this trip*«, erklärte sie in gutem Englisch.

Mir stiegen Tränen in die Augen, während ich beobachtete, wie sie jedem Einzelnen freundlich die Hand gab. Mit ihrem Lächeln hatte sie die gesamte Gruppe sofort im Sturm erobert.

Als Letzte ging ich langsam auf sie zu, umarmte sie und flüsterte ihr ins Ohr: »Du siehst traumhaft aus! Ich bin so stolz auf dich!«

»Meine Mutter hat mir das Kleid gekauft, damit ich gut aussehe für die Touristen«, flüsterte sie zurück.

Sie hatte alles perfekt organisiert, das Hotel, den Bootstrip zu den Klöstern auf dem Lake Tana und den Ausflug zu den Wasserfällen des Blauen Nils. Unsere Gruppe war begeistert, ganz gefangen von den Erlebnissen und dem Besuch in unserem Trainingszentrum.

Zwei Tage später flogen wir weiter Richtung Norden, nach Gondar. Melkamsira sah am Flughafen noch ganz tapfer aus, aber als wir die kleine Propellermaschine der Ethiopian Airlines bestiegen, ergriff sie meine Hand.

»Setzt du dich neben mich? Bitte?«

Ich wusste ja, dass dies der erste Flug ihres Lebens war, und beruhigte sie, so gut ich konnte.

»Natürlich setze ich mich neben dich. Du wirst sehen, wie schön das Fliegen ist! Möchtest du den Fensterplatz?«

»O.k.«, gab sie einsilbig zurück und nahm all ihren Mut zusammen.

Was auch immer ihr in den nächsten Minuten durch den Kopf gegangen sein mag, sie verbarg es gut. Sie ist eine unglaublich mutige junge Frau. Beim Start hielt sie wieder meine Hand und drückte sie, während wir steil in den Himmel über Bahir Dar eintauchten. Sie blickte geradeaus, ernst und etwas angespannt. Nach fünf Minuten schwebten wir ruhig über die braungrüne Ebene des äthiopischen Nordens und den glitzernden Tanasee.

»Schau mal aus dem Fenster! Du kannst jetzt deine Heimat aus der Luft sehen!«

Langsam drehte sie den Kopf nach rechts, um gleich wieder nach vorne zu starren. Dann versuchte sie es noch einmal. Und dieses Mal blieb ihr Blick fasziniert an dem herrlichen Panorama haften.

»Ist das schön!«, hauchte sie. »Wow!«

»Siehst du, das ist doch alles gar nicht so schlimm!«

Ich drückte ihre Hand noch ein bisschen fester.

»Magst du Musik hören?«

»Ja! Bitte!«

Ich kramte meinen iPod hervor und stöpselte jedem von uns einen Teil des Kopfhörers ins Ohr.

»Was möchtest du hören?«

»Hm.«

»Kennst du Bob Marley?«

»Ja! Den mag ich sehr gerne.«

Und so lauschten wir den Reggae-Klängen von *One Love* und *Jammin*, die das laute Rattern der Propeller übertönten und die Landschaft unter uns irgendwie noch schöner machten.

Plötzlich begann Melkamsira zu singen. *»One Love, One Heart, let's get togeheether and feeeel alright!«*

Mehrere Passagiere drehten sich um, aber Melkamsira störte das nicht. Ich musste lachen. Sie hatte wohl wegen des Ohrstöpsels nicht daran gedacht, dass die anderen Leute im Flugzeug Bob Marley gar nicht hörten.

Bei der Landung verhielt sie sich dann so abgebrüht, als sei sie bereits ihr halbes Leben um die Welt gejettet. Völlig cool schaute sie aus dem kleinen Fenster.

Nie werde ich ihren Blick vergessen, als wir am Goha Hotel hoch über den Dächern von Gondar ankamen. Sie konnte es kaum fassen, dass sie zwei Nächte in diesem schicken Hotel in einem Einzelzimmer wohnen sollte. Nachdem ich meine Tasche auf dem Bett abgestellt hatte und Alessio zwecks Dusche im Badezimmer verschwunden war, schlenderte ich zu ihrem Zimmer hinüber. Sie öffnete die Tür, bereits in den flauschigen weißen Bademantel gehüllt, den das Hotel zur Verfügung stellte. Sie sah so fröhlich aus. Ich versuchte mir auszumalen, was all dies für sie bedeutete, aber es war schwer. Ich hatte nie mit meiner Familie in einer Lehmhütte schlafen müssen, ich hatte immer ein Zimmer ganz für mich allein gehabt – und ich habe wahrscheinlich diesen Luxus, in dem ich aufgewachsen bin, nie richtig zu schätzen gewusst.

Sie umarmte mich mit aller Herzlichkeit, die den Äthiopiern so eigen ist. Dann schaute sie mich an.

»Ich bin so glücklich! Aber ich habe Angst, nachts allein zu schlafen. Ich habe das noch nie gemacht.«

Ich grinste. »Ich werde Mina fragen, ob du bei ihr schlafen kannst.«

Mina war eine junge Journalistin aus Addis, die manchmal für unsere NGO arbeitete und bei der Beschaffung von Spendengeldern half. Wir hatten sie zu dem Trip eingeladen, damit sie unsere Projekte besuchen konnte, und sie hatte gleich mit Melkamsira Freundschaft geschlossen. Sie war sofort einverstanden, und so schliefen die beiden für den Rest der Reise in einem Zimmer.

Melkamsira nahm ihre Aufgabe sehr ernst, und sie bewies sich als hervorragende Reiseleiterin. Sie hat wirklich Talent, ein gutes Händchen, wenn es um die unkomplizierte

Lösung von Problemen geht, und stets ein freundliches Lächeln auf den Lippen. Nie habe ich sie gestresst gesehen, nicht einmal, als einer der Reiseteilnehmer seinen Fotoapparat in einem Taxi vergaß. Sie regelte alles mit Ruhe und Besonnenheit – und beschaffte die Kamera innerhalb von wenigen Stunden wieder.

Wie sie diese Reise organisiert hat, weiß ich nicht. Aber irgendwie hatte sie Kontakte nach Gondar und Harar geknüpft, Autos und Minibusse angefordert und Reiseleiter für die Schlösser und Kirchen beschafft – allesamt freundliche Menschen, die ihre Dienste zu bezahlbaren Preisen anboten.

Am letzten Tag, kurz bevor unsere Gruppe zurück in die Hauptstadt flog, bat ich Melkamsira in mein Hotelzimmer. Ich sagte ihr, wie toll sie alles geregelt hatte und übergab ihr dann die wohlverdiente Bezahlung: 2000 Birr. Langsam zählte sie das Geld. Dann fiel sie mir um den Hals und begann zu weinen. Ich hatte ebenfalls einen Kloß im Hals.

»Darling, leg das Geld gut an, o.k.? Eröffne ein Konto, statt es auszugeben, und überlege erst einmal, wofür du es am sinnvollsten verwenden kannst«, sagte ich.

»Ja, das werde ich machen. Ich verspreche es.«

Einen Monat später kam sie nach Addis, um dort ein Training in einem Touristikunternehmen zu absolvieren, das Solomon ihr besorgt hatte.

»Und?«, fragte ich. »Was hast du mit dem Geld gemacht?«

Sie kramte in ihrer Tasche und zog ein Handy und ein kleines Kästchen hervor.

»Ich muss ja für meine Kunden erreichbar sein, deshalb habe ich mir ein Telefon gekauft. Und ich habe mir Visitenkarten drucken lassen, für die Touristen. Etwas Geld habe ich meiner Mutter gegeben, und der Rest liegt auf der Bank.«

Perfekt. Sie hatte wieder alles perfekt gemacht. Und zudem hatte sie bewiesen, dass unser Konzept aufgehen würde: Äthiopier würden sich nie aus dem Staub machen, wenn sich finanzieller Erfolg einstellt. Sie würden immer auch an ihre Familien denken – und damit das Geld dort anlegen, wo es am nötigsten gebraucht wurde. Der Kreis würde sich schließen, der Kreis, in dem die Selbsthilfe die Oberhand über die Hilfe gewann.

Aynalem ist eine von Melkamsiras besten Freundinnen. Die beiden haben sich in unserem Trainingszentrum kennengelernt und waren sich auf Anhieb sympathisch.

Dabei ist die kleine, taffe Aynalem so ganz anders als die hochgewachsene, gefühlsbetonte Melkamsira. Aynalem ist sehr dunkelhäutig und hat einen großartigen Humor. Gleichzeitig ist sie eine junge Frau von wenigen Worten – aber wenn sie etwas sagt, dann hat es Hand und Fuß. Die Hütte ihrer Familie ist etwas größer als die von Melkamsiras, sie hat zwei Zimmer und ist immer sehr aufgeräumt und sauber. Davor liegt ein kleiner Garten, in dem Aynalem ihrer Lieblingsbeschäftigung – der Gärtnerei – nachgeht. Sie hat mehrere Avocadobäume gepflanzt, sowie Mais, Bananenstauden und Rosen. Das Mädchen hat wirklich einen grünen Daumen, was ich sehr bewundere, denn bei mir lässt sogar ein Basilikumpflänzchen schon nach achtundvierzig Stunden die welken Blätter hängen. Dabei gebe ich mir redlich Mühe. Ich liebe Pflanzen und Blumen, rede ihnen gut zu, umsorge sie liebevoll. Aber nichts.

Obwohl ich bei genauerem Überlegen sagen muss, dass

diese »Bei mir geht alles ein«-Regel zwar auf Deutschland und Rom zutraf, nicht aber auf Äthiopien. Jeden Abend – oder zumindest an solchen, an denen wir Wasser hatten – besprenkelte ich die zahlreichen bunten Geranien, Bougainvillea und mächtigen Rosensträucher mit dem dünnen Strahl, der aus dem Gartenschlauch rieselte. Zuletzt war immer die mächtige Hibiskusstaude an der Reihe, die in der Mitte der kleinen Rasenfläche stand und an besonders heißen Tagen willkommenen Schatten spendete. Und siehe da: Alles spross und gedieh. Ich liebte die Gartenarbeit, zupfte Unkraut aus und betastete oft die saftige, dunkelrote Erde, aus der all diese Schönheit wuchs. Die afrikanische Erde. Ach, auf diesen 80 Quadratmetern Garten gehörte sie mir!

Nur den Rasen, den schnitt ich nicht. Es war mir einfach zu mühsam. Denn Rasenmäher müssen auf dem Weg ans Horn von Afrika irgendwo einen langen Zwischenstopp eingelegt haben. Angekommen sind sie hier nie. Das Grasschneiden übernahm der *zebenjà*, der junge Mann, der für die Sicherheit unserer Straße zuständig war und in vielen Häusern allerlei anfallende Arbeiten übernahm. Er schor den Rasen, im wahrsten Sinne des Wortes – mit einer Schere.

Manchmal sah ich ihm fasziniert vom Fenster aus zu, wie er da in aller Seelenruhe Zentimeter um Zentimeter Gras abschnitt. Er hatte Zeit, viel Zeit, wie die meisten Afrikaner. Ich fand dieses hektikfreie Leben immer sehr erstrebenswert, auch wenn es mir bis heute nicht gelungen ist, mir den Stress, den ich mir meiner deutschen Disziplin wegen mache, vollständig abzugewöhnen. O.k., o.k. Seit ich in Äthiopien gelebt habe, trage ich keine Uhren mehr. Ich entschloss mich dort, nicht mehr dauernd mit dem Blick auf mein linkes Handgelenk zu leben, sondern vielmehr zu lernen, wie man den Gang der Sonne und die Veränderung der Tagestemperatur richtig deutet. Und wenn all dies fehlschlug – ich hatte ja immer noch mein Handy mit der exakten Uhrzeit in der Tasche.

Aber ich drifte ab. Aynalem. Der grüne Daumen. Wenn jemand eine solche Passion hat, dann muss man dies fördern. Deshalb ermunterten wir unsere Studentin, über ein Blumen-Exportbusiness nachzudenken.

Blumen aus dem dürren, trockenen Äthiopien? Ich war selbst völlig überrascht, als ich erfuhr, dass das Land auf dem Weg war, einer der größten Exporteure für Schnittblumen auf der Welt zu werden. Allerdings kam ich bei Ausflügen ins 100 Kilometer südlich von Addis gelegene Nazret und an den Langano-See nicht umhin, die zahlreichen Treibhäuser zu bemerken, die sich unterwegs vom Straßenrand bis zum Horizont ausbreiten. Da dachte ich jedoch noch, es handle sich um Erdbeeren und nicht um Blumen.

Äthiopien hat die leckersten Erdbeeren der Welt. Wirklich. Da sie im Durchschnitt auf 1700 Metern Höhe wachsen, wo die Konzentration des Sonnenlichts viel höher ist als im europäischen Flachland, sind sie süß wie Zucker. Der Strawberry Juice, den Kaldi's aus den roten Früchten presst, berührt die Geschmacksnerven wie purer, dickflüssiger Glücksnektar, eine Gute-Laune- und Vitaminbombe, die den ganzen Tag versüßt.

Zurück zu den Blumen. Noch im Frühjahr 2007 berichteten afrikanische Medien, dass dieser grüne Industriezweig ein Wachstum von 200 Prozent pro Jahr verzeichne und bald ebenso erfolgreich wie der Kaffee-Export werden könnte. Es gab zahlreiche Investoren, Expats ebenso wie

Deutsche, Niederländer, Inder und Israelis. Statt »Tulpen aus Amsterdam« hätte der Slogan bald »Rosen aus Abessinien« heißen können.

Aber wie so oft bereiteten äußere Umstände dem kurzen Glück ein zumindest vorübergehendes Ende. Irgendwann begann die internationale Finanzkrise auch in Afrika Wirkung zu zeigen. *Die Blumenpreise fallen um 40 Prozent, während die Weltwirtschaft im Sturzflug ist,* titelte die äthiopische Zeitung *Capital* im Juni 2009. Just zu dieser Zeit suchte Aynalem nach Investoren für ihre kleine Exportfirma – vergeblich, natürlich.

Tsegaye Abebe, der Präsident der Ethiopian Flower Producers and Exporters Association (EFPEA) zeichnete in dem Artikel ein düsteres Bild: *Der Preisverfall nimmt in dramatischem Tempo zu. Wir versuchen auf jede mögliche Weise, das Problem anzugehen, aber wir haben momentan keine Ahnung, was die Zukunft bringen wird.*

Das war zunächst einmal das Ende von Aynalems Traum. In der Folgezeit überlegten wir mit ihr hin und her, welche Alternativen es für sie gab.

Lange hielt sich die Idee eines kleinen Transportunternehmens, von der sie sehr angetan war. Wir wollten ihr helfen, einen Investor für einen der typisch äthiopischen blau-weißen Toyota-Kleinbusse zu finden, mit dem sie Kundschaft von Bahir Dar in die Hauptstadt bringen konnte. Zwar gibt es schon jede Menge solcher Kleinbusse, aber sie sind stets bis auf den letzten Platz ausgebucht. Wäre die Finanzkrise nicht gewesen, so hätte man den Plan sicherlich realisieren können. Aber wir bekamen eine Absage nach der anderen.

Ich merkte Aynalem an, wie frustriert sie war, man las

ihre zunehmende Mutlosigkeit in jeder E-Mail und hörte die Verzweiflung in ihrer Stimme, wenn sie uns in Addis anrief.

Als ich ein paar Monate später mit Kaylois nach Bahir Dar flog, erfuhr ich völlig unerwartet die große Neuigkeit. Wir saßen gerade in Abba Abebes Tukul beim Mittagessen, als er ganz nebenbei bemerkte: »Und? Hast du Aynalem schon in ihrem Café besucht?«

Ich stutzte.

»In ihrem Café? Was für ein Café?«

»Ach, das weißt du noch gar nicht? Sie hat ein kleines Häuschen direkt vor dem Eingang der Technischen Universität gemietet und ein kleines Lokal für die Studenten eröffnet«, sagte Abba fast beiläufig.

Ich würgte das Stück *injera* mit Linsensoße hinunter, das ich mir gerade in den Mund gesteckt hatte, und stieß einen kleinen Freudenschrei aus. Gleichzeitig dachte ich darüber nach, wie typisch dies für die Äthiopier war: Sie taten große Dinge, aber sie redeten nicht darüber. Das muss wohl an ihrer angeborenen Bescheidenheit liegen. Immer wieder erfuhr ich rein zufällig von kleinen oder großen Erfolgen unserer Studenten oder von Initiativen, die Abba oder Solomon ergriffen hatten, um unser Projekt voranzutreiben. Vielleicht wollte Aynalem mich aber auch überraschen und hatte mir deshalb ihre Pläne nicht anvertraut?

»Worauf warten wir? Lass uns hinfahren!«, ermunterte ich Abba, während ich schnell den letzten Schluck Kaffee austrank.

Ich war neugierig, wie sie es ganz allein geschafft hatte, ihr Café zu finanzieren, und konnte es nicht erwarten, die kleine Aynalem in meine Arme zu schließen.

Wir bogen von der Hauptstraße ab, und Abba steuerte seinen Jeep über kleine, staubige Schotterwege. Nach kurzer Zeit erreichten wir ein großes Tor und parkten vor dem Gebäude der Uni. Hinter mehreren ausrangierten Lastwagen entdeckte ich das kleine Lehmhaus, in dem Aynalem Kaffee, Tee und Snacks servierte. Auf einer Grünfläche davor hatte sie bunte Plastikstühle und -tische aufgestellt. Als sie mich entdeckte, winkte Aynalem mir fröhlich zu. Ich winkte zurück und ging dann langsam auf sie zu.

»*You like it?*«, fragte sie in ihrer typischen, kurz angebundenen Art.

Ich drückte sie fest an mich und küsste sie den äthiopischen Bräuchen folgend mindestens fünf Mal auf die Wange. Aynalem strahlte mich an.

»Sit down! Come!«

»Nein, zuerst möchte ich, dass du mir alles zeigst!«

Ich folgte ihr in die Hütte, wo mir der Duft frisch aufgebrühten Kaffees in die Nase stieg. Als ich mich umsah, entdeckte ich einen großen Kühlschrank, eine nett hergerichtete kleine Theke, allerlei Geschirr, Gläser und Tassen, einen kleinen Kohleofen und eine große Espressomaschine. Auf dem Ofen brutzelte gerade *inculal firfir* – frisches Rührei, das Aynalem mit Tomaten und scharfem *berberé* aufpeppte. Sie war eine ganz hervorragende Köchin, das hatte ich schon bei einigen Besuchen in ihrem Haus festgestellt, als sie mich mit *injera* und scharfem *wot* verköstigt hatte.

»Wie hast du das geschafft, Aynalem? Ich meine, wie hast du all diese Sachen gekauft, den Kühlschrank und die Espressomaschine?«

»Habe ich nicht. Ist gemietet.«

Stolz grinste sie mich an.

»Gemietet? Das ist ja genial!«

»Ich zahle jeden Monat eine gewisse Summe an den Besitzer, und der Rest ist für mich.«

Kaylois war inzwischen zu uns gestoßen und nickte Aynalem anerkennend zu. Ich stellte die beiden einander vor.

»Das ist Aynalem, und sie hat das alles hier ganz allein aufgebaut!«, erklärte ich mit geschwellter Brust und legte einen Arm um sie.

»Das ist wirklich hübsch hier, Aynalem. *Women power*! Gut gemacht! Afrika braucht Frauen wie dich«, erklärte Kaylois mit ihrem leicht jamaikanischen Akzent.

Aynalem lächelte glücklich, und wir machten es uns zusammen mit Abba an einem schattigen Tisch gemütlich. So verbrachten wir den Nachmittag bei gutem Essen und starkem Kaffee, lernten einige Studenten der technischen Fakultät kennen, die schon zu Aynalems Stammgästen gehörten, und plauderten über dies und das.

Einige Monate später überraschte mich Aynalem ein zweites Mal. Sie hatte ihr Café geschlossen. Aber nicht etwa, weil sie bankrottgegangen wäre, sondern weil sie inzwischen genug Geld gespart hatte, um eine neue Geschäftsidee zu verwirklichen. Nun war sie Herrin über einen relativ zentral gelegenen DVD-Shop, in dem sie die neuesten Filme verlieh. Ein Freund aus Addis hatte sie damit beliefert, und der Laden funktionierte. Erst kürzlich schrieb Aynalem mir eine E-Mail und teilte mir mit, dass sie bald in einem Hinterzimmer eine Playstation installieren will.

»Ein Birr pro Spiel. Und viele wollen spielen«, erläuterte sie, wie gewohnt kurz und prägnant.

Genau wie Melkamsira hat sie genau verstanden, worum es beim Aufbau von Äthiopien geht: Um selbstbewusste, selbstständige Frauen und Männer, die Ideen haben und diese konsequent verfolgen. Die sich nicht beirren lassen und sich nicht auf einmal geernteten Lorbeeren ausruhen, sondern weitermachen, sich verändern, sich selbst und ihre Pläne verwirklichen, einer besseren Zukunft entgegen.

Als ich mit Kaylois nach Addis zurückflog und eine Stunde später von der Gepäckausgabe in die große Wartehalle des Bole Airport trat, entdeckte ich plötzlich Melkamsira.

»Was machst du denn hier?«, fragte ich, und wir fielen uns in die Arme.

»Touristen ansprechen und neue Kunden suchen. Das geht doch am besten am Flughafen, oder?«

»Und? Schon Erfolg gehabt?«, wollte Kaylois wissen.

»Ja. Gestern habe ich zwei englische Urlauber kennengelernt. Übermorgen fahre ich mit ihnen nach Gondar und Lalibela.«

Ich hielt lange ihre Hände und blickte in ihr hübsches Gesicht. Es gab nichts mehr zu sagen.

Folgendes hat Alessio zu Beginn unseres Abenteuers einmal in einer Rede gesagt, die er in Südafrika bei einer Entwicklungskonferenz hielt:

Es gibt ein weit verbreitetes Missverständnis, das sich den meisten von uns eingeprägt hat. Wir alle erinnern uns an die tragischen Bilder des Live-Aid-Konzerts, an die äthiopischen Kinder, die Unterernährung, die Fliegen in den Augen. Aber viele von uns haben Probleme mit dem Gedanken, dass dasselbe Kind eines Tages Seite an Seite mit unseren Industriebossen in einem Anzug auf einem Podium stehen könnte, nachdem es zum wirtschaftlichen Erfolg seiner Gemeinde und seines Landes beigetragen hat. Ein Mantel aus skeptischer Apathie liegt über vielen von uns, wenn es darum geht, an Veränderung zu glauben. Unser Wunsch ist es zu beweisen, dass die mentalen Barrieren niedergerissen werden können, und dass, wenn dies geschieht, die Schleusen zu Freiheit und Wohlstand weit offen stehen werden.

Er hatte recht. Wie viele können oder wollen nicht daran glauben, dass ein Afrikaner, der einst Hunger litt und in einer Lehmhütte aufwuchs, die Fesseln der Armut von sich werfen kann. Dass er die gleichen Chancen verdient wie wir verwöhnten Europäer und dass er sie zu nutzen weiß – wahrscheinlich sogar besser als viele Menschen im Westen, da er vermutlich im Leben nur diese eine Chance bekommt. Das gilt in Afrika noch mehr für Frauen als für Männer.

Jedes Mal, wenn eine Frau in Äthiopien ihr Leben in die Hände nimmt und ihre Chance auf einen Lebensweg ohne Tonkrüge auf dem Kopf und Brennholz auf dem Rücken nutzt, tut sie damit einen wichtigen, gigantischen Schritt – für sich selbst, für andere Frauen und für Äthiopien.

Zertrampelte Rosen

Nigist liegt unter einer lindgrünen Wolldecke im Bett, wirkt schwach, so wie man eben aussieht, wenn man gerade eine schwere Operation hinter sich hat. Aber Lebensgeister hat sie noch, ja, sie wurden bei der jungen Äthiopierin gerade erst geweckt.

Was Nigist in ihrem jungen Leben hinter sich hat, ist so unvorstellbar grässlich, dass meine Imagination kaum genügt, um es zu begreifen.

Fistula heißt das Leiden, das Nigist befallen hatte, und Fistula ist wie ein Fluch. Es nimmt den Betroffenen alles, ihre Familie, ihre Ehemänner, selbst die Menschenwürde.

»Ich bin jetzt fünfundzwanzig Jahre alt«, setzt sie leise an, und spielt verschämt mit ihren geflochtenen Zöpfchen. »Ich komme aus der Gegend von Debre Birhan, nordöstlich von Addis. Dort habe ich im Haus einer Familie gearbeitet, die reicher war als meine.« Sie stoppt.

»Was ist passiert?«, frage ich behutsam.

Ihre Antwort wispert sie so leise, dass selbst Solomon, der für mich aus dem Amharischen übersetzt, sie kaum verstehen kann. »Der Hausherr hat mich vergewaltigt.«

Nigist sagt allerdings nicht »vergewaltigt«, sondern benutzt weniger drastische Worte. *He took advantage of me*, was nur schwer ins Deutsche zu übersetzen ist.

»Einige Zeit später bemerkte ich, dass ich schwanger war«, fährt sie fort. »Meine Familie war so wütend auf mich!

Und als dann die Zeit für die Geburt gekommen war, hatte ich so furchtbare Schmerzen. Ich hatte schlimme Wehen, drei Tage lang. Meine Familie war bei mir und ein traditioneller Heiler, der mir immer wieder den Bauch massiert und versucht hat, das Kind in meinem Bauch herumzudrehen. Dann war das Kind tot.«

Ich schlucke, und Solomon sieht geschockt aus. Nigist wird immer trauriger, während sie erzählt. Meine Freundin Becky, die mit ihrer Organisation The Trampled Rose versucht, Frauen wie Nigist zu helfen, legt sich zu ihr ins Bett. Sie wiegt sie sachte in ihren Armen.

Ich frage Becky, warum das Baby gestorben ist, statt dank der Wehen aus Nigists Körper gepresst zu werden.

»Fast alle Mädchen in den ländlichen Gebieten werden schon ganz früh beschnitten – mit verschmutzten Rasierklingen, manche bereits wenige Tage, nachdem sie das Licht der Welt erblickt haben«, erklärt sie und streichelt Nigist liebevoll über den Arm. »Das ist ein Grund. Die Mädchen werden so eng zugenäht, dass da einfach kein Baby durchpasst. Dann musst du bedenken, dass die meisten Äthiopier auf dem Land unterernährt sind, und die Frauen sind einfach zu klein, zu zierlich gebaut, um ein Baby auf normalem Weg auf die Welt bringen zu können. Die traditionellen Heiler tun ein Übriges, mit ihren Massagen, bei denen sie die Kinder oft in die völlig falsche Position bringen.«

Solomon schaut immer düsterer drein. Wie die meisten Äthiopier, die in Addis zur Welt gekommen sind, hat er nur eine winzige Ahnung von den Zuständen in den bettelarmen Gegenden seines Landes.

»Aber wie kommt das Baby denn dann raus, nachdem es im Bauch der Mutter gestorben ist?«, hake ich nach.

Becky schaut mich mit ihren großen Augen an, in denen sich all der Schmerz widerspiegelt, dem sie in den letzten Jahren in diesem Land begegnet ist.

»Die Mütter müssen warten, manchmal tage- oder wochenlang, bis das tote Baby atrophiert, das heißt, bis es so weit geschrumpft ist, dass es herauskommen kann.«

Mir wird übel. »Was ist nach der Totgeburt passiert?«, frage ich Nigist schließlich. »Ich weiß, dass diese Fragen dir wehtun, aber wenn du mir von deinen Erlebnissen erzählst, können wir damit vielleicht anderen Frauen helfen.«

Sie nickt stumm und spielt wieder mit ihren schwarzen Zöpfchen. »Kurz danach bemerkte ich, dass mir dauernd Flüssiges an den Beinen herunterlief, und ich hatte schlimme Schmerzen. Das war vor drei Monaten. Meine Familie hat mich dann nach Addis geschickt, und die Ärzte haben mich ins Fistula Hospital gebracht.«

Becky greift ein und erklärt das, was Nigist nicht aussprechen kann.

»Die Flüssigkeit, die ihr da die Beine runterlief, war Urin. Sie konnte ihre Blase einfach nicht mehr kontrollieren. Kannst du dir vorstellen, wie schrecklich das für die Frauen ist? Sie haben nicht nur ihr Baby verloren, sondern müssen anschließend mit der Scham der Inkontinenz und eines dauernden stechenden Uringeruchs leben. Manche verlieren auch dauernd Kot.«

Solomon schaut Becky entsetzt an. Ich bin froh, dass er mit mir zur Trampled Rose gekommen ist. Erst wenige Monate zuvor hatte ich selbst erstmals von der Krankheit gehört, und hoffte nun, möglichst viel darüber zu erfahren, um anschließend mehr Äthiopier und Europäer für das Tabuthema zu sensibilisieren.

»Woher kommt die Inkontinenz?«, frage ich nach.

»Wenn der Fötus zu groß für den Geburtskanal ist, presst der Kopf des Kindes während tagelanger Wehen und mit großer Kraft gegen das umliegende mütterliche Gewebe und dieses dann gegen den Knochen. Die Schmerzen sind unvorstellbar. Weil bei diesem Vorgang die Blutversorgung unterbrochen wird, stirbt das mütterliche Gewebe ab. In den meisten Fällen kommt es dann nach einigen Tagen zu einer Totgeburt, die ein Viertel bis ein Drittel der Frauen nicht überlebt. Diejenigen, die nicht sterben, tragen schlimme Verletzungen davon, denn das geschädigte Gewebe kann vom Körper nicht wiederhergestellt werden. So entsteht eine bleibende Öffnung zwischen Blase und Scheide, manchmal auch zum Enddarm. Ich habe sogar von Fällen gehört, bei denen ganze Teile der Blase bei der Totgeburt mit herausgekommen sind. Neben dem ständig tröpfelnden Urin leiden die Frauen übrigens auch oft an schlimmen Infektionen und Geschwüren.«

Jetzt erzählt Nigist weiter. Sie erläutert, dass sie im Fistula Hospital operiert worden, dass der Eingriff jedoch nicht gut verlaufen sei und die Ärzte ihr sagten, ihr Zustand sei unheilbar. Im Krankenhaus traf die verzweifelte junge Frau dann Becky. Und die nahm sie auf, gab ihr ein Bett, einen Hoffnungsschimmer – und fand andere Ärzte in einem anderen Krankenhaus, die sie nun, drei Tage vor meinem Besuch, erfolgreich operiert hatten.

»Ich bin so glücklich! Stell dir das vor! Sie haben Nigist gesagt, sie könne nie wieder gesund werden, und jetzt ist sie geheilt. Dank einiger wunderbarer Ärztinnen, die an ihre Genesung geglaubt haben«, lächelt Becky und streicht sich eine Strähne ihrer schwarzen Haare aus dem Gesicht.

»Wie siehst du deine Zukunft?«, frage ich Nigist. »Wirst du in dein Heimatdorf zurückgehen?«

»Nein«, sagt sie ohne Zögern. »Ich möchte bei Becky bleiben, einen Beruf lernen und mit ihr zusammenarbeiten.«

»Und möchtest du irgendwann trotz all dieser Erfahrungen heiraten und eine Familie gründen?«

»Ich habe erst einmal genug von den Männern. Das sind doch alles *troublemaker*«, sagt sie, und ein zartes Lächeln huscht über ihr hübsches Gesicht.

Ich höre an diesem Tag noch viele Geschichten, von Etefalem und von Belaynesh, alle sind sie anders und doch auf erschreckende Weise so ähnlich. Etefalem bricht am Ende unseres Gesprächs, als ich sie nach ihrem Ehemann frage, in Tränen aus. Denn die Fisteln haben auch einen sozialen Aspekt: Oftmals werden die betroffenen Frauen aus ihren Dörfern fortgeschickt, sie werden regelrecht von der Familie und der Gemeinschaft verstoßen, weil alle glauben, es handle sich um einen Fluch. Wie Hexen in den Zeiten der Inquisition werden die kranken Äthiopierinnen behandelt, niemand kann verstehen, warum sie ihren Unterleib nicht mehr kontrollieren können, Urin ausstoßen und so übel riechen. Wie sollten sie es auch verstehen, die Menschen auf dem Land, die nie eine Schule besucht haben und in einer von der Moderne völlig abgeschirmten Welt leben? Sie haben keine Ahnung, was Genitalverstümmelung anrichtet oder was im Mutterleib passiert, wenn ein Kind einfach nicht geboren werden kann.

Die Frauen, mit denen ich spreche, haben noch Glück gehabt. Bei allen dreien war zumindest die Familie dabei und versuchte, der von Schmerzen gepeinigten Schwangeren auf irgendeine Weise zu helfen. Andere Frauen kämpfen ganz allein mit der Hölle der Geburtspein – in der Natur unter irgendeinem Baum auf staubigem Boden. Und wenn das Kind stirbt und schließlich leblos auf die Welt kommt, müssen sie auch ganz allein mit diesem traumatischen Erlebnis fertig werden. Wie furchtbar ist die Vorstellung, dass sie dann noch mit den Folgen einer solch schrecklichen Geburt – der Blasenscheidenfistel – leben müssen. Die Frauen stehen der Situation völlig fassungslos gegenüber.

Nur die wenigsten schaffen es bis nach Addis Abeba, wo sie zumindest eine Ahnung davon bekommen, dass sie nicht mit einem Fluch belastet sind, sondern an einer Krankheit leiden, für die sie keinerlei Verantwortung tragen.

»Was ist mit deinem Ehemann?«, frage ich Etefalem.

Ich selbst habe Tränen in den Augen und beobachte Becky, die sie in den Arm nimmt und ihr aufmunternd zunickt.

»Ich weiß es nicht. Aber ich glaube, ich bin noch verheiratet«, sagt sie und reibt sich die Augen.

»Willst du zu ihm zurückgehen?«

»Nein, ich will bei Becky bleiben. Becky ist unsere Schwester, unsere Mutter, ihr ganzes Leben opfert sie für uns. Sie liebt uns und hilft uns und ermöglicht es uns, lesen und schreiben zu lernen und einen Beruf zu haben. Ich werde sie nie verlassen.«

Rebekah Kiser. Da sitzt sie vor mir, diese bemerkenswerte Frau – mit einem knallroten Band in den Haaren und hochhackigen Sandalen. Sie wirkt wie ein Paradiesvogel in dieser tristen Fistula-Welt, sie bringt den Frauen Farbe in ihr dunkles Dasein und zeigt ihnen, dass das Leben so viel mehr bieten kann als Schmerz und Verzweiflung. Was ich an ihr so mag, ist die Tatsache, dass sie sich selbst dabei immer treu bleibt. Nie habe ich Becky ungeschminkt gesehen, sie ist stets perfekt gestylt und trägt schicke Minikleider und Designertaschen. Ich finde das großartig. Das hat nichts mit Angeberei zu tun, sondern damit, eine Frau zu sein und anderen Frauen zu zeigen, was das bedeutet.

»Ich habe einige Patientinnen erlebt, die nach ihrer Genesung und einer Ausbildung in der Trampled Rose ihr erstes eigenes Geld verdient haben ... Und was haben sie sich davon gekauft? Hochhackige Schuhe! Ist das nicht toll? Das beweist doch nur eins: Egal wo wir geboren werden, egal, welchen Lebensweg wir hinter uns haben – am Ende sind wir doch alle Frauen! Frauen, die gut aussehen wollen, die gefallen wollen, die auf ihr Äußeres achten«, erzählte Rebekah einmal.

Bei sich zu Hause, in Colorado, arbeitet Becky – wie zuvor bereits erwähnt – höchst erfolgreich als Sales Managerin für eine Kosmetikfirma. Aber sechs Monate im Jahr verbringt sie in Äthiopien. Wie kommt eine wohlhabende Amerikanerin dazu, ihr Leben so drastisch zu ändern?

Wir sitzen vor meinem Haus auf den weißen Plastikstühlen und schlürfen äthiopischen Kaffee. »Erzähl mir deine Geschichte! Erzähl mir alles, von Anfang an«, sage ich und lehne mich gespannt vor.

Die Sonne strahlt von einem dunkelblauen Himmel auf die roten, weißen und rosafarbenen Rosen im Garten, kleine weiße Schäfchenwolken ziehen vorbei, es ist ein wunderschöner Tag. Der perfekte Tag, um Beckys schöner Geschichte zu lauschen – die gar nicht so schön begann ...

»Vor sechs Jahren kam ich das erste Mal nach Äthiopien. Ich war damals auf einer Art spirituellen Reise, die mich nach Axum, zu der Kirche, in der angeblich die Bundeslade aufbewahrt wird, und zu den Felsenkirchen von Lalibela führen sollte.«

Ich sehe, wie sie in Erinnerungen schwelgt und wie sich ihre Miene plötzlich verdüstert.

»Aber dann bin ich krank geworden. Stell dir vor, ich hatte sowieso nur eine Woche Zeit, und am zweiten Tag bekam ich Typhus!«

»Hattest du dich nicht impfen lassen?«

Sie lacht auf. »Ach, Carola, du kennst mich doch. Ich bin ein optimistischer Mensch. Impfungen sind was für Pessimisten!«

Wir müssen grinsen, im Grunde bin ich ja wie sie. Wir prosten uns mit unseren bunten Kaffeetassen zu.

»Ich hatte nur an einem Saft genippt, irgendein Fruchtsaft, und ich habe sofort geschmeckt, dass etwas nicht stimmte. Ich habe das Zeug ausgespuckt, aber es war zu spät. Kurz danach wurde mir schlecht, ich musste mich immer wieder übergeben und hatte schlimmen Durchfall.«

Sie schaffte es noch, nach Bahir Dar zu fliegen. Aber an jenem Tag brechen ihre Erinnerungen ab. Was dann geschah, weiß sie nur aus Erzählungen. Ihr Reiseleiter ließ sie geistesgegenwärtig ins Krankenhaus bringen, als sie das Bewusstsein verlor.

»Dort wachte ich dann irgendwann auf. Die erste Erinnerung, die ich habe, ist eine Spinne, die die Wand entlangkroch. Der Reiseleiter und die Ärzte haben mir das Leben gerettet.«

Als Becky wieder in den USA war, sprach sie ausführlich mit ihrer Familie über das Erlebte.

»Wir entschieden spontan, dass wir dem Reiseleiter dafür danken wollten, dass er mich gerettet hatte. Ich beschloss, ihn zu fragen, was wir für ihn tun könnten – ich wollte ihm jeden Wunsch erfüllen.«

Also flog Becky einige Monate später wieder nach Äthiopien und traf sich mit dem jungen Mann.

»Er erzählte mir dann, dass seine Schwester unter Fistula litt und noch mindestens zwei Monate auf ihre Operation in Addis warten musste. Sie hatte dort keine Bleibe und wusste nicht, wo sie bis zur OP leben sollte. Es war das allererste Mal, dass ich von dieser Krankheit hörte.«

Becky informierte sich, lernte schnell und viel über das Krankheitsbild Blasenscheidenfisteln – und mietete der Frau ein kleines Haus samt Angestellter, die sich um sie kümmern sollte.

Bei dieser Reise lernte sie weitere fünf Frauen kennen, die in der gleichen Situation waren. Da beschloss sie, Spenden zu sammeln, um diesen ebenfalls zu helfen und ein größeres Haus zu mieten, wo sie alle bis zum Tag des Eingriffs in Frieden leben konnten.

»Und daraus wurde dann die Idee geboren, eine Organisation zu gründen. Aber es ist schwer, in Äthiopien legal eine NGO zu leiten, es bedarf vieler Genehmigungen und vieler Stempel. Wer illegal arbeitet, kann sogar festgenommen werden. Aber das weißt du ja, ihr habt ja auch eine Hilfsorganisation gegründet.«

Ich nicke stumm, und wir lächeln uns an.

In den folgenden achtzehn Monaten reiste Becky dreizehn Mal von den USA nach Addis Abeba. Dann konnte die Trampled Rose ordnungsgemäß ihre Arbeit aufnehmen.

»Ich musste einfach etwas tun, es war ein inneres Bedürfnis. Meine Familie und ich haben so viel Glück gehabt, ich wollte und will einfach etwas davon zurückgeben. Und meine Kinder, die ja mittlerweile erwachsen sind, denken genauso, auch wenn ich dadurch oft nicht zu Hause bin.«

Mittlerweile hat Becky zwei große Häuser in der Nähe des Fistula Hospital angemietet, in denen Dutzende Patientinnen ein neues Zuhause gefunden haben.

»Das Problem ist ja nur zu einem Teil die Krankheit. Hinzu kommt die Angst der Frauen vor der OP und anschließend nicht zu wissen, wo sie hingehen sollen. Sie haben keine Ausbildung, können nicht lesen und schreiben, wovon sollen sie denn leben, wenn sie einmal von ihren Familien verstoßen wurden?«

Und genau hier setzt die Trampled Rose an. Sie gibt den betroffenen Äthiopierinnen nicht nur eine sichere, saubere Unterkunft und ermöglicht eine gesunde Ernährung, sondern bereitet sie auch auf ihren weiteren Lebensweg vor.

»Die Frauen lernen bei uns das Alphabet und verschiedene Fertigkeiten, etwa den Umgang mit Nähmaschinen oder die Herstellung von traditionellem Schmuck, so dass sie – wenn sie wieder gesund sind – für sich selbst sorgen können.«

Wir sitzen noch lange im Garten an diesem Tag, tauschen Ansichten und Erlebnisse aus, und wissen bei Einbruch der Dunkelheit, dass unsere Freundschaft anhalten wird. Ich fühle mich Becky verbunden, ich finde sie wundervoll, und wir sind immer wieder überrascht, wie ähnlich unsere Ansichten zu Afrika und der »Hilfe zur Selbsthilfe« sind.

Auch andere sind im Laufe der Zeit auf die kleine, energische Amerikanerin aufmerksam geworden. Viele Auszeichnungen hat sie bereits erhalten, darunter die Titel *Women Who Changed the World* in Madrid und *21 Leaders for the 21st Century* in New York.

Als ich am nächsten Tag wieder zur Trampled Rose hinausfahre, nehme ich zwei große Taschen voller Kleider mit, die ich jahrelang im Schrank gehortet hatte, obwohl sie mittlerweile viel zu eng waren. Ich wusste, sie würden nie wieder richtig passen, wenn ich nicht eine Radikaldiät in Angriff nahm. Ich packe auch Schminke dazu, Lippenstifte und Nagellack, bunte Haarspangen und ... fünf Paar hochhackige Sandalen.

Tanzende Schultern

Zwei Wochen vor meiner Abreise fuhren Alessio und ich noch einmal gemeinsam in den Norden. Wir nahmen wieder den Sky Bus – einen der neuen äthiopischen Luxusbusse mit Klimaanlage und Fernseher –, da ich das Verlangen verspürte, Zeit für meinen Abschied zu haben. Ich wollte nicht schnell ankommen, ich wollte die Landschaften auskosten, spüren, verinnerlichen.

Alessio hatte verschiedene Termine mit örtlichen Politikern, und ich wollte ein letztes Mal Zeit mit unseren Studenten verbringen, wollte ein letztes Mal in Abba Abebes Tukul sitzen, wollte mich von den Banana Girls verabschieden, und dann weiter nach Gondar fahren, um den schwersten Schritt zu tun: Tadela auf unbestimmte Zeit Lebewohl zu sagen. Am Ende dieser Reise stand die Abschlussfeier unserer Klasse in Bahir Dar an. Um nichts auf der Welt hätte ich darauf verzichtet.

Mittlerweile hatten Alessio und ich einen Kompromiss gefunden – wir waren gute Freunde und Kollegen, die das gleiche Ziel verfolgten und sich deshalb zusammenrissen. Es war nicht einfach, aber es war machbar. Wenn wir uns dauernd gestritten hätten, was wäre denn dann am Ende geblieben? Die Erinnerung an die Menschen, die Landschaften, die Liebe zum Land, an das Gefühl »Afrika« war das, was ich bewahren wollte.

Und so saßen wir nebeneinander auf den engen Sitzen, Alessio las, ich hörte Musik und blickte auf die vorbeiziehenden Dörfer und die sanften Hügel, auf die Schirmakazien und die lachenden Kinder, die uns begeistert nachwinkten.

Nach gut einer Stunde wurden Tracy Chapman, Johnny Clegg und James Blunt jäh unterbrochen. Der Fahrer hatte ein Video gestartet. Die Äthiopier stehen im Allgemeinen nicht auf Hollywood-Streifen oder Dokumentarfilme, sie lieben Musikvideos mit heimischen Songs.

Auf den Sitzen neben und vor mir begannen die Passagiere bereits fröhlich im Takt mitzuwippen, ich hingegen zog genervt die Augenbrauen hoch.

Mit der äthiopischen Musik verhält es sich so: Wenn man zum ersten Mal ins Land reist, findet man die Klänge der einsaitigen *masinko* und der Trommeln noch recht charmant. Sie sind so ganz anders als die modernen Rhythmen aus Westafrika. Sie haben etwas Altes, ja, wiederum fast Biblisches an sich. Ich machte gleich an meinem allerersten Abend Bekanntschaft mit den *azmari*, den äthiopischen Sängerpoeten, und einer Tanzgruppe vom Volksstamm der Gurage, die im traditionellen Dashen-Restaurant in Addis Abeba eine Performance boten. Und ich gebe ganz ehrlich zu: Ich war hingerissen. Nie zuvor hatte ich Menschen mit einem solchen Körpereinsatz tanzen sehen. Die Männer ließen ihre Schultern auf und ab zucken, als wären sie aus Gummi, und die Frauen wirbelten ihre Köpfe so wild im Kreis, dass ich dachte, sie müssten abfallen und würden gleich auf unserem Teller landen. Im Tanz erzählten sie Geschichten von Liebe und Eifersucht, vom Flirten und vom Spiel mit dem Feuer. Ihre weit aufgerissenen Augen, ihre Bewegungen, die frechen Vorstöße mit dem Kinn, ja, die ganze Körperhaltung sprachen von Annäherungsversuchen und Koketterie.

Heute weiß ich, dass diese offenherzigen Tänze eigentlich gar nicht in die religiöse Welt des Landes passen. Die *azmari* sind vielerorts verrufen, zumindest bei Teilen der streng christlich-orthodoxen Bevölkerung. Das machte sie mir von Anfang an sympathisch.

Im Laufe der Zeit habe ich jedoch so oft äthiopische Musik gehört, von kirchlichen Gesängen bis hin zu den improvisierten Liedern, die die Interpreten in den so genannten *azmari bet* (Tanzhäuser) aus dem Ärmel zaubern, dass sich bei mir völliger Überdruss einstellte. Das ging teilweise tatsächlich bis hin zu körperlicher Übelkeit. Jetzt, als die Musik überlaut durch den Bus hallte, erinnerte ich mich an eine spezielle Nacht in einem *azmari bet* in Bahir Dar.

Es war während dieser Reise mit Steph, kurz nach Beginn meines Beziehungsdramas. Trotz allen Schmerzes und wider besseres Wissen war ich, wie schon berichtet, in einem Anfall völligen Masochismus mit Alessio und ihr nach Bahir Dar gefahren und dann überstürzt abgereist. Vielleicht hat auch die äthiopische Musik einen Teil dazu beigetragen, wenn ich so darüber nachdenke.

Jedenfalls hatten wir Steph schon im Vorfeld viel über das Land erzählt und auch von den traditionellen Tanzlokalen berichtet. Am zweiten Abend war sie nun ganz heiß darauf, in einem *azmari bet* die einheimischen Tänze zu erlernen. Obwohl ich mir redlich Mühe gab, Fröhlichkeit auszustrahlen, sah ich in diesen Tagen wie ein Zombie aus. Immer wieder ereilten mich Heulkrämpfe, jedoch schaffte ich es meist rechtzeitig, auf der Toilette oder im Hotelzimmer zu verschwinden. Was mich besonders nervte, war die scheinbare Lockerheit, mit der Alessio die Situation wegsteckte. Er überspielte seine Depression gekonnt, plauderte angeregt mit Stephanie und tat so, als sei gar nichts vorgefallen. Nur hielt er nicht mehr meine Hand. Und umarmte mich nicht mehr.

Nach dem Abendessen im Dib Anbessa gingen wir ins Belageru Bet, dem wohl besten örtlichen Tanzhaus. Der Effekt, den die kratzenden Töne der *masinko* an jenem Abend auf mich hatten, ist mir noch heute präsent. Nach einiger Zeit hatte ich eine ausgewachsene Panikattacke. Ich sah die Gesichter der Sängerinnen und Sänger wie in einem Rausch, ihre weißen Gewänder verschwammen vor meinen Augen, und die dröhnenden Klänge hämmerten so in meinem Kopf, dass ich dachte, er müsse explodieren. Alessio und Stephanie ließen die Schultern kreisen und schienen sich prächtig zu amüsieren. Ich saß auf einem der kleinen Hocker und schwitzte noch mehr als die tanzenden Äthiopier. Ich hielt mir die Ohren zu, doch die Musik wollte nicht verstummen. Irgendwann sprang ich auf und lief hinaus, ich lief und lief, bis ich das Hotel erreichte.

Am nächsten Morgen buchte ich kurz entschlossen meinen Flug um und eilte zurück nach Addis.

Ganz in diesen Erinnerungen, die zu meiner Erleichterung kaum noch wehtaten, ertappte ich mich dabei, wie auch ich auf den Bildschirm starrte. Eine Gruppe von vier Männern in dunkelgrünen Shorts und Hemden tanzte auf einer Weide vor einer Berglandschaft den obligatorischen Schultertanz und hielt *dulla* – die typischen Hirtenstöcke – in den Händen. Wie aus dem Nichts näherten sich plötzlich vier Frauen, die verführerisch mit den Enden der um ihre Taille geschwungenen Stoffgürtel lockten. Es war immer das gleiche Spiel. Immer und immer wieder, wie lange das Video auch lief und wie viele unterschiedliche Gruppen auch tanzten und sangen. Die Fahrgäste waren begeistert, Alessio und ich schauten uns an und mussten lachen. Neben mir kaute ein Mann Khat und spuckte die Reste unappetitlich auf den Boden, seine Frau saß seelenruhig daneben und stillte ihr Baby.

Da war es wieder, dieses Gefühl in mir, viele Dinge in Äthiopien verstanden zu haben, dazuzugehören, eins zu sein – und dann auch wieder nicht, weil dies eben nie meine Kultur sein könnte und durfte. Ich stöpselte mir wieder die Kopfhörer ein und drehte die Lautstärke auf, um mit U2-Klängen das katzengesangartige Spektakel zu übertönen. Als ich zu den Klängen von *Still haven't found what I'm looking for* aus dem Seitenfenster blickte, kam mir wieder in den Sinn, was Brooke und Solomon mir einmal über die äthiopischen Tänze erzählt hatten.

Von Süd nach Nord setzen die verschiedenen Volksgruppen jeweils andere Körperteile ein, und zwar – der Landkarte folgend – von unten nach oben, von den Füßen und Beinen zum Kopf. Die Gurage, die rund um die Stadt Jimma im Südwesten leben, werfen etwa ihre Beine nach vorne und den Kopf nach hinten. *Running man*, nannte Brooke das. Die Tänzer rund um Awassa in der Southern Nation, Nationalities and Peoples' Region schwingen rhythmisch ihre Hinterteile zu einer Musik, die man nur entfernt mit dem amerikanischen Twist vergleichen kann. Das wirkt sehr sexy, wie ein afrikanischer Balztanz, und kommt einer gnadenlosen Anmache auf dem Tanzparkett gleich. Die Oromo aus der flächen- und bevölkerungsmäßig weitaus größten Region des Landes, deren Hauptstadt Nazret südlich von Addis Abeba liegt, halten ihre Hände auf dem Rücken verschränkt und tanzen mit den Schultern, während sie im Takt auf und ab springen, als würden sie bei der äthiopischen Hochsprungmeisterschaft um den Titel kämpfen. Die Amhara nördlich von Addis lassen, wie bereits erwähnt, die Schultern vor- und zurückzucken. Und die Menschen im Norden, in Tigray, schwingen ihre Köpfe im Kreis, als gebe es in ihrer Halsmuskulatur weder Wirbel noch Knochen.

Begleitet werden sie dabei von der allseits präsenten, aus Holz gefertigten *masinko,* deren Resonanzkörper mit Ziegenfell bespannt ist. Die Fiedel erzeugt jaulende Laute wie eine verstimmte Leier, die in den letzten Zügen liegt. Dann gibt es noch die *krar,* ein Zupfinstrument mit bis zu acht Saiten, und die *atamo,* Trommeln, auf denen der Spieler mit Stöcken den Takt vorgibt. In Kirchen wird übrigens die *kebero* benutzt, eine riesige, sehr schwere Trommel, die ebenfalls mit Tierhaut bespannt und mit den Händen gespielt wird. Orgeln – sie werden es erahnen – sind am Horn von Afrika keine Alternative.

Nach vier Tagen in Bahir Dar fuhr ich gemeinsam mit Shif, der zu Besuch gekommen war, nach Gondar, während Alessio die Rückfahrt nach Addis antrat.

Ich hatte mich mit Assefa in einem Café verabredet, und alle zusammen spazierten wir zu Tadelas Haus. Anders als all die vielen Male, die ich sie zuvor besucht hatte, zeigte sie dieses Mal keine Spur von Schüchternheit. Aufgeregt wartete sie vor der Hütte auf mich. Sie hatte ein hübsches rosagrau gestreiftes Kleid an, das ich ihr einige Wochen zuvor geschenkt hatte, und rosafarbene Crocks an den Füßen. Als sie mich den steilen Abhang herunterkraxeln sah, lief sie auf mich zu. Sie wusste nichts von meiner bevorstehenden Abreise – und dabei wollte ich es belassen. Ich ging in die Knie und sah über ihre Schulter hinweg, wie Tigist und Huluager aus der Hütte kamen.

Noch einmal begrüßten wir uns alle mit vielen Küssen und Umarmungen und einer Herzlichkeit, die diesen Namen wirklich verdient, weil sie nämlich das Herz erfüllt.

Kurze Zeit später gingen wir alle zusammen zu Jennas Compound, wo sich schon die anderen Kinder, die von meiner Familie und meinen Freunden gesponsert werden, versammelt hatten. Ich hatte Geschenke und Briefe für sie alle dabei, die mit einem Paket aus Europa eingetroffen waren. Die hübsche fünfzehnjährige Eskedar mit ihrem breiten Lächeln, der zierliche sechzehnjährige Aderajew, dessen Mutter an AIDS leidet, der zwölfjährige Fußballfan Tilahun, dessen Mutter gestorben ist und der bei seiner HIV-positiven Tante aufwächst, die ernste vierzehnjährige Hana, deren Vater vor den Augen der Familie erschossen wurde, und die siebenjährige zauberhafte Roza mit ihrer Zahnlücke und den wie ein Fußball tupfenförmig auf dem Kopf geflochtenen Haaren: Sie gehören heute zu meinem Leben, sind Teil meiner äthiopischen Patchworkfamilie, die sich aus so vielen Geschichten und Schicksalen zusammensetzt. Es sind nicht mehr Namen ohne Gesichter oder Gesichter ohne Namen. Alle diese Kinder und ihre Familien sind nicht mehr kleine Pünktchen in einer Masse, sie haben eine Identität, sie sind *Freunde*. Und ich liebe sie alle so sehr, so sehr.

Am Nachmittag verabschiedete ich mich und lud Assefa, Shif, Huluager, Tadela, Tigist und Birtukan zu einem Tee ein. Die ganze Zeit über hielt Tadela meine Hand und schwang munter meinen Arm hin und her. Es war fast so, als wüsste sie nicht, wo sie mit ihrer Freude hinsollte, wie sie sie ausdrücken sollte. Sie lachte immer wieder laut und schaute zu mir hoch, als suchte sie in meinen Augen nach einer Bestätigung dafür, dass ich die gleiche Freude empfand. Sie brauchte nicht lange zu suchen. Fröhlich spielte ich mit ihr, hob sie hoch, nahm sie Huckepack auf meinen Rücken, es war ein leichtes Spiel – vor dem schweren Abschied.

Zuvor schenkte Tadela mir aber noch eine Überraschung, mit der ich nun gar nicht gerechnet hatte. Wir hatten uns gerade hingesetzt und waren wieder diesen neugierigen Blicken ausgesetzt, die sagen wollten: Was macht denn diese Weiße hier mit zwei äthiopischen Männern und einer offenbar bettelarmen Familie? Tadela schien die Blicke zu genießen, setzte sich neben mich, so selbstbewusst, wie man mit fünf Jahren eben sein kann, und bestellte sich einen extrasüßen Tee.

Dann nahm sie meine Hand und setzte mit ihrer niedlichen Mädchenstimme an: *»My name is Tadela Adugna. I am five years old. My mothers' name is Huluager and my sisters' names are Tigist and Birtukan. I am from Gondar …«*

Ich war sprachlos und brauchte einige Sekunden, ehe ich reagieren konnte. Deshalb begann sie erneut: *»My name is Tadela Adugna. I am five years old …«*

»Tadela! You speak English! This is so wonderful!«, brach es schließlich aus mir hervor.

Assefa lächelte. »Sie wollte dich überraschen. Im Kindergarten haben sie vor einigen Wochen mit dem Englischunterricht begonnen.«

Spontan küsste ich sie auf die Wangen. *»Gobez!«*, sagte ich – gut gemacht!

Tadela nippte zufrieden an ihrem Tee. *»Lela?«*, noch mal?, fragte sie dann.

»Lela, lela!«, rief ich.

»My name is Tadela Adugna …«

Während sie ihre ersten Englischkenntnisse mit mir teilte, wurden mir zwei Dinge bewusst: Erstens würde ich in Zukunft endlich mit ihr kommunizieren können, ohne ständig einen Übersetzer zu benötigen. Zweitens schämte ich mich, dass ich es in fast einem Jahr nicht geschafft hatte, so gut Amharisch zu lernen, dass ich mich einigermaßen verständlich machen konnte. Sicher, ich kannte viele Worte, aber zu einem zusammenhängenden Satz reichte es immer noch nicht.

Schätzungen zufolge gibt es in Äthiopien rund siebzig Sprachen und zweihundert verschiedene Dialekte. Aber wenn man von der Landessprache redet, dann ist das Amharische gemeint, die offizielle Amtssprache. Amharisch ist wie das Arabische und das Hebräische eine semitische Sprache, unterscheidet sich von diesen beiden jedoch deutlich. Vor allem die Silbenschrift ist fremd und einzigartig. Sie kommt noch aus dem klassischen Äthiopisch, das Ge'ez heißt und noch heute die Sprache der Liturgie der äthiopisch-orthodoxen Kirche ist.

Die Oromo, die größte Volksgruppe des Landes, verwendet hingegen mittlerweile die lateinische Schrift und hat eine ganz eigene Sprache. Nur ein paar Kilometer südlich von Addis ändern sich Wegmarkierungen und Straßenschilder somit komplett. Die Oromo benutzen unglaublich viele Vokale, was mich immer zum Schmunzeln anregte, wenn ich an der Aufschrift *hoteelaa* (Hotel), *buufata atoobisii* (Bushaltestelle), *mana poostaa* (Post) oder *pooliisii* (Polizei) vorbeikam. In der Region Oromia lehnen die Menschen auch den Namen Addis Abeba ab, sie nennen die Hauptstadt *Finfinnee*, was so viel wie »heiße Quelle« bedeutet.

Die Sprache der Oromo schien mir immer einfacher lernbar als das Amharische. Aber wenn ich mich mit Tadela, Regierungsvertretern oder unseren Studenten verständigen wollte, kam ich an Letzterem nicht vorbei.

Ich war in *ihrem* Land, ich war in Tadelas Land. Da gehörte es sich eigentlich, die Landessprache zu beherrschen, statt darauf zu setzen, dass die Einheimischen Englisch lernen.

In diesem Moment, als Tadela so zuckersüß vor sich hin brabbelte, war ich mir aber zum ersten Mal sicher, dass wir einen Weg der Verständigung finden würden. Mit Blicken und Gesten hatten wir uns diesen Weg schon lange gebahnt, die Worte – in welcher Sprache auch immer – würden folgen.

Plötzlich ertönte aus einem nahe liegenden Laden äthiopische Musik. Die Musik der Amhara. Und als solche sprang Tadela von ihrem Sitz auf, baute sich breitbeinig vor uns auf, und begann, mit den Schultern zu kreisen. Wie eine erwachsene Tänzerin stützte sie ihre Hände auf die Hüften und schaute von links nach rechts, während ihr kleiner Körper sich im Takt bewegte. Jetzt mussten wir alle lachen und klatschten begeistert mit.

Als die Dunkelheit hereinbrach, verabschiedete ich mich schnell und versuchte dabei, größere Gefühlsausbrüche zu vermeiden. Tadela war so glücklich, das wollte ich ihr nicht durch traurige Abschiedsszenen verleiden. Als ich mit Shif die dreistündige Rückfahrt nach Bahir Dar antrat, versuchte er, mich so gut es eben ging abzulenken. Ich war ihm dafür unendlich dankbar.

Die Abschlussfeier

So aufgeregt hatte ich die Studenten noch nie gesehen. Wie emsige Ameisen liefen sie durcheinander, die Mädchen in wunderhübschen traditionellen Kleidern in strahlendem Weiß und leuchtendem Gelb, die Jungs im Anzug. Es war Graduation Day in Bahir Dar.

Wir hatten die Aufgaben geteilt: Alessio war früher abgefahren, um bei der Abschlussfeier in Harar dabei zu sein, ich wollte in Bahir Dar mitfeiern. Solomon und unser gesamtes Büro aus Addis waren ebenfalls eingeflogen.

Ich kann nur versuchen mir auszumalen, was dieser Tag für die knapp fünfundzwanzig jungen Leute bedeutete. Sie waren die ersten in ihrer Familie, die je einen weiterführenden Studienabschluss erlangten. Sie waren der ganze Stolz ihrer Väter und Mütter. Sie waren Vorbilder und Vorreiter für andere junge Menschen in ihrer Stadt – und sie wussten das.

Wir hatten einen großen Raum in einem Restaurant gemietet, örtliche Politiker eingeladen, ein großes Banner mit der Aufschrift CONGRATULATIONS! und der äthiopischen Nationalflagge aufgehängt und für die Studenten Talare und Barette mit Quasten ausgeliehen – das verlieh der Zeremonie einen würdigen Rahmen, ganz so wie bei einem amerikanischen College-Abschluss.

Auch ich hatte mich schick gemacht. Ich trug ein knöchellanges Seidenkleid und einen türkisfarbenen äthiopischen *shamma* über den Schultern. Als ich mit Abba am Restaurant eintraf, stürzten Melkamsira, Aynalem, Askal, Alemayehu, Yirgalem und einige andere Studenten auf mich zu. Sie umringten mich und plapperten wild durcheinander. Ich begrüßte sie mit viel Küsserei und gratulierte zu ihrem Erfolg. Hier hatte alles begonnen. Dies war unsere erste Klasse gewesen, und damals schien es noch wie ein Experiment. Aber diese jungen Männer und Frauen hatten uns bewiesen, dass das Konzept aufgehen konnte. Sie waren kaum wiederzuerkennen. Waren dies wirklich die schüchternen, mutlosen Menschen von damals? Ich war stolz auf jeden Einzelnen und bewunderte die Zielstrebigkeit, mit der sie die Sache angegangen waren. Die Freude, die sie jetzt versprühten, hätte kein Gold der Welt aufwiegen können.

Von allen Seiten kamen die jungen Äthiopier auf mich zu und baten mich, zusammen mit ihnen und ihren Familien für Fotos zu posieren. Ich sah den unbändigen Stolz in den Augen ihrer Eltern, die für den Anlass ihre besten Kleider angezogen hatten, alte Anzüge mit bunten Krawatten und zerfransten Hemden und bunte, teils löchrige Kleider. Ich setzte mein schönstes Lächeln auf und strahlte mit ihnen gemeinsam in die Kameralinsen.

Dann begann der offizielle Teil. Solomon hielt eine lange Rede, danach waren die Lokalpolitiker an der Reihe, schließlich Abba und ich. Da keiner verstand, warum Alessio nicht zu der Feier erschienen war, entschuldigte ich ihn. Ich wollte nicht, dass die Studenten dachten, er habe sie verlassen oder kein Interesse mehr an ihnen. Aber von unseren privaten Problemen mussten sie ja auch nichts wissen. Mit vielen guten Wünschen für ihre Zukunft und einem großen Dankeschön für ihren Einsatz und ihre Leistungen verabschiedete ich mich von »meinen« Studenten. Und dann erinnerte ich sie noch einmal an das Motto, mit dem wir ihnen von Beginn an immer wieder Mut gemacht hatten und das wir alle so oft zusammen lautstark ins Klassenzimmer gerufen hatten:

»Sagt es noch einmal mit mir gemeinsam, und vergesst es nicht: *Anbessotsch nen* – Wir sind Löwen!«

Alle lächelten, ein bisschen wehmütig, und stimmten ein: *»Anbessotsch nen!«*

Dann waren Alemayehu und Aynalem an der Reihe, die stellvertretend für die ganze Gruppe kurze Reden hielten. Aynalem hatte mir ihre bereits am Vortag gezeigt, als ich im Hinterzimmer ihres CD-Ladens bei *injera*, der köstlichen Kichererbsensuppe *shiro* und Tee mit ihr zusammensaß. Ich las sie, langsam und still, und bekam prompt feuchte Augen. Ihre Worte führten mir noch einmal vor Augen, welche Bedeutung unsere Arbeit für sie hatte, welchen Einfluss unsere Organisation anscheinend auf ihr Leben genommen hatte und welch große Verantwortung uns zufiel. Übersetzt lauteten ihre Worte etwa so:

Worte sind nicht stark genug, um denen zu danken, die uns geholfen haben, der Hoffnungslosigkeit zu entkommen und an Fortschritt zu glauben. Wir waren ziellos, und jetzt wissen wir, was Erfolg ist, wir hatten nichts, und jetzt haben wir etwas. Ich hätte nie gedacht, dass es so etwas in der realen Welt gibt. Aber jetzt habe ich gelernt, dass es in der realen Welt reale Menschen gibt und reale Organisationen. Dieses Training hat mir ein neues Leben gegeben und mein Leben durch neues Wissen verändert. Ich möchte euch allen auch für die moralischen Ratschläge danken und für all die Lehrmaterialien, inklusive der Computer, die mein Leben so verbessert haben. Ohne euch wäre es unmöglich gewesen, der Dunkelheit zu entkommen, ohne euch wäre all dies wie ein ferner Stern, wie eine Vision gewesen. Ich danke euch von ganzem Herzen.

Und dann folgte ein Gedicht. Aynalem hatte ein Gedicht geschrieben!

Ich bin auf meinem Weg
Auf dem ich bessere Gedanken habe
Auf dem ich ein Visionär bin
Auf dem ich etwas leiste

Ich ließ mich nur treiben
Tat nichts
Aber jetzt habe ich meinen Weg gefunden
Habe Ziele
Und hoffe auf Erfolg

Ihr alle
Habt einen Platz in meinem Herzen
Und auf meiner Reise
Auf der ich meine Fähigkeiten auslebe
Ich danke euch

Als sie jetzt die Rede vor uns allen hielt, war ich wieder zu Tränen gerührt. Es ist ein unglaubliches Gefühl, eine solche Veränderung zu sehen. Sie dankten uns, und ja, wir waren der Auslöser – aber die Hauptarbeit der Metamorphose hatten sie selbst geleistet. Es ist möglich. Veränderung, Verbesserung ist möglich. Jetzt wusste ich es.

Nun waren die Tänzer an der Reihe. Wir hatten *azmari* einbestellt, und zu *masinko*-Musik führten sie nun wilde Tänze auf. Die Studenten samt Lehrern stimmten ein, bewegten sich ausgelassen zu den schnellen Rhythmen und nahmen mich auf in ihren tanzenden Kreis. Natürlich waren meine jämmerlichen Versuche, mit den Schultern zu zucken, mehr als erbärmlich. Ich spürte, wie sie es genossen, mir beim Tanzen so überlegen zu sein. Und ich war froh darüber. Dies war *ihre* Kultur, damit waren sie aufgewachsen. Sie hatten allen Grund, stolz darauf zu sein.

Abschied

Irgendwann war der Tag gekommen. Der Tag, von dem ich gehofft hatte, er würde nie kommen. Wochenlang hatte ich ihn verdrängt, und das sogar erfolgreich. Ich habe versucht, nicht wie eine Ertrinkende die Stunden und Minuten zu zählen, die mir noch blieben. Ich habe versucht, jeden Moment auszukosten, zu verinnerlichen, aber jetzt, an meinem letzten Morgen, schien all dies nicht mehr zu zählen. Das Einzige, was ich fühlte, war eine gähnende Leere und eine physisch schmerzende Hilflosigkeit. Ich war so leer, dass ich nicht einmal weinen konnte. Mechanisch bereitete ich mir ein Frühstück aus Toast, Butter, Marmelade und starkem Kaffee, setzte mich damit vor das Haus und beobachtete die Morgenparade der bunt durcheinander flatternden Vögel. Ich wusste instinktiv: Es ist das letzte Mal. Als mich dieser Gedanke durchfuhr, hatte ich das Gefühl, tausend Messer würden mein Herz zerschneiden und es in seine Einzelteile zerlegen.

Noch am Vortag war ich mit Terefe in seinem altem Toyota-Taxi durch Addis gefahren. Wir kamen zu einem dieser Plätze, an dem gut ein Dutzend unasphaltierte Straßen unkontrolliert zusammentreffen. Autos hupten, Laster standen quer, Esel rannten über den Schotter, keiner hatte mehr Durchblick – und ich musste grinsen. Ach, Addis.

Als wir endlich wieder Asphalt unter den Rädern hatten, hielten wir an einem *bunna bet* und stürzten zwei rabenschwarze Espressos in uns hinein. Ich schaute im Büro vorbei und verabschiedete mich von Hana, Blen, Kaleb und Lemma, den guten Seelen unserer Organisation. Sie schenkten mir einen wunderschönen handgewebten Schal und eine Kette mit einer afrikanischen Maske als Anhänger – und ich versprach, bald wiederzukommen. Dann fuhr Terefe mich zu Fantu's, meinem Lieblingssupermarkt, wo ich zwei Kilo äthiopischen Kaffee und eine große Tüte *berberé* für die Zeit in Europa kaufte – dann befanden wir uns auch schon wieder mitten im chaotischen Stadtverkehr. Während ich auf der holprigen Straße im Wagen wie ein Jo-Jo auf- und abhüpfte und Terefe das Lenkrad mit beiden Händen fest umklammert hielt, brach ich in schallendes Gelächter aus. Galgenhumor. Wie soll ich es anders definieren? Aus dem Radio quäkte ein äthiopischer Song, ein paar Ziegen liefen vor die Kühlerhaube, während uns ein vollbepackter Kleinbus den Weg abschnitt. Und jetzt fing es auch noch an zu regnen. Das alles war einfach zu skurril, und so schön. Denn dies ist Afrika. Und ich habe gelernt, ja, lernen müssen, das Chaos zu akzeptieren und letztlich sogar zu lieben.

Aber ich musste zurück nach Europa, ich hatte keine Wahl. Meine Geldreserven gingen zur Neige, und ein Job in Äthiopien war weit und breit nicht in Aussicht. Mein früherer Arbeitgeber hatte mir eine Korrespondentenstelle in Wien angeboten, und ich hatte angenommen. Es war keine leichte Entscheidung gewesen, zumal Wien mir in diesem Moment das genaue Gegenteil von dem zu sein schien, was mein Leben ausmachte. Der Prunk von Opernball, Theaterpremieren und Vernissagen war Teil einer anderen Welt, in der ich weder sein konnte noch wollte.

Das hört sich so undankbar an! Wie viele Menschen träumen davon, in Wien zu leben. Ich weiß das. Aber die Diskrepanz zwischen dem biblischen Äthiopien und dem herrschaftlich-opulenten Österreich war einfach zu groß. Es schien mir, als müsste ich mit einem Satz gleich über mehrere Gleise springen, von einem Bahnsteig auf den nächsten, während ein heranrasender Zug auf mich zukam, der mich zu überrollen drohte. Ich hatte so viel erlebt, und doch kam es mir manchmal vor, als sei ich gerade erst in Äthiopien angekommen. Und jetzt sollte ich schon wieder meine Siebensachen zusammenpacken, schon wieder auf Wohnungssuche gehen, schon wieder ohne Freunde in einer fremden Stadt ganz von vorne anfangen?

Ich wusste, ich würde früher oder später zurückkehren. Aber wahrscheinlich nur als Touristin, als Kurzurlauberin. Ich würde hier nicht mehr leben. Oder doch?

Für mich ist es ein großer Unterschied, tatsächlich an einem Ort zu leben oder ihn nur zu besuchen. Wenn man an einem Ort lebt, dann muss man sich auf ihn einlassen, muss seine Widrigkeiten und alle Probleme akzeptieren und erhält als Gegenleistung dafür ein Stück neuer Heimat. Man wird Teil einer eingeschworenen Gemeinde Gleichgesinnter, speziell an einem Ort wie Äthiopien, wo verhältnismäßig wenige Ausländer leben. Man gehört dazu. Man versucht zu verstehen. Man kämpft. Man *lebt* den Ort.

Wenn man einen Ort besucht, dann ist die Abreise schon vorprogrammiert, man muss nicht kämpfen, man darf genießen, aber ohne Tiefgang und ohne das Gefühl der Zugehörigkeit.

All dies wurde mir an jenem blauen Morgen bewusst. Ich

würde von nun an nicht mehr dazugehören. Ich würde sagen müssen: »Ich habe einmal in Äthiopien gelebt« und nicht – wie ich es so oft voller Stolz getan hatte – »Ich lebe in Äthiopien«.

So sah es zumindest zu diesem Zeitpunkt aus. Wir können nicht in die Zukunft blicken, ich konnte nur hoffen und mir immer wieder sagen: Ich werde es versuchen. Aber an diesem letzten Tag lag die Zukunft wie ein grauer Sumpf vor mir, in dem ich unterzugehen drohte und der keinen Ausweg bot. Ein Sumpf mit Treibsand. Mir drehte sich der Kopf, während meine Füße in der Erde versinken wollten, um hier Wurzeln zu schlagen. Ein Moment absoluter Konfusion.

Und dennoch saß ich dort ganz still und betrachtete meine Blumen, die ich ein Jahr lang so liebevoll gepflegt hatte, die wunderschöne Hibiskusstaude, meinen Garten, in dem ich so viele gute Bücher gelesen hatte, die Adler, die am Himmel kreisten, meine Hand auf dem Plastiktisch, die die Kaffeetasse umklammert hielt. Ein letztes Mal.

Alessio kam aus dem Haus und setzte sich zu mir. Er sah mich an – und verstand gar nichts. Immer wieder hat er mir vorgehalten, ich sei zu emotional, ich ließe die Dinge zu nah an mich heran, ich sähe vieles zu dramatisch. Jetzt las ich es wieder in seinem Blick. Er konnte nicht verstehen, warum ich mir das antat, warum ich mich in den Garten setzte und all diese Gefühle zuließ. Also bat ich ihn, mich allein zu lassen.

Ich spürte, dass meine neu gewonnene Freiheit mich stärker gemacht hatte, dass mein Singledasein mich Zielen entgegenführte, die ich vor Äthiopien nie allein angegangen wäre. Ich habe viel gelernt in diesem Jahr. Eine der wichtigsten Erkenntnisse war die, dass ich auch ohne Partner zielstrebig meinen Weg verfolgen kann. Ich wälze Aufgaben nicht mehr auf einen anderen Menschen ab. Ich gehe sie selbst an, auch wenn sie schwierig erscheinen.

Es gibt sicherlich Beziehungen, die perfekt funktionieren und die von Liebe und Respekt getragen sind. Aber es gibt auch viele Menschen, die einfach nur aus Bequemlichkeit und Gewohnheit zusammenbleiben. So vieles ist so viel einfacher zu zweit. Aber man ist nie ganz bei sich. Man ist immer Teil eines Gebildes, das auch in den Augen anderer nur gemeinsam funktioniert. Jahrelang war ich für viele Menschen nur Alessios Freundin. Andere sprachen unsere Namen aus wie ein untrennbares Satzgefüge: Alessio und Carola. Heute weiß ich, dass mir dies zwar Verantwortung – vor allem für mich selbst – abnahm, aber mich auch jede Menge Kraft gekostet hat. Und am Ende fragt man sich: Wofür das alles? Wenn die Liebe bei einem Menschen, dem ich mich einmal so nah fühlte, so plötzlich aufhört, wie das bei Alessio vor fast einem Jahr passiert war, was haben die Jahre davor dann bedeutet?

Alles hat einen Sinn. Das ist meine tiefe Überzeugung. Das Zusammentreffen mit Alessio hat mich zu einem Ort geführt, den ich ganz offenbar kennenlernen sollte. Ohne ihn wäre ich wahrscheinlich niemals ans Horn von Afrika gekommen. Ohne ihn hätte es keine Hilfsorganisation gegeben, und ohne ihn hätte ich nicht den Mut gehabt, den Schritt von Rom in Richtung Afrika zu wagen. Für all dies werde ich ihm immer dankbar sein. Und ein Teil von mir wird nicht aufhören, ihn zu lieben – für all die wunderbaren Momente, die wir geteilt haben.

Afrika – und auch Australien – bin ich dankbar dafür, mir

gezeigt zu haben, wie viel ich allein leisten kann. Ich habe ein Ziel vor Augen, und das heißt: Rückkehr nach Äthiopien. Und dieses Mal ohne all die emotionalen Wirren, die mich so lange nicht klar sehen ließen. Aber mit Tadela, Melkamsira, Kaylois, Abba, Shif, Solomon und all den anderen. Ich habe mich von ihnen verabschiedet mit dem Versprechen eines baldigen Wiedersehens. So lange trage ich sie in meinem Herzen bei mir.

Ich brachte meine Kaffeetasse in die Küche, spülte sie ab, ließ das kühle äthiopische Wasser über meine Hände fließen. Alles in diesem Moment bekam eine solche Wichtigkeit, eine unbeschreibliche Intensität. Dieses Wasser! Dieses Haus! Die bunten Tassen, die ich damals in Rom gekauft hatte. Die Bücher, die ich hier gelesen hatte, die mich getröstet und mich abgelenkt hatten und die nun geordnet im Regal standen. Die Musik, die ich gehört hatte, als ich nicht mehr weiterwusste. Und die Musik, die ich gehört hatte, als ich meinen neuen, meinen eigenen Weg beschritt.

Langsam ging ich durch alle Räume, sog sie in mich auf. Ich würde hier alles zurücklassen. Alles, was ich je besessen hatte. Nur zwei Koffer nahm ich mit. Ich würde physisch gehen, aber einen Teil von mir zurücklassen. Ich hätte niemals alles zusammenpacken und nach Europa schicken können, und Alessio – der ebenfalls zwei Wochen später abreisen wollte – ging es genauso. Deshalb hatten wir beschlossen, das Haus bis auf weiteres an einen Freund zu vermieten. Der Rückweg nach Äthiopien musste offen bleiben, und ich wollte leicht sein, ohne Gepäck – für eine Weile ohne allzu viele Erinnerungen an die Zeit in Rom und an Alessio. Der Abend kam und mit ihm Solomon. *»Are you ready?«*, fragte er, und ich nickte stumm.

Er war kaum in der Lage, etwas zu sagen, und es bedurfte auch keiner Worte mehr. Solomon belud das Auto, und dann wartete er mit Alessio vor dem Tor. Wenn es zu schwer wird, schaltet das Gehirn ab. Meins war plötzlich leer. Ich schloss die Haustür ab und ging dann langsam über den Hof zum Eingangstor. Ich sah mich noch einmal um, dann zog ich es zu.

Auf dem Weg zum Flughafen versuchte Solomon, mich aufzuheitern, aber es wollte ihm nicht recht gelingen. Alessio plauderte munter vor sich hin, er war erleichtert. Dass ihm sein ebenfalls bevorstehender Abschied von Äthiopien so viel leichter fiel als mir, erstaunte mich, machte mich aber auch stolz. Ich hatte hier etwas gefunden, das meiner Vorstellung von einem erfüllten Leben sehr nahe kam. Deshalb war die Rückkehr nach Europa, wo ich diese Art von Glück nie gefunden hatte, so schwer. Was er dachte – ich weiß es nicht.

Lange Abschiede sind nicht mein Fall. Ich umarmte Solomon kurz und sah noch einmal in seine lieben Augen. Dann ging ich Richtung Eingang des Bole Airports. Alessio schob meinen Gepäckwagen. Als wir an die Polizeikontrolle kamen, hinter der nur Passagiere zugelassen sind, sahen wir uns traurig an und hielten uns noch einmal in den Armen. Es war der letzte Akt der längsten Trennung der Geschichte. Er fühlte sich an wie ein Fremder, wie ein Mensch, den ich nicht kannte.

Dann war ich allein. Es tat gut, allein zu sein. Jetzt konnte die Zukunft beginnen, auch wenn sie mich zunächst aus Afrika wegführte. Auch das hatte sicher einen Sinn. Wie alles.

Danksagung

Abyssinia zu schreiben war für mich eine ganz außergewöhnliche Erfahrung. Dieses Buch ist teilweise noch während meines Jahres in Äthiopien entstanden, und meine Gedanken und Gefühle zu Papier zu bringen, hat mir an so manchen Tagen sehr geholfen.

Ich habe einige Namen geändert, um all diejenigen Menschen zu schützen, die mir am Horn von Afrika so sehr ans Herz gewachsen sind. Bei ihnen bedanke ich mich zuallererst für die Liebe und Unterstützung, die sie mir entgegengebracht haben. Ich bedanke mich bei all den starken Frauen, die ich in meinem Leben bisher kennenlernen durfte, für ihre Freundschaft und für ihre Unterstützung. Nennen möchte ich stellvertretend für viele andere Claudia Wächter, die mein Leben von Rom aus seit vielen Jahren begleitet und mir in den traurigsten Tagen wieder ans Licht geholfen hat, sowie Sabine Lambrecht, Claudia Mehnert, Ute Dahmen und natürlich Kaylois Henry und Becky Kiser. Ihr alle habt einen Platz in meinem Herzen.

Ein großes Dankeschön gilt auch meinem Agenten Roman Hocke, der Agentur AVA international und dem Redakteur Uwe Neumahr, die stets an das Projekt *Abyssinia* geglaubt haben. Danke natürlich auch für die schöne Zusammenarbeit mit Nicola Bartels von Blanvalet und an alle Mitarbeiter des Verlages, die das Buch mitgestaltet haben.

Meiner Familie danke ich für ihr Verständnis dafür, dass ich dieses »andere« Leben gewählt habe. Obwohl es nicht immer leicht ist, in verschiedenen Ländern und teilweise auf verschiedenen Kontinenten zu leben, hat sie meine Entscheidungen stets unterstützt. Dieses Buch ist auch für Euch und wird es vielleicht leichter machen, meine Liebe zu Äthiopien zu verstehen.

Auch das *Caffé Latte* in Wien möchte ich nennen. An den Holztischen dieses hübschen Kaffeehauses ist der Großteil dieses Buches entstanden.

Und Dir, Tadela, einfach danke dafür, dass es Dich gibt. Du hast mein Leben ungemein bereichert.

Willkommen in Suomi, im Land der Sauna, der eiskalten Seen und der Mitternachtssonne.

256 Seiten. ISBN 978-3-442-37583-7

Sie leben im hohen Norden, gehen ständig in die Sauna, haben Millionen Handys und kämpfen mit Milliarden von Mücken. Die Finnen sind ein eigenwilliges und lustiges Völkchen. Wolfram Eilenberger liebt sie. Ganz besonders eine. Deswegen zieht er mit ihr für ein halbes Jahr nach Finnland, um Land, Leute und insbesondere ihre Familie zu erkunden. Das ist 15 Jahre her … Mittlerweile hat er festgestellt: Sie sind wunderbar, aber irgendwie spinnen sie auch, die Finnen.

Lesen Sie mehr unter: **www.blanvalet.de**